W0463581

Paul Owens

Der Hundeflüsterer

Paul Owens
Norma Eckroate

Der Hunde-flüsterer

Sanfte Hundeerziehung, erfolgreiche Kommunikation, vertrauensvolles Miteinander

KOSMOS

Aus dem Amerikanischen übersetzt von Dr. Wolfgang Hensel, Bornheim-Rösberg.

Titel der Originalausgabe: "The Dog Whisperer – A Compassionate, Nonviolent Approach to Dog Training", erschienen bei Adams Media Corporation, Avon, Massachusetts 1999. ISBN 1-58062-203-8.

Copyright © 1999 by Paul Owens und Norma Eckroate. All rights reserved.

Umschlaggestaltung von eStudio Calamar unter Verwendung eines Farbfotos von Juniors Bildarchiv/Christine Steimer.

Bibliografische Information der Deutschen Bibliothek
Die Deutsche Bibliothek verzeichnet diese Publikation in der Deutschen Nationalbibliografie; detaillierte bibliografische Daten sind im Internet über http://dnb.ddb.de abrufbar.

Alle Angaben in diesem Buch erfolgen nach bestem Wissen und Gewissen. Sorgfalt bei der Umsetzung ist indes dennoch geboten. Der Verlag und die Autoren übernehmen keinerlei Haftung für Personen-, Sach- oder Vermögensschäden, die aus der Anwendung der vorgestellten Materialien und Methoden entstehen könnten.

Die Verwendung der eingetragenen Marke „HUNDEFLÜSTERER" in Österreich erfolgt mit freundlicher Genehmigung von Herrn Reinhard Mut.

Informationen senden wir Ihnen gerne zu

Bücher · Kalender · Experimentierkästen · Kinder- und Erwachsenenspiele

Natur · Garten · Essen & Trinken · Astronomie
Hunde & Heimtiere · Pferde & Reiten · Tauchen · Angeln & Jagd
Golf · Eisenbahn & Nutzfahrzeuge · Kinderbücher

KOSMOS Postfach 10 60 11
D-70049 Stuttgart
TELEFON +49 (0)711-2191-0
FAX +49 (0)711-2191-422
WEB www.kosmos.de
E-MAIL info@kosmos.de

Gedruckt auf chlorfrei gebleichtem Papier

Für die deutsche Ausgabe:
© 2005, Franckh-Kosmos Verlags-GmbH & Co. KG, Stuttgart
Alle Rechte vorbehalten
ISBN 3-440-10115-0
Redaktion: Angela Beck
Gestaltung: TypoDesign, Kist
Produktion: Markus Schärtlein / Kirsten Raue
Printed in the Czech Republic / Imprimé en République Tchèque

Inhalt

Zum Geleit 9

Einleitung 12

Teil I – Die Grundlagen der Hundeerziehung 17

Es geht auch gewaltlos! 17
Training mit Belohnung 17
Mein Weg zur gewaltfreien Hundeausbildung 21
Handeln Sie sanft und bestimmt 23
Auf den Hund eingehen 24
Was ist Gewalt? 26
Den Kreis durchbrechen 29
Hundegerecht erziehen 30

Die 9 Zutaten für optimale Entwicklung 32
Die 9 Zutaten im Überblick 32
Zutat 1: Hochwertige Ernährung 33
Zutat 2: Spielen 42
Zutat 3: Sozialisation 44
Zutat 4: Ruhezeiten 51
Zutat 5: Übungen 51
Zutat 6: Arbeit 54
Zutat 7: Schlaf 55
Zutat 8: Training 56
Zutat 9: Gesundheitsvorsorge 57
Die Kombination der 9 Zutaten 57

Stress und das Verhalten des Hundes 60
Was ist Stress? 62
Schwellenwerte des Stresses 63

Wie Hunde Stress ausdrücken 64
Wenn Stress zu aggressiven Situationen führt 65

Menschliche Emotionen und das Verhalten des Hundes 67
Der Vorteil bewusster Atmung 68
Durch Atmen Kraft finden 70
Die Grundlagen der Atmung 72
Befreiendes Atmen 74
Eine Entspannungsübung 75
Zwerchfellatmung 76
Eine Übung für vorbehaltlose Liebe 78
Eine Stress-Krise bewältigen 79

Hundesprache – das Tor zu Kommunikation 82
Die Kommunikationslücke 82
Hunde richtig begrüßen 86
Die Rolle des Menschen im Leben des Hundes 87
Subtile Formen der Kommunikation 91
Die Kommunikationsübung 94

Wie Hunde lernen 96
Klassische und operante Konditionierung 96
Motivation 98
Lernen im Kontext 100
Verhalten formen 101
Biorhythmen und Lernkurven 104
Köder, Bestechung und Belohnung 106
Die 80%-Regel 107
Erst das Verhalten, dann das Kommando lehren 109
Ausdauer, Abstand und Ablenkung 111
Verstärkungspläne 112
Marker, Klicker, Pfeifen und Worte 114
Verwendung von Targets 118

Die 8 Werkzeuge der Hundeausbildung 119
1. Unerwünschtes Verhalten ignorieren 120

2. Positive Verstärkung einsetzen 121
3. Den Hund „negativ“ behandeln 122
4. Den Grund für das Verhalten entfernen 123
5. Das Verhalten ersetzen 123
6. Gegenkonditionierung einsetzen 124
7. Das Verhalten unter Signalkontrolle bringen 126
8. Den Hund daran gewöhnen 126
Problemverhalten analysieren und lösen 128

Die Ausrüstung für das Training 129
Halsbänder 130
Leinen 132
Klicker 132
Targets und Target Sticks 132
Transportboxen 133
Hundebetten 134

Sicherheit für Hund und Mensch 134
Hundebisse vermeiden 134
Sicherheit für den Hund 135
Gesundheitsvorsorge 137
Richtiger Umgang mit dem Hund 138

Teil II – Die Lektionen 141

Grundlinien des Lernens 141
Vorgehensweise bei den Lektionen 142
Körperkontakt 146
Arbeit mit Targets 150
Aufmerksamkeit erregen 151
Sitz 153
Das Magnetspiel 157
Platz 159
Steh 162
Bleib 163

Verstecksspiel 164
Such 165
Gehe zu ... 167
Runter vom Sofa 170
Komm 171
Ruhig sein 174
Bei Fuß 177
Laufen ohne zu ziehen 180
Halt 183
Hol und gib 186

Teil III – Der Umgang mit problematischem Verhalten 189

Die Ursachen für problematisches Verhalten 189
Unbeabsichtigtes Training 191
Wie man mit problematischem Verhalten umgeht 193
Unerwünschtes Bellen 195
Betteln bei Tisch 195
Scheues oder ängstliches Verhalten 196
Kauen 197
Stubenreinheit 198
Nach der Leine schnappen 200
Anspringen 201
Aggressives Verhalten gegenüber Hunden 202
Knabbern und Beißen 203
Weglaufen 205
Trennungsangst 206

Service 210

Zum Weiterlesen 210
Nützliche Adressen 212
Register 213

Zum Geleit

Es ist einfach nicht nötig, den Willen eines Tieres zu brechen, um in Harmonie mit ihm zu leben. Die alten Trainingsmethoden, bei denen Hunde und andere Tiere über Dominanz erzogen wurden – ein falsch verstandener Wunsch nach „absolutem Gehorsam“ –, gehen von der Überlegenheit des Menschen aus. Sie akzeptieren Gewalt und verzichten auf Freundlichkeit und gegenseitigen Respekt. Ich glaube, dass wir und vor allem unsere Kinder Schaden nehmen, wenn wir ein solches Training beobachten. Zum Glück gehören Methoden dieser Art immer mehr der Vergangenheit an. Moderne Hundetrainer wenden sanftere Techniken an.

Wenn wir unsere Beziehung zu den Tieren betrachten, kann es hilfreich sein, das Verhältnis von Wildtieren und Menschen zu berücksichtigen. Wenn ein Mensch plötzlich Auge in Auge einem Wildtier gegenübersteht und damit dessen Fluchtdistanz unterschritten hat, hat dieses Tier die Wahl: Es kann sich umdrehen und in Panik fliehen, erstarren und sich tot stellen oder angreifen. Leider ist es viel zu oft vorgekommen, dass gefangene Wildtiere der Willkür von Trainern ausgesetzt waren, die versuchten ihren Willen zu brechen. Dazu gehörte auch das Anketten und Schlagen von Elefanten und das Fesseln von Pferden. Letztlich fällt das Tier in einen Zustand der konditionierten Hilflosigkeit. Nur der Trainer kann es von den Schlägen erlösen, es tränken, füttern und ihm Sicherheit bieten. Auf diese Weise lernt das Tier leider, genau bei dem Menschen sozialen Anschluss oder Erleichterung zu suchen, der es in diese Situation gebracht hat.

Wir müssen uns fragen, ob das Ziel diese Mittel rechtfertigt. Wenn Kinder und ihre Eltern die Darbietungen im Zirkus beklatschen, wissen sie nicht, mit welch grausamen Trainingsmethoden solche Leistungen erbracht wurden. Wer so ausbildet, nutzt weder Geist und Potenzial des Menschen noch des Tieres. Gibt es wirklich ein Ziel, das es wert ist, den Willen eines Tieres zu brechen?

Wir sind nun in einer Zeit angekommen, in der es um Einfühlung und Zuneigung geht. Moderne, reifere Menschen wünschen sich eine wechselseitig befriedigende Partnerschaft, die auf Freundlichkeit und Respekt basiert. Genauso wollen wir Tiere erziehen – mit Zuneigung und Liebe, um ein echtes partnerschaftliches Band zu knüpfen, dem ebenfalls wechselseitige Zuneigung, Verständnis und Vertrauen zugrunde liegt. Allerdings ist sehr viel Wissen, Geduld und Verständnis erforderlich, um Tiere auf diese Weise zu erziehen.

Hunde sind seit über 100.000 Jahren domestiziert und im Zuge dieses Prozesses haben die meisten von ihnen ihre „Wildheit" verloren; dazu gehörte eine hohe Wachsamkeit, Angst vor Fremden und unbekannten Orten und Reizen. Aus diesem Grund lassen sich Hunde leichter trainieren als Wölfe, wie ich in meinem Buch *The Soul of the Wolf* ausgeführt habe. Zum Prozess der Domestikation gehört auch, dass junge Hunde innerhalb ihrer Prägungsphase (zwischen fünf und zehn Wochen) den Menschen bereitwillig als Leiter des Rudels akzeptieren. In dieser kritischen Phase entwickeln junge Hunde ihre sozialen Beziehungen: in der Wildnis zu anderen Welpen des Wurfes, Vater, Mutter und den Rudelmitgliedern. Im Haus schließen sich die Welpen der menschlichen Familie an. Während dieser Phase sind Hunde daher natürlicherweise besonders empfänglich für gewaltloses Training.

Dieses Buch von Paul Owens und Norma Eckroate macht die gewaltfreie Erziehung von Hunden zum normalen Vorgang. Es ist ein Buch, in dem man ebenso viel über das Verhältnis von Mensch und Hund erfährt wie über das Hundetraining. Es hält uns dazu an, unseren Hunden mit Zuneigung und Verständnis zu begegnen. Paul Owens hilft uns dabei, uns den Hunden zu öffnen und die bedingungslose Kontrolle aufzugeben, damit die Hunde auch uns „trainieren" können, ihre Lebensweise, Bedürfnisse und Sprache zu verstehen.

Dieses wunderbare Buch wird dabei helfen, den Teufelskreis tierischen Leids zu durchbrechen, der durch falsche Einstellung und gewaltsame Trainingsmethoden entstanden ist. Owens gewaltfreie Hundeerziehung wird dazu beitragen, dass Hunde von Beginn an weder Verhaltens- noch physiologische Störungen entwickeln, die später kaum mehr zu beheben sind. Außerdem hilft das Buch dabei, Toleranz und Verständnis zu fördern, damit auch wir freundlicher und menschlicher werden. Auf diese Weise werden wir in der Gemeinschaft mit Hunden Tugenden entdecken, nach denen wir selbst oft nicht mehr leben.

Dr. Michael W. Fox
The Human Society of the United States,
Washington, D.C.

Einleitung

Vor einigen Jahren schlug mir ein Freund vor, ein Priester, ich solle doch ein Buch über einen Hund von Jesus schreiben. Die Idee begann mich zu beschäftigen. Es ist schwer vorstellbar, dass Jesus, Buddha oder Krishna einen Hund besaßen. Aber ich denke doch, dass sich die eine oder andere vierbeinige, pelzige Persönlichkeit den Menschengruppen anschloss. Wie soll ein Erleuchteter – ein Mensch, der ein bewusstes Leben führt – mit einem Hund umgehen, der einen Laib Brot oder einen Fisch stiehlt? „Sitz, du elende Kreatur!“, wäre wohl unwahrscheinlich. Ich kann mir auch nicht vorstellen, dass ein solcher Mensch den Hund mit einem Nasenstüber bestraft. Aber könnte er den Hund einfach mit seiner Beute verschwinden lassen? Und wie sollte er den Hund ausbilden? Vielleicht durch Telepathie? Ich kann mir gut vorstellen, dass Buddha unter seinem Bodhibaum oder Jesus auf dem Berg sagte: „Ich habe noch einen Trick auf Lager. Ich werde mich hinter diesen Baum stellen und meinem Hund Sparkus nur durch meine Gedanken Bilder senden. Er wird sich auf dem Boden wälzen, wieder aufstehen und mir die Sandalen bringen.“

Die meisten von uns haben schon einmal an etwas gedacht oder etwas Bestimmtes gewollt – und siehe da, es ist passiert. Jeder kennt das Gefühl, eins mit dem Universum zu sein. Ich bin davon überzeugt, dass in solchen Augenblicken die Intuition, Kreativität und Produktivität fließen.

Ich hatte diese Erfahrung von einer Verbindung mit dem Universum zum ersten Mal mit sieben Jahren. Ich wachte nachts auf, halb schlafend und halb wach, und fühlte mich träumend und wachend zugleich. Plötzlich schien mein Körper zu erstarren. Ich lag auf dem Rücken und blickte mit geschlossenen Augen nach oben. Dann spürte ich ein kurzes Kribbeln und explodierte. In meinem Innern brach ein unglaublich helles Licht aus, jede meiner Poren schien sich zu erweitern. Das Licht durchflutete den ganzen Raum und dehnte sich aus. Plötzlich fühlte ich meine Verbindung zu

allem, und alles war Liebe – unglaubliche, bedingungslose und unendliche Liebe. In dieser Mikrosekunde gab es weder Fragen noch Antworten. Alles war perfekt, so wie es war. Nach einiger Zeit – ich weiß nicht mehr wie lange – fiel ich in tiefen Schlaf. Später wachte ich auf, weinend; ich fühlte grenzenlose Dankbarkeit. Ich wollte diese Erfahrung unendlicher, hemmungsloser Freude mit jedermann teilen. Dafür betete ich, bis ich wieder einschlief. Es war ein herrlich süßer Schlaf – ich spürte ihn mit jedem Molekül meines Körpers. Am nächsten Tag konnte ich an nichts anderes mehr denken und freute mich auf die nächste Nacht. Das Leben war herrlich. Seit damals hatte ich noch mehr wunderbare Erfahrungen dieser Art, doch nichts kam an das Gefühl jener grenzenlosen Liebe heran, die ich in der Kindheit verspürt hatte. Das war alles.
Viele Jahre später traf ich jemand, der mir das Ereignis jener Nacht erklären konnte, das ich einfach als „Licht der Liebe" bezeichnet habe. Wie üblich gab es in meinem Leben Höhen und Tiefen. Nur weil ich einmal „verbunden" war, hatte ich kein problemloses Leben. Ein großer Lehrer drückte es so aus: „Schmerz fördert die Erinnerung." Wenn ich mich an die wichtigsten Stationen meines Lebens erinnere, denke ich auch an die Hilfe, die mir zuteil wurde; häufig waren es Tiere, die mir halfen. Auch in den schwersten Zeiten habe ich durchgehalten und weitergemacht, bis wieder Licht am Ende des Tunnels erschien.
Ich habe viele Jahre lang Hunde nach Standard-Methoden ausgebildet. Wie ich im ersten Kapitel ausführen werde, hatte ich dann vor etwa zehn Jahren plötzlich ein Schlüsselerlebnis, das mein Leben unwiderruflich veränderte. Es war, als ob der alte Samen, den das „Licht der Liebe" in mein Bewusstsein gepflanzt hatte, nun auskeimte. Eine neue Empfindsamkeit gegenüber dem Leben war aufgeblüht.
Ich konnte einen Hund nicht länger durch einen Ruck an der Leine daran „erinnern", dass er bestimmte Dinge zu unterlassen habe. Außerdem konnte ich keinen Hund mehr anbrüllen, um ihn zu erziehen. Ich war an einem Scheideweg angelangt – entweder Gewalt oder gewaltlose Ausbildung. Einer der Wegweiser lautete: „Mein Hund weiß Bescheid, er ist nur verstockt." Hier halfen nur

Schreie, Schocks und andere Zwangsmittel. Der andere Wegweiser zeigte auf: „Wenn der Hund nicht versteht, was du von ihm möchtest, gehe zurück bis zu dem Punkt, wo er noch gehorchte, und beginne von neuem."

Und hier sind wir beim Thema dieses Buches. Die Botschaft lautet keineswegs, dass die gewaltfreie Hundeerziehung eine grundlegend neue Methode sei. Allerdings ist sie, wie jede Lebenserfahrung, Teil eines Weges zur Ganzheit. Ich glaube ganz sicher, je mehr wir erleuchtet werden – sowohl individuell wie als biologische Art –, desto größer wird unsere Fähigkeit zu lieben. Mit zunehmender Intensität und Leidenschaft werden sich die Prinzipien hinter dem Lernprozess natürlicherweise entfalten. Mit unserer Fähigkeit zu lieben öffnen wir die Türen zur Evolution unserer Intelligenz – nicht anders herum.

Dieses Buch ist einzigartig, weil es der Philosophie folgt, es komme weniger darauf an, *dass* sich ein Hund hinsetzt, sondern vielmehr auf den Prozess, *wie man ihn dazu bewegt*. Das „Warum" und „Wie" – die Methoden, mit denen wir unsere Hunde trainieren – sind es, die uns zu mitfühlenden und liebenden Wesen machen. Dieses Buch möchte intuitive und wissenschaftliche Methoden unter dem spirituellen Dach der Gewaltlosigkeit vereinen.

Nun noch einige praktische Hinweise: Teil I des Buches behandelt die praktischen Aspekte, wie man einen Hund aufzieht und erzieht. Teil II stellt die Lektionen vor, die stufenweise von einfachen zu fortgeschrittenen Übungen führen. In Teil III schließlich werden gewaltfreie Methoden vorgestellt, um Verhaltensprobleme zu lösen.

Zu den Trainingsmethoden gehört auch eine möglicherweise fremde Terminologie. So verwende ich nicht das Wort „Befehl" wegen des negativen Beigeschmacks, wenn der Hund nicht „pariert". Stattdessen benutze ich „bitten", wenn ich ein Verhalten erreichen will. Dazu gebe ich Signale, zu denen Belohnungen und Wahlfreiheit gehören.

Manchmal verwende ich den Begriff „Hundehalter", da es kaum möglich ist, ein anderes Wort zu finden, das sowohl bekannt wie respektvoll klingt. „Besitzer" ist absolut unakzeptabel, „menschlicher Begleiter“ klingt banal, „menschlicher Freund“ oder „Partner“ merkwürdig, obwohl beide relativ genau den Tenor dieses Buches treffen. „Hundehalter“ klingt zwar distanziert und passt nicht genau, aber ich möchte um Ihr Verständnis bitten, wenn ich den Begriff dennoch gelegentlich verwende.

Ich habe weiterhin die Begriffe „Belohnung“ und „Ablehnung“ etwas freier verwendet. Obwohl nicht wissenschaftlich korrekt, verwende ich „Belohnung“, um eine positive Verstärkung zu kennzeichnen. „Ablehnung“ wird verwendet, wenn ich etwas beschreibe, was ein Hund *völlig* ablehnt. Mir ist durchaus bewusst, dass ablehnen auch bedeuten kann, sich von einem Hund wegzudrehen, wenn er bellt, oder ihm die Belohnung wegzunehmen, wenn er sich bewegt, bevor man ihn dazu auffordert. Ich habe mich bemüht, die Terminologie nicht überzustrapazieren und die Sprache sinngemäß einzusetzen.

Die hier vorgestellten Methoden sind keine kalten wissenschaftlichen Trainingslektionen. Dennoch basieren sie auf Erkenntnissen der Verhaltensforschung. Aus der Anwendung von Wissenschaft, basierend auf Mitgefühl und Bewusstsein, wächst die Evolution von Geist und Verhalten. Kurz gesagt, bietet dieses Buch einen Einblick in die Möglichkeit, wie man Wissenschaft und Gefühl beim Hundetraining verbindet.

Vielen Dank für ihr Interesse, einen Hund ohne Gewalt zu trainieren und aufzuziehen! Möge das Licht der Liebe, Freude und des Friedens Sie und Ihre tierischen Freunde umgeben.

Paul Owens

Teil I
Die Grundlagen der Hunde-erziehung

Es geht auch gewaltlos!

Training mit Belohnung

In den ersten Wochen nach der Geburt lernen Hunde, sich hinzusetzen (Sitz), sich zu legen, zu stehen, zu ruhen, zu bellen und nicht zu bellen, zu laufen, zu uns zu kommen (Komm her), neben uns zu laufen (bei Fuß) und Objekte zu erschnuppern (Such). Wir brauchen ihnen diese Fertigkeiten nicht beizubringen. Das Einzige, worauf wir – aus Sicherheitsgründen – achten müssen, ist, dass sie bestimmte Objekte nicht zerbeißen, dass sie sich im Freien erleichtern und das tun, was sie gewöhnlich tun – rennen, graben, springen, bellen –, wann und wo wir bestimmen.
Es gibt grundsätzlich zwei Möglichkeiten, ein Tier zu trainieren: mit physischer Gewalt und Zwang, häufig auch durch Abschreckung – oder mithilfe von Belohnungen, d.h. auf freundliche Art und Weise. Es ist die alte Idee, ein Tier entweder mit Stock oder Möhre zu beeinflussen. Ich sage den Menschen stets, dass sie sich entscheiden müssen zwischen Zerren, Schlagen, Schock und/oder Schütteln, um ein bestimmtes Verhalten zu erreichen – oder indem sie belohnen. Was ist menschlicher? Dieses Buch behandelt die Möhren-Methode – und Lob, Spielzeug, Massage, soziale Interaktion, Spiel, Zuneigung – und noch mehr Möhren.
Die *Methode,* die wir anwenden, um den Hund zum Sitzen zu bewegen, ist ebenso wichtig wie das Ergebnis. Unsere Trainingsmethoden erlauben nicht nur Rückschlüsse auf das, was wir den Hunden antun, sie sind auch wichtig dafür, wie wir uns als Menschen einschätzen.

Ein Training mit *Abschreckung* sagt dem Hund: „Mach es, oder dir droht eine Bestrafung." Ein auf *Belohnung* basierendes Training geht genau umgekehrt vor: „Mach es, und du wirst etwas Angenehmes bekommen." Der wichtigste Unterschied zwischen den beiden Methoden ist die daraus folgende Konsequenz. Ein auf Belohnung basierendes Training kommt ohne Furcht, Schmerz, Gewalt und Unterwerfung aus.

Wer mit abschreckendem Reißen, mit Schlägen, Schocks oder Schütteln erzieht, bestraft den Hund immer dann, wenn er etwas macht, *was er nicht tun soll*. Gleichermaßen dienen Reißen an der Leine, Schläge, Schocks oder Schütteln auch dazu, ein bestimmtes Verhalten zu lehren. Letztlich gehorcht ein Hund, weil er weiteren Schmerz oder unangenehme Erfahrungen vermeiden möchte. Da er nun „gehorcht", wird auch die Intensität des Reißens, der Schläge, Schocks oder des Schüttelns reduziert.

Gelegentlich wird das Reißen an der Leine durch Euphemismen wie *Korrektur durch die Leine* umschrieben. Aber Reißen an der Leine bleibt Reißen an der Leine, ganz gleich, wie man es nennt. Wird zu viel Gewalt ausgeübt, lernen Hunde rasch, das Training zu fürchten. Wenn das Timing nicht stimmt, empfängt der Hund Botschaften über die Leine, die nichts mit dem Zerren oder anderem „Fehlverhalten" zu tun haben, das der Hundehalter korrigieren möchte. Daraus erwachsen Verwirrung und Frustration sowohl beim Hund wie beim Hundehalter. Frustration führt zu Zorn und damit zu noch mehr Gewalt. Es ist eine Schraube ohne Ende.

Schließlich kann das Zerren an der Leine zu Schäden an Hals und Wirbelsäule führen – sogar zu Wundmalen. Der Hund erleidet ein emotionales Trauma, was natürlich wiederum weitere Verhaltensprobleme zur Folge hat. Nach Studien des Verhaltensforschers William Campbell braucht ein Zug an der Leine nicht einmal sehr kraftvoll zu sein, um den Hund zu verletzen. Bereits ein „normales" Rucken an der Leine wirkt auf Wirbelsäule und Kehle des Hundes wie ein 15-pfündiger konzentrierter Stoß mit einer Geschwindigkeit von 3 m pro Sekunde. Campbell zitiert auch eine Schlüsselstudie von Anders Hallgren aus dem Jahr 1992, die ergab, das 252 von 400 Hunden, die durch einen Chiropraktiker untersucht wurden, Verletzungen bzw. Beeinträchtigungen an der Wirbelsäule hatten. Von den 252 Hunden mit Wirbelsäulenschäden hatten 65% auch Verhaltensprobleme, während der Anteil bei den gesunden Hunden nur 30% betrug. Von den in der Studie als aggressiv oder hyperaktiv bezeichneten Hunden hatten 78% Wirbelsäulenschäden.

Während einige Trainingsmethoden das abschreckende Leinenrucken möglichst einschränken, habe ich von Fällen gehört und auch selbst gesehen, in denen weitaus härtere Trainingsmethoden zum Einsatz kamen. Hunde wurden an einem Würgehalsband aufgehängt, bis sie nach Luft schnappten, ihr Kopf wurde unter Wasser gedrückt, um sie davon abzubringen, ein Loch zu graben, ihre Nase in Exkremente gerieben, sie wurden getreten, damit sie sich beeilten, die Nase wurde mit einem Gummischlauch geschlagen, eine Vorrichtung am Ohr angebracht, die das Ohr zwischen einen Holzdübel und einen Kronkorken quetscht, sie bekamen Elektroschocks und Schlimmeres.

Die Alternative – die Wahlmöglichkeit, die ich propagiere – ist ein gewaltloses Training mit Belohnungen und freundlicher Überredung, den Hund das tun zu lassen, was man möchte. Wenn Sie beispielsweise Ihren Hund jedes Mal belohnen, wenn er etwas richtig macht, wird er mehr und mehr danach streben, sich die Belohnung zu verdienen. So „denken" Hunde. Nun müssen Sie nur noch die Belohnungen von Mal zu Mal reduzieren und schließlich wird der Hund tun, was Sie möchten, weil er hofft, dass wieder einmal eine Belohnung herausspringt.

Machen Sie folgendes Gedankenexperiment: Ich gebe Ihnen jedes Mal 10.000 €, wenn Sie sich bei einem Besuch in meinem Haus auf einen bestimmten Stuhl setzen – wohin würden Sie sich setzen? Und wie häufig wären Ihre Besuche? Um Sie bei Laune zu halten, würde ich gelegentlich die Belohnung verändern, etwa eine teure Uhr, eine Karte für ein Länderspiel oder eine Urlaubsreise. Spätestens jetzt wären Sie der Meinung, es sei eine gute Idee, mich zu besuchen und auf dem bewussten Stuhl Platz zu nehmen. Selbst wenn die Belohnung ausbliebe, kämen Sie vielleicht wieder, weil Sie sich in meiner Gesellschaft wohl fühlen, weil ich großzügig oder einfach nur nett bin. Ich könnte mich auch entscheiden, Ihnen jedes zweite oder dritte Mal etwas zu geben. Auch dann würde Sie die Aussicht auf eine wertvolle Belohnung vermutlich dazu bewegen, mich zu besuchen. Haben Sie jemals einen Menschen gesehen, den man zum Besuch eines Spielkasinos zwingen muss? Es ist nur die Erwartung eines Gewinns, die ihn dorthin treibt.

Ich will das Hundetraining, das häufig angewandt wird, völlig ins Gegenteil verkehren. Der Hauptgrund, einen Hund zu erziehen, besteht darin, ihn davon abzuhalten, sein natürliches Verhalten auszuleben. Hunde sollen ihre Zähne nicht gebrauchen; sie sollen nicht herumrennen; sie sollen sich nicht erleichtern; sie dürfen weder springen noch graben, noch bellen. Das Training sperrt sie in eine Verhaltens-Zwangsjacke ein. Was also können wir tun? Das Ziel sollte sein, unseren Hunden eine Umgebung zu schaffen, in der sie sich zwanglos in unseren Lebensstil einordnen.

Dass sich Hunde so verhalten, wie sie sich verhalten, wird sich nie ändern. Sie tun alles nur aus einem Grund: weil es ihnen nützt. Eine Belohnung zu bekommen – Lob, Futter oder Freiheit –, ist ihre Bezahlung. Auch Ärger zu vermeiden, ist eine Art von Belohnung – wenn jemand damit aufhört, zu schlagen oder an der Leine zu zerren, der „Sitz!“ ruft. Hunde lernen, mit den Konsequenzen zu rechnen.

Ich glaube, dass sich die Hundeerziehung in diesem Jahrhundert mehr und mehr in Richtung auf gewaltlose Methoden entwickeln wird, denn die Trainer wenden immer weniger physische Gewalt an, um das Verhalten der Hunde zu formen. Es wird darauf ankommen, unseren Willen bewusst in Richtung auf gewaltfreie Trainingsmethoden zu lenken. Die größten Erfolge erzielen Sie, wenn Sie Ihren Willen in messbare Bewegungen umsetzen können. Dieses Buch liefert die Anleitung dazu. Wenn Sie Ihre Entscheidung getroffen haben, brauchen Sie nur die Anweisungen zu lesen und sich danach zu richten.

Mein Weg zur gewaltfreien Hundeausbildung

Ich erinnere mich noch daran, als ich zum ersten Mal das Hundetraining mit dem Konzept der Gewalt in Verbindung brachte. Ich hatte in Indien Yoga gelernt und eine ganze Weile keine Hunde mehr ausgebildet. Eines Tages brachten meine indischen Nachbarn einen Welpen nach Hause, den sie Raju nannten. Sie sperrten den Hund in den Hof, wo er unablässig zu bellen und zu winseln begann. Gelegentlich steckten der Hausherr oder seine Frau den Kopf aus der Tür und schrien den Welpen an. Als das Bellen und Winseln nicht aufhörte, kamen sie heraus und zerrten an Rajus Leine. Als er endlich ruhig wurde, gingen sie ins Haus und knallten frustriert die Tür hinter sich zu. Schon bald begann der ganze, laute Kreislauf aus bellen, schreien, an der Leine zerren und das Hin und Her an der Tür aufs Neue – die Emotionen von Hund und Menschen steigerten sich ständig.

Nach einigen Tagen fand ich, es sei nun genug. Das Bellen des armen Welpen war zur Lärmbelästigung für die ganze Nachbarschaft geworden. Ich hatte Mitleid mit dem Tier und mit den Menschen. Es war an der Zeit, meine Erfahrungen als Hundetrainer anzuwenden. Außerdem schienen mir einige Aspekte meiner Yoga-Ausbildung in dieser Situation hilfreich zu sein. Immerhin gibt es durchaus Ähnlichkeit in der Art, wie Menschen und wie Hunde lernen.

Also ging ich nach nebenan und redete mit der Familie. Ich erklärte ihnen, dass der Welpe belle, weil er sonst nichts zu tun habe. Hunde sind soziale Tiere, also brauchte Raju Gesellschaft. Ich schlug vor, ihn ins Haus zu der Familie zu lassen. Sie befolgten meinen Rat und nach einigen weiteren Sozialisierungsübungen und Trainingstipps sank das Bellen auf ein erträgliches Niveau. Natürlich profitierten sowohl die Familie wie der Welpe von dem neuen Arrangement.

Es war ein relativ einfacher Prozess. Ein mitfühlender, gewaltfreier Ansatz in Verbindung mit einigen ganzheitlichen Aspekten hatte sowohl dem Welpen wie der Familie und der ganzen Nachbarschaft genutzt. Mir wurde klar, wie deutlich sich diese Episode von den Methoden unterschied, mit denen ich bisher einen bellenden Hund ruhig gestellt hatte – anschreien, drohen, auf die Box schlagen und an der Leine zerren. In der Erinnerung erschienen mir die Methoden, die ich früher angewandt hatte, ziemlich grausam.

Nach meiner Rückkehr in die USA holte sich mein Bruder Tom eine Hündin aus dem Tierheim und bat mich, sie zu erziehen. Ihr Name war Thunder. In der ersten Lektion mit Thunder zog ich an ihrer Leine, um sie auf mich aufmerksam zu machen. Es war nichts Ernstes – nur eine Art von „Pass auf"-Zug an der Leine. Dieses liebe, sensible Tier legte die Ohren an, drehte den Kopf, leckte die Lippen und verhielt sich so, als wollte sie sagen: „Gut, ich gebe auf. Bitte mach das nicht wieder." Es durchzuckte mich wie ein Blitz und mir war schlagartig klar, dass ich meine Erfahrungen in Indien völlig vergessen hatte. Ohne nachzudenken hatte ich wieder auf meine alten Methoden zurückgegriffen, um einen Hund zu „korrigieren".

Was machte ich hier? Ich wusste plötzlich, dass man ein Tier mit dem Zug am Halsband verletzen konnte und dass ich mit dieser Handlung auch mir selbst schadete. Ein Fenster hatte sich geöffnet und mir schoss ein Gefühl gesunden Menschenverstandes durch das Bewusstsein. „Es ist nicht nötig, an einer Leine zu ziehen, um ein Verhalten zu erzwingen, Paul." Obwohl ich Tausende von Hunden ausgebildet und viele Preise bei Gehorsamsprüfungen gewonnen hatte, wusste ich, dass die Trainingsmethoden, die ich bis dahin angewandt hatte, völlig falsch für mich waren. Mit dieser Episode begann eine neue Reise. Seit damals haben tausende von Menschen meine Kurse besucht. In vielen Fällen empfanden sie dieselbe Erleichterung wie ich, als sie einen anderen Weg – den gewaltfreien – kennen gelernt hatten, wie sie ihre Hunde erziehen konnten.

Die gute Nachricht ist, dass die gewaltfreie Hundeausbildung immer mehr Anhänger gewinnt. Dennoch sind es schätzungsweise nur 20% der professionellen Hundetrainer der USA, die sich streng an diese Methode halten. Die meisten arbeiten mit einer Mischung aus Abschreckung und Belohnung. Das bedeutet, dass immer noch etwa 40 Millionen Hunde in den USA während ihrer Ausbildung unter Gewalt zu leiden haben. In der Tat wissen die meisten Menschen noch nicht, dass gewaltfreie Ausbildung möglich ist.

Handeln Sie sanft und bestimmt

Durch die gewaltfreie Hundeerziehung entsteht eine Partnerschaft mit Ihrem Hund, wenn Sie ihn durch Freundlichkeit, Respekt und Mitleid sanft überzeugen. Diese sanfte Überzeugung ist der Kern jeglicher gewaltfreier Hundeerziehung. Man geht freundlich und flexibel, aber dennoch kompromisslos vor. Das gesprochene Wort hat eine große Macht – ein Teil dieser Macht basiert auf dem Schweigen vor, nach und zwischen den gesprochenen Worten.

Viele Führer in der Geschichte waren eloquente Redner und haben sich auf die Macht der sanften Überzeugung verlassen, wie Franz von Assisi, Mahatma Gandhi oder Martin Luther King. Eines meiner Lieblingsbeispiele stammt aus der Welt der Pflanzen. Der berühmte Botaniker Luther Burbank hat als Erster einen Kaktus ohne Dornen gezüchtet. Er erzählte dem großen Yogi Paramahansa Yogananda, wie er es geschafft hatte: „Ich habe regelmäßig mit meinen Pflanzen gesprochen, um eine Schwingung von Liebe zu erzeugen. ‚Ihr habt nichts zu befürchten', sagte ich zu ihnen. ‚Ihr braucht eure Dornen nicht mehr, um euch zu verteidigen. Ich werde euch beschützen.'" (Yogananda, Paramahansa: *Autobiography of a Yogi*, Self-Realization Fellowship, 1946, Seite 411)

Gewaltlosigkeit ist kein neues Konzept, aber heute ist es tiefer verwurzelt als jemals zuvor. Inzwischen tolerieren viele Menschen nicht mehr, dass Kinder verprügelt werden, und so setzt sich auch immer mehr die Überzeugung durch, dass wir die Gewalt auf anderen Ebenen einstellen müssen. Es gibt seit Jahren eine Bürgerbewegung, nur Produkte zu konsumieren, die gewaltfrei erzeugt wurden – z.B. Kosmetika, die ohne tierische Produkte auskommen bzw. ohne Tierversuche hergestellt wurden. Jetzt ist es an der Zeit, die Gewalt auch aus der Erziehung von Hunden und anderen Tieren zu verbannen.

Viele Menschen sind mit dem Konzept des gewaltlosen Tiertrainings vertraut, seit Monty Roberts seine Bestseller-Biografie *Der mit den Pferden spricht (The Man who listens to horses)* veröffentlicht hat. Roberts gehört in eine Tradition von Tiertrainern, die sich bis zu dem Pferdeflüsterer John Rarey in der Mitte des 19. Jhs. zurückverfolgen lässt. Diese Trainer „brechen" die wilden Pferde nicht, sondern versuchen sie zur freiwilligen Mitarbeit zu bewegen.
Sanftere, freundlichere und weniger dominante Methoden des Tiertrainings werden bereits seit Jahrzehnten bei Delfinen, Schwertwalen, Elefanten und anderen Tieren angewandt. Karen Pryor gehört zu den Pionieren beim Training von Meerestieren. Später übertrug sie die gewaltfreien Trainingsmethoden auf andere Tiere, wie Hunde, und veröffentlichte ihre Erfahrungen in dem grundlegenden Buch *Positiv bestärken, sanft erziehen (Don't Shoot the Dog).*
Karen Pryor gehört zu den Verhaltensforschern, die uns neue Wege aufgezeigt haben, das Verhalten eines Hundes zu formen. Eine Futterbelohnung, ein Spielzeug, ein Kraulen hinter dem Ohr, in Verbindung mit Geduld und Ausdauer – der Erfolg stellt sich ein. Meine These ist, dass wir Menschen eine gleichberechtigte Rolle in der Geben-und-nehmen-Beziehung der Verhaltensbildung spielen. Dass es uns gelingt, einem Hund beizubringen, sich zu setzen oder hinzulegen, ist nur eine Seite der Geschichte. Nach meiner Philosophie, die sicher nicht neu ist, ist der Weg dahin genauso wichtig. Wenn wir danach trachten, Tieren ein Verhalten aufzuzwingen, das unserer begrenzten Vorstellung von richtig und falsch entspricht, dürfen wir dennoch keine gewaltsamen Methoden anwenden. Das Ziel rechtfertigt keinesfalls die Mittel, und Kraft bedeutet nicht Recht.

Auf den Hund eingehen

Manchmal braucht man nur das Naheliegende zu sehen, um sich der gewaltfreien Erziehung zuzuwenden. Vor einigen Jahren bat mich ein Paar um Hilfe; ihr Hund zeigte ein offensichtlich aggressives Verhalten. Als ich bei ihnen ankam, war Lucky im Keller eingeschlossen. Ich erfuhr, dass die Frau Psychiaterin, der Mann

Psychologe war. Die beiden wussten mehr über operante und klassische Konditionierung, als ich in meinem ganzen Leben erhoffen durfte. Und nun saß ich hier und entwickelte ein Verhaltensprogramm für sie und ihren Hund, das sich im Prinzip kaum von dem unterschied, was die beiden täglich für ihre Patienten zusammenstellten. Zum Glück ging ihnen rasch ein Licht auf und sie begriffen, dass sie versäumt hatten, ihre Erfahrungen auf den eigenen Hund anzuwenden. Sie konnten meine Vorschläge mit großem Erfolg in die Tat umsetzen. Als ich einige Wochen später bei ihnen vorbeischaute, war Lucky auf dem besten Wege, zu einem anerkannten Mitglied der Familie zu werden.

Wie dieses Ehepaar haben wir alle unsere Blockaden, wir können die Puzzleteilchen nicht zusammensetzen. Manchmal brauchen wir nur einen kleinen Anstoß und erinnern uns an das, was wir längst wissen. Daher ist es besser, erst zu überlegen und dann zu handeln; wir müssen lernen, auf den Hund einzugehen und nicht nur zu reagieren. Unter „Reaktion" verstehe ich eine direkte Antwort auf eine konkrete Situation. Wer jedoch auf seinen Hund eingeht, setzt seine Weisheit, Kreativität, Intuition und Emotion ein. Wie lernt man, nicht nur zu reagieren, sondern auf ein Tier einzugehen? Beginnen Sie damit, sich zu fragen, was Sie von Ihrem Hund erwarten, dann können Sie sich auf das eigentliche Problem konzentrieren statt auf die Symptome.

Stellen Sie sich einen Hund vor, der den Postboten anbellt. Die direkte Reaktion würde darin bestehen, das Bellen – das Symptom – zu unterbinden, ohne den Grund zu kennen. Nur wenige Menschen denken darüber nach, warum ein Hund bellt: Er könnte aufgeregt sein, sich fürchten oder vielleicht will er nur Hallo sagen. In der Tat glaubt der Hund, alles richtig zu machen. Viele Menschen schreien einen bellenden Hund an, schlagen ihn mit einer Zeitung oder reißen an seinem Halsband, damit er aufhört. Aus welchem Grund auch immer der Hund ursprünglich bellte, als der Briefträger kam – von nun an sieht er ihn als Gefahr, denn er assoziiert negative Dinge mit seinem Erscheinen. Schließlich entwickelt der Hund aggressive Gefühle gegen jedermann in Uniform, der sich dem Haus nähert.

Stellen Sie sich folgende Alternative vor: Wenn der Briefträger kommt und der Hund bellt, gehen Sie hin, fragen ihn: „Wer kommt da?“ und belohnen ihn mit einem Leckerbissen. Der Hund stellt das Bellen ein und assoziiert den Briefträger mit einer positiven Erfahrung. Dank des gewaltfreien, positiven Ansatzes hört Ihr Hund nicht nur zu bellen auf, er wird auch sozialer. Jeder Hund verdient Respekt und zum Respekt gehört Rücksichtnahme. Bevor Sie reagieren, finden Sie zunächst heraus, warum Ihr Hund das tut, was er tut. Wenn Sie den leichteren Weg gehen und unvermittelt reagieren, könnten Sie dem Hund schaden und das Verhaltensproblem verfestigen. Wer nur reagiert, versagt den Respekt; wer auf ein Tier eingeht, ist respektvoll.
Zum überlegten Vorgehen gehört auch die Erkenntnis, dass jeder Hund in seinem eigenen Tempo lernt. Ich werde oft gefragt, wie lange es dauert, einen Hund zu trainieren. Die Antwort ist: es dauert so lange, wie es dauert. In vielerlei Hinsicht gleicht die Ausbildung eines Hundes der Erziehung eines Kindes. Eltern würden auch nicht erwarten, dass sich ihr Kind nach drei oder sechs Monaten, selbst nach drei Jahren perfekt benimmt. Dennoch verlangen dieselben Menschen von einem Hund, dass er bereits nach einigen Tagen Training oder einigen Stunden in der Hundeschule verlässlich sitzt oder bei Fuß geht. So funktioniert das nicht.

Was ist Gewalt?

Jeder sieht die Welt mit anderen Augen. Und wir sehen unseren Hund unterschiedlich. Für manche ist er ein geliebtes, umsorgtes Wesen mit eigener Persönlichkeit. Unsere Hunde sind Familienmitglieder und Lebenspartner. Sie lehren uns Geduld und Liebe und geben uns diese Gefühle zurück, wenn wir sie ansehen. Für manche sind Hunde Spiegelbilder menschlicher Merkmale. Wenn sie zugegen sind, steigt unser Selbstwertgefühl, sie heilen uns emotional und physisch. Hunde für Blinde oder Taube sind Auge und Ohr im Wortsinn; sie melden, wenn das Telefon klingelt oder jemand an der Tür ist. Manche Hunde ahnen epileptische Anfälle voraus oder können Krankheiten riechen – und vieles mehr.

Für andere sind Hunde ein Zeichen des *Machismo*. Große, kräftige, wilde Hunde sollen andeuten, dass ihr Besitzer genauso ist. In den Augen wieder anderer Menschen sind Hunde ein Besitz, den man kauft und wegwirft. Hunde mit Verhaltensproblemen, die sich im Haus erleichtern oder unaufhörlich bellen, werden im Tierheim abgegeben. Allein in den USA werden jährlich über vier Millionen Hunde aus Ignoranz, fehlender Sensibilität oder Aberglaube getötet – und zahllose weitere grausam misshandelt.

Es gibt Menschen, die meine Kurse verlassen, weil sie sich „eine sofort wirksame Methode" erhofft hatten, wie es ein Kursteilnehmer ausdrückte. Ein anderer meinte: „Das ist ein Rottweiler, er muss das aushalten", nachdem er seinen Hund ins Gesicht geschlagen hatte. Ich habe den Mann angezeigt, weil mir der arme Hund leid tat.

Gewalt ist alles, was schadet und das Wachstum hemmt – emotionales, physisches und mentales. Gewaltfreiheit ist das Gegenteil; jedes Verhalten, das Erkenntnis, Gesundheit, Wachstum und Sicherheit fördert. Jeder Hund ist ein Individuum mit eigener Persönlichkeit, wie ein Mensch. Daher ist auch jede Situation, in der Menschen und Hunde interagieren, einzigartig in Raum und Zeit. Daher muss jeder selbst entscheiden, was im jeweiligen Moment als Gewalt gilt. Gewalt kann man gegen Tiere, die Umwelt und gegen sich selbst ausüben. Die Entscheidung dagegen zu treffen, erfordert viel Übung.

Ich gebe Ihnen einige Beispiele, damit Sie sich ein besseres Bild davon machen können, wo die Grenze zwischen Gewalt und Gewaltlosigkeit verläuft. Wenn Sie einen Hund davon abhalten wollen, auf den Tisch zu klettern oder an einem Elektrokabel zu nagen, sollten Sie ihn mit einem Geräusch oder einer Bewegung ablenken und ihn zu einem anderen Spiel verleiten. Erkennen Sie den Unterschied zwischen Unterbrechung und Erschrecken? Bei derselben Gelegenheit könnten Sie Ihren Hund auch durch Gewalt – Schreien, Schlagen, Erschrecken, Schütteln – von seinem Vorhaben abbringen. Sie können eine Umgebung schaffen, in der Ihr Hund durch seine Erfolge lernt, oder Sie können ihn bestrafen. Kann Hundetraining also tatsächlich ganz ohne Ärger ablaufen?

Nun, wir sind Menschen, und Ärger ist ein menschliches Gefühl; also wird sich jeder Mensch ab und zu ärgern.
Es gibt jedoch einen großen Unterschied zwischen ethischem Ärger und wütendem Ärger. Beim ethischen Ärger werden die Emotionen angemessen und unter vollständiger Gewissheit der Konsequenzen ausgedrückt; alles geschieht, ohne dass Gewalt ausgeübt wird. Im besten Fall kann Ärger eine positive Veränderung hervorrufen. Ein wütender Mensch denkt dagegen nicht an Konsequenzen. Auch wenn Sie sich einmal ärgern sollten, eine auf Belohnungen basierende Ausbildung von Hunden nimmt die Wut aus ihrem Ärger, d.h. in keiner, wie auch immer gearteten Situation dürfen Sie Ihrem Hund etwas antun. Dazu braucht man Einsicht.
Ein gewaltfreier Ansatz kommt ohne Schikane aus. Arbeiten Sie vor allem mit Liebe, Respekt und Leidenschaft. Gewaltlosigkeit bedeutet auch nicht, eine Opferrolle zu übernehmen, obwohl es Situationen gibt, in denen man Gefahren auf sich nimmt, um ein geliebtes Wesen zu schützen. Gandhi praktizierte seinen gewaltlosen Widerstand in Indien, um die Unabhängigkeit des Landes zu erreichen. Wer sich der gewaltlosen Erziehung verschreibt, muss deswegen weder seinen gesunden Menschenverstand aufgeben, noch Weisheit, Humor oder andere kreative Methoden zur Konfliktlösung. Immerhin sind wir doch eine intelligente, mitfühlende, intuitive und kreative Art, oder nicht? Es sollte uns gelingen, das Verhalten eines Hundes durch gewaltfreie Methoden zu formen.
Trainingsmethoden auf der Basis von Abschreckung schaden nicht nur den Tieren, ich glaube auch, dass sie der Grund für tierische Gewalt gegenüber Menschen sein können. Nach jüngsten Statistiken gab es im letzten Jahr 4,5 Millionen Hundebisse in den USA und 75% der Opfer waren Kinder. Tatsächlich sind Hundebisse der häufigste Grund dafür, dass Kinder ins Krankenhaus eingeliefert werden.

Den Kreis durchbrechen

Warum üben Menschen immer noch Gewalt aus oder drohen ihren Hunden Gewalt an? Es gibt drei Hauptgründe: 1. Es wurde schon immer so gemacht, 2. der Hundehalter möchte die Situation physisch kontrollieren, oder 3. er möchte den Hund strafen. Wenn jemand Gewalt gegen seinen Hund ausübt, „weil es schon immer so war", dann ist die Gewalt bereits zur Gewohnheit geworden. Wer seine Einstellung ändert, muss auch bereit sein, den Status quo zu ändern. Und dazu gehört auch die Einsicht, dass man in der Vergangenheit gewaltsam vorgegangen ist. Man blickt in einen Spiegel und sieht jemand anders, als man erwartet hat. Erschreckend! Der zweite Grund, warum Menschen fortfahren, ihre Hunde mit Gewalt zu disziplinieren – der Wunsch nach physischer Kontrolle –, ist gewöhnlich mit Ärger und Frustration assoziiert. Wie bereits erwähnt, hat Ärger jedoch nichts in der Hundeerziehung zu suchen. Wer sich ärgert, kann weder weise, noch kreativ oder intuitiv sein. Sowohl der Mensch als auch der Hund leiden. Ein heiliger Text, die *Bhagavad-Gita,* sagt: „Aus unerfülltem Verlangen erwächst Frustration, aus Frustration Ärger, aus Ärger Ruin."

Die Tendenz, abschreckende Techniken einzusetzen – Gewalt oder Androhung von Gewalt –, könnte bereits auf die frühe Jugend zurückgehen. Kinder, die sehen, wie ein anderer brutale Gewalt ausübt, lernen, dass derjenige gewinnt, der größer, stärker und rücksichtsloser ist. Beim gewaltfreien Hundetraining gibt es dagegen keine „Sieger", denn es geht nicht um Wettbewerb.

Jeder, der auf gewaltsame Ausbildungsmethoden zurückgreift, begibt sich in eine Spirale der Aggression und stumpft immer mehr gegen das eigentlich Menschliche ab. Ich habe jüngst von einem 14 Jahre alten Mädchen in der Zeitung gelesen, die während der Jagd ein Reh geschossen hatte. Das Foto zeigte das tote Tier auf der Motorhaube des Wagens ihres Vaters. Das Mädchen wurde gefragt: „Wie hast du dich gefühlt, als du das Reh erschossen hast?" Sie sagte: „Als ich letztes Jahr mein erstes Reh getötet habe, fühlte ich mich ziemlich schlecht. Jetzt ging es leichter und *ich denke*

kaum noch daran.“ (Hervorhebung vom Autor) Erziehung ist der Schlüssel für sensibles Verhalten.
Studien haben ergeben, dass Menschen, die Gewalt gegen Tiere ausüben, eine geringere Hemmschwelle haben, auch gegen Menschen gewalttätig zu werden. Im letzten Jahrzehnt konnte man zahlreiche Schlagzeilen lesen, die immer wieder dieselbe Geschichte erzählten – ein Kind, das Tiere misshandelt hatte, wurde später zum Mörder an Menschen.
Hundeerziehung, die auf Belohnungen basiert, fördert das Mitgefühl und bringt unsere wahre Natur ans Licht – wir sind sensible, teilnehmende, liebende Wesen. So wird die Erziehung zur Brücke und fördert die Gewaltlosigkeit zwischen Mensch und Tier wie zwischen Mensch und Mensch.

Hundegerecht erziehen

In der Theorie ist die Ausbildung eines Hundes einfach. Man hat das Bild schon im Kopf, wie der Hund auf dem Boden sitzt, hat geeignete Trainingsgeräte besorgt und sich überlegt, wie man das Verhalten formen möchte. Alles, was man braucht, ist Zeit, Geduld und etwas Erfahrung. Und hier liegt die Schwierigkeit. Viele Menschen nehmen sich einfach nicht die Zeit, und schon liegen Würge-, Stachel- und Kettenhalsband bereit. Der Hund wird angebrüllt, geschlagen, getreten, geschockt und mit Ohrenzangen gequält. Die Botschaft lautet „Entweder du gehorchst sofort, oder ...“
Sehen wir der Wahrheit ins Gesicht, Hunde erleichtern sich, bellen und springen. Sie sind sie selbst. Hunde sind nicht moralisch gut oder schlecht. Sie sind weder schuldig noch Helden. Sie *sind* einfach. Und wir entdecken immer noch, was das bedeutet. Früher haben Wissenschaftler geschätzt, dass wir nur 15–20% unserer geistigen Kapazität einsetzen – und das an einem guten Tag, denke ich. Wenn wir diese Einschränkung akzeptieren, erscheint es mehr als überheblich, dass wir alles über Hunde und ihr Verhalten zu wissen glauben.
Dieses Buch stellt einen neuen Ansatz vor, der sich von traditionellen Methoden unterscheidet; der Prozess der Ausbildung ist das

eigentliche Ziel. Sobald Sie den Prozess als Ziel aus dem Auge verlieren, dann schwächen Sie die unsichtbare Leine Ihrer Willenskraft. Ihr Training wird unsicher, ungenau und schlecht getimt. Wenn dies geschieht, schwächt sich das Band zu Ihrem Hund ab. Er weiß nicht mehr, was Sie von ihm erwarten, oder ist nicht mehr zufrieden mit seinen Belohnungen. Mit anderen Worten, Ihr Hund denkt: „Warum soll ich mich ohne Motivation anstrengen?"

Die Menschen haben bemerkenswerte Dinge erreicht. Wir haben mit Mut und Intelligenz Menschen auf den Mond geschickt. Wir haben außergewöhnliche Kunstwerke geschaffen, aufregende Bücher, inspirierende Filme und fröhliche Lieder. Wir haben Ausdauer und die Kraft, einen Marathonlauf zu machen, können 500 kg stemmen und fast 2,50 m hoch springen. Und wir haben es geschafft, viele lebensbedrohliche Krankheiten zu besiegen. Dann sollte es uns doch möglich sein, einem Hund beizubringen, bei Fuß zu gehen, ohne dass man ihn schlagen, treten oder schütteln muss oder am Halsband zerrt.

Mit den sanften Methoden werden nicht nur die Hunde aufgezogen und trainiert, wir arbeiten auch an unserem eigenen emotionalen, physischen und intellektuellem Wachstum. Wir lernen uns als Individuen und als Art zu definieren und zu formen. Dieses Buch soll Ihnen zu einer echten Partnerschaft mit Ihrem Hund verhelfen. Es zielt darauf ab, Sie und Ihren Hund gemeinsam wachsen zu lassen und unglaubliche Freuden zu erleben. Alles beginnt mit dem Konzept der Gewaltlosigkeit: Freundlichkeit, Respekt, Mitgefühl, Verantwortungsbewusstsein und Liebe.

Die 9 Zutaten für optimale Entwicklung

Die 9 Zutaten im Überblick

Die alte Lehre des Raja Yoga kennt acht Stufen in ihrer Philosophie der ganzheitlichen Gesundheit. Das hat mich dazu inspiriert, ein Modell für die optimale Behandlung und das Training von Hunden zu entwickeln. In den meisten Disziplinen gibt es feste Regeln, nach denen man sich strikt richten muss, um messbare Ergebnisse im physischen, mentalen und emotionalen Wachstum zu erreichen. Die „9 Zutaten" passen in dieses Schema. Es sind: hochwertige Ernährung, Spielen, Sozialisation, Schlaf, Übungen, Beschäftigung, Ruhe, Training und Gesundheitsfürsorge.

Diese 9 Zutaten bestimmen in ihrer Gesamtheit das Verhalten Ihres Hundes. Jede davon ist ein Teil des Puzzles, das als Ganzes für eine optimale Lernumgebung sorgt. In einer optimalen Lernumgebung ist das Training leichter, es geht schneller und macht mehr Spaß.

Denken Sie eine Minute darüber nach, was Sie selbst für Ihre Leistungskraft brauchen. Wenn Sie müde, hungrig oder krank sind, wenn Sie eine schlechte Arbeitswoche hatten, werden Sie wohl kaum in Bestform sein. Vielleicht macht diese Überlegung deutlich, warum eine ganzheitliche Sichtweise erfolgreich ist – sowohl bei der Analyse, wie bei der Erziehung zu Verhaltensänderungen. Es kommt nicht nur auf die Quantität, sondern auch auf die Qualität der einzelnen Zutaten an.

Wenn Sie die 9 Zutaten mit dem Leben Ihres Hundes verknüpfen, wirken sie synergetisch. Mir gefällt das Konzept der Synergie. Sie tritt immer dann auf, wenn das Ganze mehr ist als die Summe seiner Teile. In anderen Worten, eine synergetische Rechenaufgabe könnte lauten: 2+2+2 = 10 oder 20 oder 30 oder 100. Das Ergebnis ist immer größer als die Summe seiner Teile. Vielleicht sind auch die Beatles ein Beispiel für Synergie – sie waren schon als Einzelpersönlichkeiten prachtvoll, als Gruppe aber unschlagbar. Ähnliches gilt für gute Sportmannschaften. Synergetisch sind auch Schlittenhunde-Gespanne oder die gemischten Therapiegruppen aus Menschen und Hunden, die gemeinsam behandelt werden. Selbst in normalen Haushalten kommt es zu synergetischen Effekten. Wissenschaftliche Studien haben ergeben, dass das Wohlbefinden eines Menschen – physisch und emotional – durch die Interaktion mit Hunden und anderen Tieren verbessert wird. Dass auch das Wohlbefinden eines Tieres durch positive menschliche Kontakte gefördert wird, ist die andere Seite der Medaille.

Wenn Sie die Kapitel über die einzelnen Zutaten lesen, sollten Sie daran denken, dass sie alle darauf abzielen, die Ausbildung eines Hundes zu vereinfachen und zum Bestandteil des täglichen Lebens zu machen. Vermutlich werden Sie bemerken, dass wir Menschen dieselben „Zutaten" benötigen, um gesund, fröhlich, sicher und ausgeglichen zu sein. Meine ganze Philosophie basiert auf dem gesunden Menschenverstand: Machen Sie die Ratschläge zum Teil Ihres täglichen Lebens und der Routine. Damit verschwindet der Druck, das Training *machen zu müssen*. Es wird einfach Teil des Lebens.

Wenn Ihr Hund Verhaltensprobleme hat, sollten Sie sich alle Aspekte Ihres Zusammenlebens vor Augen führen und überprüfen, ob vielleicht eine der 9 Zutaten aus dem Gleichgewicht geraten ist. Viele Unregelmäßigkeiten verschwinden, wenn man sich streng an die ganzheitliche Sicht der 9 Zutaten für optimale Gesundheit und Wohlbefinden hält. Wenn die Zutaten ausbalanciert sind, lassen sich Hunde besser trainieren. (Der letzte Teil des Buches behandelt übliche Verhaltensprobleme. Natürlich gibt es Störungen, die den Rahmen des Buches sprengen würden. Sollte ein solches Problem auftreten, sollten Sie sich an einen professionellen Hundetrainer wenden. Gehen Sie auf Nummer sicher).

Zutat 1: Hochwertige Ernährung

„Ein Hund ist, was er (fr)isst." Ich wage zu behaupten, dass ein genetisch gesunder Hund ohne Probleme 20, vielleicht sogar 25 Jahre lang leben kann. Dieses Alter ist keineswegs unrealistisch. Die ganzheitlich arbeitende Tierärztin Nancy Scanlon berichtet von einem Hund, der 27 Jahre alt wurde. Das Durchschnittsalter liegt heute bei 10 bis 15 Jahren. Ich bin davon überzeugt, dass unsere Hunde noch deutlich älter werden könnten, wenn wir uns an die 9 Zutaten hielten.

Wenn man mich wegen eines bestimmten Verhaltensproblems zu Rate zieht, frage ich zunächst nach der Ernährung des Hundes. Das Futter kann die Stimmung eines Hundes beeinflussen, seine Gesundheit und Ausdauer und natürlich seine Lebenserwartung. Verhaltensprobleme können tatsächlich auf schlechter Ernährung beruhen, zu viel oder zu wenig Futter, Allergien oder Abneigungen. Die Zusammensetzung des Futters ist vom Alter, der Rasse, Größe, der täglichen Bewegung, Gesundheit, dem emotionalem Zustand, Empfindlichkeiten und Toleranzen abhängig. Ich werde auf diesen Aspekt intensiver eingehen als auf die anderen Zutaten, denn ich halte die Ernährung für eine Grundlage des Verhaltens.

Es ist recht einfach, einen Hund optimal zu ernähren. Es gibt in der Tat einige Produkte, die Wert auf natürliche Bestandteile legen, doch manche Produkte sind nicht so gut, wie die Werbung den Kunden verspricht.

Die meisten Firmen in den USA werben damit, dass ihre Produkte „wissenschaftlich getestet" und „zu 100% ausgewogen" sind. Tatsächlich wird Hundenahrung getestet. In Wahrheit weiß niemand so genau, welche Ansprüche Hunde oder Katzen an ihre Nahrung stellen, um solche Werbesprüche zu rechtfertigen.

Der Tierarzt Dr. R.L. Wysong wendet sich gegen die Werbung mit dem „100% ausgewogen". Er benutzt eine Analogie aus dem menschlichen Bereich: „Wie viele Eltern würden den Ratschlag eines Kinderarztes befolgen, der ihnen eine Packung Kindernahrung auf den Tisch stellt und verlangt, dass ihr Kind Tag für Tag, sein ganzes Leben lang nur diese Nahrung essen soll? Außerdem würde er von ihnen verlangen, auf kein anderes Produkt auszuweichen, weil dann die Ausgewogenheit nicht mehr gewährleistet sei. Selbst wenn der Kinderarzt seine Forderung mit Nährstofftabellen und Testberichten untermauern würde, hätten die Eltern wohl allen Grund, an ihm zu zweifeln." (Wysong, R.L.: *The Myth of the 100% Complete Manufactured Diet*, Journal of the American Holistic

Veterenary Medical Association, Februar–April 1992, Vol. 11, Nr. 1, S. 17)

Natürlich ist einer der Hauptgründe, warum Menschen nicht bereit sind, ausschließlich ein einziges Produkt zu essen, dass uns der Geschmack und der Nährwert eines Essens fehlt, das aus natürlichen Produkten zubereitet wurde. Getrocknetes oder in Dosen verpacktes Essen beraubt die Nahrung ihrer Lebensenergie. Am besten bekommt uns frisches, möglichst natürliches Essen.

Betrachten wir einige der Probleme, die sich aus den kommerziellen Produkten ergeben:

Nur rohes Futter enthält „Lebensenergie" Lebensenergie ist ein wesentlicher Aspekt der Nahrung. Sie ist in allen frischen Lebensmitteln enthalten, vor allem in nützlichen Bakterien und Enzymen. Günstige Bakterien sind „gute" oder nützliche Bakterien, die natürlicherweise im Körper vorkommen. Sie helfen bei der Verdauung von Nahrung und hemmen unerwünschte Bakterien und Pilze. Gelegentlich fehlen dem Körper die eigenen nützlichen Bakterien. Wenn das der Falll ist, vermehren sich schlechte Bakterien und bringen den Körper aus dem Gleichgewicht. Um den Körper wieder mit den positiven Bakterien zu versorgen, muss man sie mit der Nahrung aufnehmen. In einigen natürlichen Hundefuttern sind solche nützlichen Bakterien enthalten.

Enzyme sind körpereigene Proteine, die z.B. Nahrung abbauen und aufschließen. Ohne sie können das Essen nicht verdaut, die Nährstoffe nicht vollständig aufgenommen werden, so dass Defizite im Stoffwechsel auftreten. Enzyme sind in allen rohen Lebensmitteln enthalten, auch in rohem Fleisch. Jeder Körper hat eigene Enzymvorräte. Wenn Sie oder Ihr Hund daher Nahrung ohne Enzyme zu sich nehmen, greift der Körper seine Vorräte in Organen und Gewebe an. Studien haben enge Zusammenhänge zwischen Enzymmangel und Krankheiten, akuten wie chronischen, ergeben. Wenn Sie Ihren Hund häufiger mit rohem Fleisch – im regelmäßigen Futter oder als Belohnung – versorgen, vermeiden Sie diesen Mangel.

Die Lebensenergie hat aber noch eine tiefere Bedeutung. Eine Möhre kann kein Tier ernähren, solange sie noch als Samen vorliegt. Wird sie jedoch zum richtigen Zeitpunkt geerntet, enthält eine Möhre reichlich Vitamine und Mineralien. Der Wachstumsprozess vom Samen bis zur Reife ist Lebensenergie. Es gibt einen perfekten Augenblick, eine Möhre aus der Erde zu ziehen – den perfekten Augenblick, zu dem sie optimal zur Gesundheit beiträgt. Woher weiß man jedoch, wann dieser Augenblick gegeben ist? In der Weisheit des Ostens ist der Mensch einzigartig, weil er positive Lebensenergie auf seine Nahrung übertragen kann. Dies gelingt durch positive, gesunde Gedanken, die man beim Zubereiten der Speisen oder beim Essen haben sollte. Funktioniert das? Tatsächlich scheinen sich positive Gedanken auf Heilmittel übertragen zu lassen. Wenn Sie daher für sich oder Ihren Hund Essen zubereiten, stellen Sie sich vor, Sie würden die Speisen mit „Lebensenergie" aufladen. Im Prinzip unterscheidet sich diese Technik nicht wesentlich von einem Gebet.

Zubereitung zerstört Nährstoffe Wenn Nahrung zubereitet wird, gehen nicht nur nützliche Bakterien und Enzyme verloren. Ob Dosen-, Trocken- oder halbfeuchtes Futter – Zubereitung zerstört einen Teil der Nährstoffe. Unter den drei Alternativen ist Dosenfutter sicher das Beste, weil im Zuge der Herstellung relativ wenige Nährstoffe zerstört werden. Bei Trockenfutter handelt es sich häufig um preiswerte Produkte, die stärker verändert wurden. Die Grundstoffe werden unter Druck gekocht, gewürzt, getrocknet und schließlich mit Fett besprüht, um sie schmackhafter zu machen. In seinem Buch *Pet Allergies* schreibt der Tierarzt Alfred J. Plechner, dass viele Haustiere Allergien gegen Trockenfutter haben bzw. es nicht vertragen. Er schreibt: „Ich glaube, dass Trockenfutter zahlreiche allergene Nahrungsmittel enthalten kann. Praktisch alle Stoffe, die auf meiner Allergie-Liste stehen, sind im Trockenfutter enthalten: Rindfleisch, Milch, Weizen, Mais, Hefe, Fischmehl und zahlreiche chemische Zusätze." (Plechner, Alfred J. und Martin Zucker, *Pet Allergies: Remedies for an Epidemic,* J.P.Enterprises, 1986, S. 29) Es sollte allerdings nicht verschwiegen werden, dass sich viele Hersteller große Mühe geben, Trockenfutter von größtmöglicher Qualität herzustellen.

Zusatzstoffe im Futter Manche Hundefutter enthalten auch Farbstoffe, Stabilisatoren, Dickungsmittel, „Geschmacksverstärker" und chemische Konservierungsmittel wie Natriumnitrit, Natriumnitrat, butyliertes Hydroxyanisol (BHA), butyliertes Hydroxytoluol (BHT), Natriumglutamat, Natriummetabisulfit und Ethoxyquin. Einige dieser Konservierungsmittel, wie Ethoxyquin und Natriumnitrat, stehen im Ruf, Krebs zu erregen. Die Zusatzstoffe müssen auf der Packung aufgelistet werden.

Optimale Fütterung

Das beste Futter für einen Hund macht man aus hochwertigen Zutaten und Zusätzen selbst. Man nimmt Fleisch, das frei ist von Pestiziden, Antibiotika und Hormonen. Da vielen Menschen jedoch die Zeit und das Geld fehlen, um solch ein Futter zuzubereiten, sollte man zumindest versuchen, so gut wie möglich zu füttern. Wie bereits erwähnt, gibt es eine Reihe von Faktoren, die das optimale Futter bestimmen, darunter Alter des Hundes, Rasse, Größe, tägliche Aktivität, emotionaler und physischer Zustand und Empfindlichkeiten. Ein Tierarzt, der nach ganzheitlichen Prinzipien arbeitet, dürfte Ihnen für die Ernährung Ihres Hundes nützliche Ratschläge geben können.

Hochwertiges Fertigfutter Obwohl ich selbst gemachtes Futter für das beste halte, ist es für viele Menschen nicht praktikabel. Daher ist es am besten, einen Hersteller zu wählen, der Dosen- oder Trockenfutter mit Fleisch aus biologischer Haltung verkauft. Das kann man mit den rohen Zutaten vermischen, die auf S. 41 aufgeführt sind.
Dosenfutter ist der Trockennahrung überlegen, allerdings gibt es auch Trockennahrung, die aus natürlichen Zutaten von hoher Qualität hergestellt wird. Außerdem machen viele Tierärzte darauf aufmerksam, dass Trockennahrung die Zähne der Hunde reinigt, die Kiefer beansprucht und die Gesundheit des Zahnfleisches fördert. Mein Hund Molly bekommt zur Hälfte Dosenfutter und zur Hälfte Trockenfutter, außerdem freut sie sich über ihre tägliche rohe Möhre, die sie zwischen den Pfoten hält und genießt. Die Mischung

halb und halb ist optimal, aber selbst ein wenig Dosennahrung ist besser als keine.

Mollys Lieblingsfutter

2 Tassen Wasser
3/4 Tassen brauner Reis
1 1/4 Tassen gebratene Pute (1–2 cm große Würfel) aus biologischer Haltung
1/4 Tasse rohe, zerteilte Zucchini
1/4 Tasse gedünsteter Brokkoli (kleine Stücke)
1 1/2 Teelöffel Olivenöl
Vitamine und Mineralien (nach Packungsangaben)

Füllen Sie das Wasser in einen Topf und geben Sie den Reis dazu; zum Kochen bringen und dann die Hitze reduzieren, 75 Minuten simmern lassen; weicher Reis ist leichter verdaulich. Vermischen Sie die Zutaten und servieren Sie.

Selbst gemachtes Futter

Die folgenden Futtervorschläge stammen aus dem Buch von Mary Brennan, *The Natural Dog* (Brennan und Eckroate, S. 100–102). Sie stellen eine gute Ernährungsgrundlage für einen ausgewachsenen Hund dar. Selbst gemachtes Futter für einen Welpen oder übergewichtigen Hund, einen Hund mit Allergien oder einen kranken Hund z.B. ausbalancierte Proteindiät (bei Nierenschäden) finden Sie in der Fachliteratur.

Ich habe mich für die Ratschläge aus Dr. Brennans Buch entschieden, weil sie viele Zutaten vorschlägt, aus denen Sie sich ein Futter zusammenstellen können, das Ihr Hund mag. Ich würde Ihnen vorschlagen, eine größere Menge zuzubereiten und die Portionen für drei bis vier Tage im Kühlschrank aufzubewahren; der Rest kommt in den Gefrierschrank. Achten Sie darauf, maximal Futtermengen für jeweils drei bis vier Tage pro Behälter einzufrieren. Lassen Sie die Portionen langsam auftauen, bevor sie verwendet werden.

Das Futter sollte Zimmertemperatur haben. Füllen Sie den Fress-

napf und stellen Sie ihn 10–15 min lang in eine Schale mit heißem Wasser. Das ist besser, als das Futter in der Mikrowelle zu erhitzen, weil dann Nährstoffe verkochen könnten.
Sie werden sehen, dass es mehrere Möglichkeiten gibt, das Fleisch zu kochen. Ich würde vorschlagen, Hühnchenfleisch in heißem Wasser zu garen. Mischen Sie anschließend das Kochwasser in das Futter, bis es die eintopfartige Konsistenz hat, die Hunde so lieben. Solches Futter ist leichter verdaulich, wenn die Körnerzutaten sehr weich gekocht werden. Nehmen Sie 2 1/2 Tassen Wasser pro Tasse roher Körner. Bringen Sie das Wasser zum Kochen, und dann 1 1/4Stunden simmern lassen.

Getreide Verwenden Sie gekochten, braunen Reis, Hafer (in Form von Hafermehl), Mais, Weizenkörner und -grütze, Gerste, Roggen oder Hirse. Wenn Sie Hafermehl oder Mais verwenden, muss die Menge um die Hälfte erhöht werden. Als gelegentliche Alternative bietet sich Roggen in Form von Körnern oder ungesalzenen Plätzchen an. Obwohl brauner Reis besser ist als weißer, bekommen manche Hunde davon Verdauungsprobleme. Bis sie sich daran gewöhnt haben, sollten Sie weißen und braunen Reis halb und halb mischen.
Fleisch Nehmen Sie gekochtes oder gebratenes Hackfleisch, Hähnchen, Pute oder Lamm; nehmen Sie mageres Fleisch mit wenig Fett. Sie können dreimal pro Woche die Hälfte des Fleisches durch gekochte Bohnen, Linsen oder Tofu ersetzen. Wenn Sie rohes Fleisch nehmen, sollten Sie unbedingt frische Ware einkaufen und sie sorgfältig kühlen, um schädliche Bakterien wie Salmonellen auf ein Minimum zu reduzieren. Schweinefleisch darf wegen der Aujezkyschen Krankheit niemals roh verfüttert werden!
Gemüse Suchen Sie nach Gemüse, das Ihr Hund besonders gerne mag. Versuchen Sie es mit rohen Zucchini, Kürbis oder Möhren, Luzerne-Sprossen, gedünstetem Brokkoli, Spargel (die meisten Hunde mögen ihn), Mais, gekochten grünen Bohnen, weißen Rüben, Pastinaken oder Erbsen. Sie können auch anderes Gemüse ausprobieren, nicht jedoch Zwiebeln oder Kohl, die zu Blähungen führen könnten. Wenn Ihr Hund kein Gemüse mag, sollten Sie es zunächst sehr fein hacken und unter das Futter mischen.

Öl Jedes hochwertige Pflanzenöl ist geeignet: Distel-, Maiskeim-, Sesam-, Weizenkeim-, Sonnenblumen-, Lein- oder Olivenöl. Geben Sie im Winter pro Woche ein paarmal etwas Olivenöl oder Lebertran extra. *Hinweis*: Gute Öle sind kalt gepresst und gehören nach dem Öffnen der Flasche in den Kühlschrank. Weizenkeim- und Leinöl sind besonders nährstoffreich, werden aber rasch ranzig. Stellen Sie diese Öle sofort in den Kühlschrank, möglichst noch vor dem Öffnen der Flasche.

Vitamine und Mineralien Entscheiden Sie sich für Präparate aus biologischer Herstellung. Stellen Sie sicher, dass Vitamine und Mineralien nur aus natürlichen Quellen stammen und weder Konservierungsmittel noch künstliche Zutaten enthalten. Befolgen Sie die Anweisungen auf der Packung.

Die Zusammensetzung des selbst zubereiteten Hundefutters Benutzen die Tabelle unten, um die tägliche Futtermenge zu ermitteln. Multiplizieren Sie die Menge mit der Zahl der Hunde oder Tage, wenn Sie einen Vorrat anlegen wollen. Denken Sie daran, dass sich individuelle Unterschiede von Hund zu Hund ergeben; die Zahlen sind Durchschnittswerte.

Gewicht des Hundes	2,3 kg	4,5 kg	11,5 kg	18 kg	27 kg	36 kg
Getreide	½ Tasse	1 Tasse	2 Tassen	2 ½ Tassen	4 Tassen	5 Tassen
Fleisch/Proteine	2 ½ TL	⅓ Tasse	⅔ Tasse	1 ⅛ Tasse	1 ⅓ Tasse	1 ½ Tasse
Gemüse	1 TL	⅛ Tasse	¼ Tasse	⅓ Tasse	½ Tasse	⅔ Tasse
Öl	½ TL	½ TL	1 TL	1 ½ TL	2 TL	2 ½ TL

Vitamine und Mineralien: Befolgen Sie die Dosierungsempfehlung auf der Packung

Kurz bevor Sie das Futter servieren, können Sie zusätzliche Nährstoffe oder etwas aus der unten stehenden Aufzählung beimischen. Wer sich über die wissenschaftlichen Grundlagen von Hundefutter informieren möchte – und sich nicht davor scheut, sich in die Thematik einzuarbeiten, welches Fleisch und Getreide nach der traditionellen chinesischen Medizin das Beste für Ihren Hund ist –, dem empfehle ich das Buch der Tierärztin Cheryl Schwartz über *Four Paws, Five Directions*. Im ausführlichen Text wird erklärt, welches Fleisch bzw. Getreide zu einem bestimmten Hundetyp (Konstitution) passt. Ohne allzu sehr ins Detail zu gehen, wird dort ausgeführt, dass man mithilfe einer ausgewählten Diät das Ungleichgewicht in seiner Physiologie ausgleichen kann. Als Kriterien für die Auswahl des Futters werden Eigenschaften wie lahm, entspannt und ruhig, übergewichtig, durchsetzungsfähig, um Aufmerksamkeit bettelnd usw. benutzt.

Wenn Sie rohe Bestandteile oder Zutaten hoher Qualität beifügen, verbessern Sie die Qualität des Futters und machen es energie- und nährstoffreicher. Das wird vor allem dann wichtig, wenn Sie Dosen- oder Trockenfutter bzw. eine Mischung aus beidem füttern. Mischen Sie täglich mindestens rohes Gemüse bei. Hier einige der rohen Bestandteile, die Dr. Mary Brennan empfiehlt:

Rohes Gemüse Fügen Sie 1/8 oder 1/4 Tasse je 4,5 kg Hundegewicht hinzu. Nehmen Sie das Gemüse, das Ihr Hund am liebsten mag: zerkleinerte Möhren, Zucchini, gehackter Blattsalat oder Brokkoli (als Belohnung von Zeit zu Zeit eine ganze Möhre).

Rohes Obst Mehrmals pro Woche etwas Apfel, Trauben oder Wassermelone.

Biofleisch Je 4,5 kg Hundegewicht etwa 1/8–1/4 Tasse gekochtes oder gebratenes Biofleisch. Sie können Hühnchen, Pute, Rind, Lamm (möglichst von freil aufenden Tieren) verwenden. Da die meisten Hunde ohnehin genügend Proteine bekommen, sollten Sie Frischfleisch nur zweimal pro Woche oder als Belohnung geben.

Knoblauch Fügen Sie je 4,5 kg Hundegewicht 1/2 Knoblauchzehe (frisch zerkleinert) hinzu oder eine Kapsel eines entsprechenden Knoblauchpräparates. Wenn Ihr Hund mag, können Sie jeden Tag Knoblauch zugeben.

Joghurt 1/8 bis 1/4 Tasse für einen kleinen, 1/2 bis 3/4 Tassen für einen großen Hund. Nehmen Sie reinen, unbehandelten Naturjoghurt. Geben Sie den Joghurt zum Futter oder als Belohnung mehrmals pro Woche.

Hüttenkäse und Ziegenmilch Hüttenkäse ist eine exzellente, leicht verdauliche Proteinquelle. Geben Sie ihn dreimal pro Woche zum Futter dazu. Wenn Ihr Hund krank ist, kann Hüttenkäse täglich gefüttert werden. Auch Ziegenmilch ist leicht verdaulich; sie enthält mehr Nährstoffe als Kuhmilch. Geben Sie weder Kuhmilch noch Sahne. Hunden fehlen die Enzyme, um sie zu verdauen, daher bekommen sie davon leicht Durchfall.

Vitamine und Mineralstoffe Entscheiden Sie sich für das Präparat einer Firma, die naturbelassene Zutaten von hoher Qualität verwendet. Solche Präparate werden dem Futter meist in Form von Pulver beigemischt.

Das Futter umstellen

Wenn Sie das Futter Ihres Hundes auf Produkte hoher Qualität umstellen, werden Sie den Unterschied innerhalb weniger Tage oder Wochen bemerken. Gesundheitliche Probleme verschwinden; der Hund hat mehr Energie, das Fell glänzt, er riecht nicht mehr so stark, der Stuhlgang verbessert sich und die Blähungen hören auf. Es kann jedoch bei manchen Hunden eine Woche dauern, bis sie sich an die Umstellung des Futters gewöhnt haben. In der Tat führt ein nährstoffreicheres Futter zunächst dazu, dass sich der Darm reinigt; kurzfristig kann es zu flüssigem Stuhl und stärkerer Gasentwicklung kommen. Sie können diese Schwierigkeiten jedoch mindern, wenn Sie die Umstellung über einen Zeitraum von 10 Tagen vornehmen. Sofern Ihr Hund nicht allergisch auf eine der neuen Zutaten reagiert, sollte er sich binnen kurzem jugendlicher und energiegeladener fühlen.

Hinweis: Wenn Sie vermuten, dass Ihr Hund an einer Allergie leidet, lassen Sie ihn von Ihrem Tierarzt untersuchen oder führen Sie die Muskel-Prüfung durch, die Mary Brennan in ihrem Buch *The Natural Dog* vorstellt.

Zutat 2: Spielen

Spaß und Humor – sie sind die Basis jeden Spiels – können die Kommunikation zwischen Ihnen und Ihrem Hund merklich verbessern. Ihr Hund lernt schneller, wenn Sie spielerisch vorgehen. Im Spiel senken Sie Ihren eigenen und den Stresspegel des Hundes ab. Ein Lächeln, ein Lachen oder ein freundliches Gesicht spricht Bände. Humor hilft nicht nur dabei, die Barrieren zwischen

Menschen verschiedener Kulturen zu überwinden, er kann auch die Grenzen zwischen Arten überbrücken.
Humor ist das beste Ventil, um den täglichen Stress abzubauen. Es ist zu wenig, wenn das Training nur aggressionsfrei verläuft. Spaß, Verspieltheit und Humor sind enorm wichtig. Benutzen Sie Spiele als eine „Zutat“, damit das Training eine einzige Freude wird.
Patty Ruzzo, eine bekannte Hundetrainerin, hat gesagt, es gebe kein Gehorsamstraining – Hunde müssten Tricks lernen. Genau das ist es – aus der Sicht der Hunde geht es darum, Dinge zu tun, die ihnen recht sind: sitzen, liegen, auf Zuruf kommen. Das geht einfach, wenn das Training Spaß macht. Im Spiel zu lernen, tut Ihnen und Ihrem Hund gut.
Ich schlage vor, täglich zweimal 15 Minuten lang zu spielen. Wenn Ihr Hund Sie zum Spiel auffordert, z.B. wenn er mit einem Ball ankommt und möchte, dass Sie ihn werfen, ist das der beste Einstieg in gewaltfreies Hundetraining. Fordern Sie Ihren Hund auf, etwas zu tun – Hinsetzen, Hinlegen –, und werfen Sie den Ball als Belohnung.
Spielen beeinflusst den körperlichen, geistigen und emotionalen Zustand Ihres Hundes. Durch geeignete Spiele verbessern sich die Koordination, das Timing und die körperliche Fitness. Sie können alle Arten von Spielen nutzen, die seine Beweglichkeit fördern: Bälle werfen, Tiere hüten oder Wasserspiele. (Siehe unter Zutat Nr. 5: Übungen)
Zum Spiel gehören auch Spielzeuge. Allerdings dürfen sie nicht herumliegen und der Hund darf nicht allein damit spielen. Sie müssen Ihrem Hund die Spielzeuge anbieten, damit er Sie als die Quelle für diese herrlichen Dinge erkennt. Dadurch ist er viel eher bereit, auf Sie zu hören, weil er nur über Sie an die Spielzeuge herankommt. Sollte sich Ihr Hund während Ihrer Abwesenheit allerdings sehr langweilen, sollten Sie ihm ein oder zwei Kauspielzeuge zur Verfügung stellen.

Empfehlenswerte Spielzeuge

Kauspielzeuge Inzwischen bietet der Handel eine beinahe unübersehbare Vielfalt von Kauspielzeugen an. Ich schlage knochenförmige Modelle aus naturbelassenen, ungefärbten Materialien (Tierhäute) vor. Sie bleiben attraktiv, massieren das Zahnfleisch Ihres Hundes und halten eine Weile. Wie immer Sie sich auch entscheiden, behalten Sie den Kauknochen im Auge. Das Letzte, was Sie wollen, wäre ein Hund, der auf Fetzen herumkaut und diese womöglich im Ganzen hinunterschlingt.

„Intelligente Spielzeuge“ Damit meine ich Spielzeuge, die vor Gebrauch mit Leckerbissen gefüllt werden und diese im Spiel nach und nach abgeben. Hunde verbringen Stunden mit solchen Geräten und freuen sich jedes Mal, wenn etwas herausfällt.

Spielzeuge für Menschen Weiche Frisbeescheiben, Tennisbälle und praktisch alle anderen, ungiftigen Spielgeräte.

Quietschende Spielzeuge Hunde lieben sie; sie dürfen aber nur unter Aufsicht ausgegeben werden, denn manche Hunde versuchen sie zu öffnen und könnten sich an dem Quietscher verschlucken.

Seifenblasen Manche Hunde spielen gerne mit Seifenblasen. Kaufen Sie ruhig ein ungiftiges Seifenblasenspiel und gönnen Sie Ihrem Hund den Spaß.

Nun kann das Spiel beginnen. Beginnen Sie mit einem Versteckspiel (siehe Seite 164) und erzählen Sie ihrem Hund ruhig einen Witz. Er kann zwar die Worte nicht verstehen, aber er bemerkt Ihre fröhliche Stimmung.

Zutat 3: Sozialisation

Wir verlangen von unseren Hunden, dass sie nach unseren Regeln mit uns zusammen leben. Daher müssen sie unbedingt „sozialisiert“ werden, d.h. sie müssen mit uns, unserer Familie, den Nachbarn und anderen Tieren zurechtkommen. Bei dieser Eingewöhnung sollten wir alle Sinne anregen. Die Hunde nutzen Augen, Ohren, Geruchs-, Geschmacks- und Tastsinn, sie kommen mit allem in Berührung, was das Leben zu bieten hat. Sie lernen, sich den Anforderungen der Umwelt zu stellen; sie lernen „Fehler zu überleben“, wie es Dr. Karen Overall formuliert.

Ein Hund, dem soziale Kontakte fehlen, wird unter physischen und emotionalen Defiziten leiden. Man hat nachgewiesen, dass die Gehirne von Tieren, die nicht dem gesamten Spektrum sensorischer Reize ausgesetzt waren, kleiner sind als die Gehirne sozialisierter Tiere. Andererseits haben frei lebende Wölfe, die sich ständig mit den harten Anforderungen ihrer Umgebung auseinander setzen müssen, ein um bis zu 1/6 größeres Gehirn als ein durchschnittlicher Haushund vergleichbarer Größe. Es gibt neuere Untersuchungen, die diesen Unterschied in der Gehirngröße durch die Abhängigkeit von der Reizverarbeitung erklären: In zwei Versuchsreihen fand man heraus, dass in Gehirnen von Hunden, die körperlich und geistig gefordert wurden, mehr neue Neuronen wuchsen bzw. vorhandene Nervenzellen länger lebten. Daraus lässt sich folgern, dass Gehirne flexibel sind und „das Wachstum neuer Gehirnzellen induzieren können, die für Lernen und Erinnerung verantwortlich sind“.

Haustiere, denen körperliche, geistige und emotionale Anregungen fehlen (Sozialisation), kommen weniger gut mit anderen klar. Fehlende Sozialisation führt auch zu anderen Problemen, wie Gesundheitsschäden, zwanghaftes Schwanzjagen, Selbstverstümmelung, Kratzen, Beißen, Zerstörungswut (Wände, Fußböden, Möbel), Bellen, Kauen und verschiedenen Formen von Aggression. Natürlich kann solches Fehlverhalten auch andere Auslöser haben, doch fehlende oder unzureichende Sozialisation gehört zweifellos zu den wichtigsten Ursachen.

Die ersten 16 Wochen im Leben eines Hundes sind entscheidend für sein späteres Temperament und Verhalten. Verantwortungsvolle Züchter wissen das und gewöhnen bereits sehr junge Welpen an den Kontakt mit Menschen. Die Hundemutter benutzt ihre Zunge als Mittel körperlichen Kontakts. Sie beleckt die Bäuche der Jungen, um sie zum Ausscheiden zu bewegen. Ihre „Sprache“ besteht aus Tönen, Berührungen, Düften und Körpersprache. Wenn die Welpen größer werden, wachsen sie über diese Kontakte in ein soziales Netz hinein. Sie werden sich ihrer Geschwister bewusst, ihrer Konkurrenten um die Muttermilch, und lernen die Sprache der Natur, die ihnen die Mutter geduldig vermittelt.

Im Folgenden möchte ich die wichtigsten Stufen der Hundeentwicklung während des Wachstums vorstellen. Selbstverständlich unterscheiden sich die einzelnen Rassen etwas voneinander, weiterhin kommen Überschneidungen der Phasen vor. Denken Sie daran, Ihrem Hund nicht mehr abzuverlangen, als er leisten kann. Jeder Hund hat eine eigene Persönlichkeit – körperlich, mental, emotional und sozial –, seine Fähigkeiten und der Weg, um bestimmte Dinge zu erledigen, sind individuell verschieden. Für Sie kommt es darauf an zu wissen, wann Sie etwas von ihm verlangen können und wann nicht – und auf die Ausgewogenheit zwischen beidem.

Die Entwicklungsstadien

8 bis 10 Wochen Diese Phase wird kritische Prägung oder Furchtprägung genannt. Während dieser beiden Wochen können sich laute Geräusche oder raue Behandlung nachdrücklich auf das Verhalten auswirken. Es kann Monate, manchmal sogar Jahre dauern, bis sich ein junger Hund von den Erfahrungen erholt, die ihn während dieser Phase erschreckt haben. Es ist wichtig, dass Sie während dieser Zeit die positive Sozialisation Ihres Hundes vorantreiben. Versuchen Sie, ihn von Orten fern zu halten, die ihn erschrecken könnten. Einige Verhaltensforscher schlagen sogar vor, ihn in dieser Phase nicht zum Tierarzt zu bringen. Gehen Sie mit gesundem Menschenverstand vor!

8 bis 16 Wochen Diese Phase überschneidet sich mit der vorangehenden, denn in dieser Phase durchläuft der Welpe sein so genanntes „Primäres Sozialisationsfenster". Studien haben gezeigt, dass Temperament und Verhalten eines Hundes in dieser Zeit durch die Art der Sozialisation – bzw. fehlende Sozialisation – maßgeblich beeinflusst werden. Daher ist es enorm wichtig, dass Sie Ihren Welpen während dieser prägenden Phase an Menschen gewöhnen und mit ihm üben. Damit bauen Sie sein Selbstvertrauen auf und entwickeln seine Fähigkeit, emotional zu reagieren. Je mehr das Tier Gelegenheit erhält, mit seiner Umgebung zu interagieren und aus Fehlern zu lernen, desto ruhiger wird es später werden. Zu den Übungen gehören das Sauberkeitstraining (siehe Lösen, S. 198) und die eigentlichen Gehorsamsübungen, wie Sitzen, Liegen, Stehen, Bleiben, Kommen auf Zuruf, Geh an deinen Platz usw. Außerdem ist es sehr wichtig, dass Sie Ihrem Hund während dieser Phase beibringen, das Beißen unter Kontrolle zu halten (siehe Knabbern, S. 203). Schon in dieser frühen Phase reagieren Welpen gut auf den Klicker und Training auf ein „Target“.

4 bis 8 Monate Das „erste Unabhängigkeitsfenster“ gleicht der Zeit, in der ein junger Mensch zum ersten Mal seine Eigenständigkeit testet. Ein Hund muss nun versuchen, sich in die soziale Rangordnung einzufügen, bis hin zur emotionalen Reife. Der Hund „testet“ dies, indem er nicht auf Zurufe reagiert, Kommandos nicht ausführt – im Wesentlichen wie ein Kind, das während seiner Trotzphase die Grenzen auslotet. In dieser Zeit erscheinen auch die bleibenden Zähne. Achten Sie darauf, dass ihm ausreichend Spielzeuge zur Verfügung stehen, auf denen er herumkauen kann und die ihm helfen, seine Zahnprobleme zu lösen. Manchmal wird diese Phase auch „Vermeidungs-Phase“ genannt, weil die Junghunde misstrauisch werden und sich nur zögerlich auf Neues einlassen. Lassen Sie ihm das routinemäßige Training weiterhin als fröhliche Unterbrechung erscheinen und fahren Sie fort, ihn zu sozialisieren. Halten Sie sich an das Tempo Ihres Hundes.

6 bis 18 Monate Das ist die „Teenager-Periode“ im Leben Ihres Hundes, er beginnt seine sexuelle Reife zu erlangen. Auch in dieser Zeit wird Ihr Hund Sie testen, vielleicht sogar etwas aggressiver. Auch jetzt kann es vorkommen, dass er plötzlich nur widerwillig auf etwas Neues reagiert. Es kommt darauf an, dass Sie als eine Art Schutzengel fungieren: Was immer er auch tut, geben Sie liebevolle, geduldige und konsequente Anweisungen. Ab dieser Phase kann der Hund kastriert werden. Wenn Sie planen, selbst Hunde zu züchten, übernehmen Sie die Verantwortung für jeden einzelnen Welpen. Etwa um den 11. oder 12. Monat wird der Hund Ihre Geduld bis aufs Äußerste strapazieren – wie ein rebellischer Teenager. Keine Sorge, das ist ein normaler Entwicklungsprozess. Es kann allerdings auch vorkommen, dass Sie Ihren Hund für ein Gottesgeschenk halten. Noch einige Monate, dann wird er zu seiner fröhlichen, lebhaften Art zurückkehren. Im Wesentlichen kommt es darauf an, die Geduld zu bewahren, konsequent zu handeln und mit der hingebungsvollen Rolle als Wächter und Beschützer fortzufahren.

18 Monate bis 4 Jahre Zu Beginn dieser Phase kann sich Ihr Hund aggressiver verhalten als üblich und erneut seine Rolle in der Rangordnung auszuloten versuchen. Gelegentlich geraten zwei sonst völlig friedliche Hunde aneinander. In einem späteren Stadium, wenn Ihr Hund seine soziale Reife erlangt hat, wird sich das Verhalten ausgleichen und er weiß, wie er das bekommt, was er möchte. Nach meiner Erfahrung dauert es in den meisten Fällen 18 Monate, bis sich ein Hund vollständig in seine Umgebung eingelebt hat und weiß, was man von ihm erwartet. In einer optimalen Trainingsumgebung erreichen Sie in kürzerer Zeit bessere Ergebnisse. Es wird Höhen und Tiefen in seinem Gehorsam geben, aber wenn Sie gleichmäßig und konsequent mit dem Training fortfahren, wird Ihr Hund begreifen, wo er innerhalb der Familie steht und was Sie von ihm erwarten. Da Hunde in dieser Phase zuverlässiger reagieren, eignen sie sich von nun an als Therapiehunde – für Besuche in Krankenhäusern, in Pflegeheimen und Schulen.

Die Redensart, dass man alten Hunden keine neuen Tricks mehr beibringen könne, stimmt einfach nicht. Es dauert nur länger und man muss sich mehr anstrengen, um das Verhalten eines älteren Hundes zu verändern, der nicht während der frühen Phase seines Lebens sozialisiert worden ist. Da kleine Hunderassen schneller reifen als große, erreichen manche Hunde bereits mit 18 Monaten ihre soziale Reife, während andere diesen Zustand erst viel später erlangen.

Durch die Sozialisation wird auch Ihre eigene Bindung an den Hund verstärkt. Um diese Verbindung zwischen Emotion und Verhalten besser zu verstehen, kann es hilfreich sein, sie aus dem Blickwinkel eines Psychologen zu sehen: es geht um die „soziale Vermittlung“. Wenn ein Hund einen Kauknochen benagt, möchte ein zweiter gerne mittun – meist versucht er, den Knochen zu stehlen, selbst wenn er bereits einen eigenen hat. Wenn ein Welpe Wasser trinkt, schließen sich alle anderen an. Wenn ein Hund zu buddeln beginnt, scheinen alle anderen zu denken: „Was gibt es da Gutes? Ich grabe besser auch ein Loch.“ Auf diese Weise können Sie Ihren Hund an ein Spielzeug gewöhnen. Wenn Sie sich auffällig mit einem neuen Spielzeug beschäftigen, werden Sie sehen, wie er neugierig wird.

Natürlich zeigt sich die soziale Vermittlung zwischen Menschen und Hunden auch auf andere Weise. Häufig spüren Hunde die menschlichen Emotionen und Verhaltensweisen und verhalten sich entsprechend. Wenn ich zu einer privaten Beratung gerufen werde, fallen mir häufig Probleme auf, die daraus resultieren, dass die Hundehalter ihre Tiere zu aggressivem Verhalten erzogen haben, weil sie selbst Ängste verspüren. In ihrem Buch *Excelerated Learning* schreibt Dr. Pamela Reid: „Menschen übertragen im Zuge der sozialen Vermittlung ihre eigenen Ängste auf die Hunde. Wenn sich Frauen nachts vor vorbeigehenden Männern fürchten, werden sie bald einen Hund haben, der jeden Mann anbellt. Es gibt Menschen, die sich sogar fürchten, wenn jemand hinter ihnen hergeht. Der Hund spürt diese Spannung, entwickelt dieselbe Furcht, was sich manchmal zu einer Furcht vor allen anderen Menschen und Hunden auswächst. Probleme dieser Art sind äußerst schwer zu beheben.“ Kurz gesagt gibt es viele subtile Formen, mit denen wir unsere Emotionen auf einen Hund übertragen und sein Verhalten beeinflussen. Selbstverständlich werden auch positive Emotionen an einen Hund weitergegeben.

Die Sozialisation wird über alle Sinne gespeist, im positiven Sinne wächst die emotionale Stärke, die Zuversicht und Sicherheit. Es gibt zwei Formen von Sozialisation – aktive und passive. Sie können die Sozialisation Ihres Hundes aktiv beeinflussen, indem Sie ihn bewusst mit Spielzeugen, mit Nachbarn, Freunden und Fremden zusammenbringen. Bei der passiven Sozialisation ist die Natur stärker beteiligt. Hunde lernen es, sich mit dem, was sie sehen, hören, riechen oder berühren (andere Tiere, Pflanzen und ihre Umgebung) auseinander zu setzen – auch wenn Sie nicht dabei sind. Sie lernen die Konsequenzen ihres ganz individuellen Handelns kennen. Daher wird es für Sie darauf ankommen, dem Hund eine Umgebung zu schaffen, in der er keinen bedrohlichen Situationen ausgesetzt ist. Je mehr ein Hund lernt und erfährt, desto größer wird sein Selbstvertrauen, seine Fähigkeit, sich anzupassen und mit Stresssituationen fertig zu werden.

Sie sozialisieren Ihren Hund im Spiel, bei der Fellpflege, im Training und durch jede alltägliche Aufgabe, der er sich stellen muss. Nehmen Sie Ihren Hund mit – im Auto und ins Büro, in den Supermarkt, den Park, zur Hundeschule und auf Besuch bei Ihren Freunden und Verwandten. Gehen Sie mit ihm zum Tierarzt, selbst wenn gar keine Behandlung ansteht. Achten Sie aber darauf, Ihren Hund nie unbeaufsichtigt zu lassen.

Durch eine gezielte Sozialisation nimmt die Bereitschaft zur Aggression ab. Schlechte Sozialisation oder gar völlig fehlende Sozialisation kann dazu führen, dass sich ein Hund zurückzieht und sich vor allem fürchtet, was er nicht kennt. Es folgen nun einige Tipps, wie Sie Ihrem Hund die Sozialisation erleichtern:

Suchen Sie den Körperkontakt Nehmen Sie ihn schon als Welpe auf den Arm, streicheln Sie ihn und reden Sie mit ihm. Beginnen Sie damit vom ersten Tag an, sobald der Hund in Ihrem Haus ist, und fahren Sie mehrmals täglich damit fort. Beginnen Sie bei älteren Hunden mit den Berührungen erst, wenn er sie akzeptiert, und streicheln Sie ihn so lange, bis er es zulässt, auf den Arm genommen zu werden. Sollte der Hund zu groß dafür sein, dann sollten Sie stattdessen versuchen, ihn zu umarmen und am ganzen Körper zu berühren. Weiten Sie diese Zeit der körperlichen Berührung nach und nach aus, bis Ihr Hund Ihnen vollständig vertraut (siehe S. 146).

Sorgen Sie für eine anregende Umgebung Wenn der Welpe heranwächst, sollte er seine Umgebung erkunden dürfen, drinnen und draußen; verteilen Sie Spielzeuge und neue, anregende Gegenstände im Zimmer und im Garten, auch wenn Sie nicht dabei sind. Das können verschieden große Bälle sein, Stofftiere und Spielzeuge für den Garten. Machen Sie ihn – selbstverständlich unter strenger Aufsicht – mit anderen Tieren bekannt. Besuchen Sie mit ihm eine Hundeschule, in der aktive Fertigkeiten gelehrt und geübt werden, wie Bälle fangen, Spuren lesen oder Wasserspiele.

Bringen Sie Ihren Welpen mit anderen Welpen zusammen Denken Sie daran: je früher sich Ihr Hund mit anderen Tieren auseinander setzt, desto stärker werden sich sein Temperament und seine Fähigkeiten entwickeln. Suchen Sie nach Partnern, mit denen er frei spielen und herumtollen darf.

Zutat 4: Ruhezeiten

Genau wie Menschen brauchen auch Hunde gelegentlich eine Auszeit von den täglichen Aktivitäten, einen Ort, an den sie sich zurückziehen können. Sorgen Sie für einen Platz, an dem Ihr Hund sicher und ungestört ist, etwa einen alten Baumwollteppich, eine Box oder eine Matte, ein Plätzchen unter einem Tisch oder ein Hundebett. Später werde ich Ihnen zeigen, wie Sie Ihren Hund dazu bringen, diesen Rückzugsort zu lieben (siehe S. 167).
Machen Sie Ihren Kindern deutlich, dass sie diesen Platz zu respektieren haben. Das gilt vor allem für die Ferienzeit, wenn es in Ihrem Haus vor Gästen und Besuchern wimmelt.

Zutat 5: Übungen

Für eine optimale Gesundheit müssen sich auch Hunde bewegen. Für uns gibt es Aerobic, Krafttraining, Stretching und Balancieren. Statt Aerobic sollten Hunde einfach rennen dürfen. Das lässt sich am leichtesten in Form von Spielen verwirklichen, in denen Ihr Hund Bällen, Frisbeescheiben und Seifenblasen nachläuft. Auch Trainingsstunden, in denen er geworfene Bälle fangen muss, oder gezielte Bewegungsübungen sind gute Gelegenheiten, ihn zum Rennen zu bringen.
Krafttraining für Hunde besteht darin, während der täglichen Routine Steigungen zu bewältigen, durch Sand oder Schnee zu laufen und zu schwimmen. Gut für den Muskelaufbau sind auch Übungen, bei denen er Gegenstände in einem leichten Hunde-Rucksack trägt oder Ihre Kinder in einem Wägelchen zieht. Lassen Sie jedoch unbedingt Ihren gesunden Menschenverstand walten. Selbstverständlich kann ein Schlittenhund Ihre Kinder ziehen, während ein

Chihuahua darunter zu leiden hätte – selbst wenn Sie einen Minischlitten besäßen. Die Leistungsfähigkeit, Alter, Gesundheit und die Art Ihres Trainings werden die Kraft Ihres Hundes beeinflussen und die Art und Weise, wie die Übungen ihm nutzen.

Stretching-Übungen beeinflussen positiv die Sehnen und Bänder, halten die Muskeln geschmeidig, flexibel und gesund. Jeder, der mit Tieren zusammenlebt, weiß, wie gerne sie sich von Natur aus strecken. Die meisten Menschen kennen den Wert dieser Übungen von sich selbst, weil sie Muskelkater und Zerrungen verhindern. Wenn Sie Ihren Hund zu täglichen Übungen bewegen möchten, sollten Sie unbedingt zulassen, dass er sich ausgiebig dehnt. Mit einer Massage können Sie den positiven Effekt sogar unterstützen. Es dauert nicht lange – fünf Minuten Massage pro Tag reichen bereits aus.

Zusätzlich zu dem therapeutischen Nutzen ist eine Massage ein hervorragendes Mittel, die Bindung zwischen Ihnen und dem Hund zu stärken. In seinem Buch *The Healing Touch* schreibt Michael Fox: „Die sanfte, liebende Berührung ist wesentlich für das Wohlbefinden, das normale Wachstum und die Entwicklung aller sozialen Tiere. Es scheint, als benötige ihr Nervensystem die regelmäßige Stimulation, entweder durch die zart leckende Zunge der Mutter oder die streichelnde menschliche Hand. So wie ein Samen, der ohne das Licht der Sonne nicht wachsen kann, brauchen unsere tierischen Verwandten die Energie der Liebe. Vor allem über die Berührung kann diese Energie gespendet und aufgenommen werden." (Fox, Michael, W. *The Healing Touch*, Newmarket Press 1990, S. 9)

Außerdem ist eine Hundemassage gut für Sie selbst. In ihrem exzellenten Buch *Four Paws, Five Directions* führt Cheryl Schwartz aus: „In Projekten, die in den 1980er Jahren von Dr. Leo Bustad an der tiermedizinischen Fakultät der Washington State University geplant und durchgeführt wurden, hat sich gezeigt, dass Menschen, die ein Tier streicheln und berühren, einen niedrigeren Blutdruck, besseres Selbstbewusstsein und Wohlbefinden haben." (Schwartz, Cheryl *Four Paws, Five Directions*, Celestial Arts Publishing 1996, S. 119)

Zu den Massagetechniken, die Dr. Schwartz in ihrem Buch vorstellt, gehört die folgende: „Wahrscheinlich ist Ihnen ein Massagestrich vertraut, bei dem Sie mit der flachen Hand und den Fingerspitzen lange, streichende Bewegungen machen, die ‚Effleurage'. Lange Striche sind gut für den Bauch und die großen Muskelgruppen an Hals und Rücken. Die meisten Tiere genießen diese Berührungen. Regulieren Sie den Druck entsprechend den Signalen, die Ihnen das Tier vermittelt. Es wird sich zu entziehen versuchen, wenn der Druck zu groß ist, und sich nähern, wenn er zu gering ist. Ein anderer nützlicher Massagestrich ist die ‚Reibung'. Dabei drücken Sie mit den Fingerspitzen in einer Vor-und-zurück-Bewegung. Beginnen Sie langsam, etwa eine Bewegung pro Sekunde, und steigern Sie auf zwei pro Sekunde. Ich empfehle diese Massage für die Region zwischen den Schulterblättern und auf der Mittellinie der Brust zwischen den Vorderbeinen bis zum Bauch." (dto., S. 122–123)

Weitere Informationen und Massagetechniken finden Sie in der Fachliteratur (siehe S. 210).

Die letzte Kategorie von Übungen, das Balancieren, beinhaltet das Laufen auf Planken oder Brettern, Balancieren auf Wippen oder Hollywoodschaukeln. Diese Übungen sind perfekt geeignet, das Selbstvertrauen zu stärken. Für einige Hunde ist es sogar gut, wenn Sie ihnen beibringen, „Bitte" zu machen, auf Hinter- oder Vorderbeinen zu laufen oder Leitern zu erklettern. Auch hier darf niemals der gesunde Menschenverstand vergessen werden. Je nachdem, ob Sie es mit einem Welpen, einem älteren oder schweren Hund zu tun haben, müssen die Übungen anders ausfallen. Am besten gehen Sie mit Ihrem Hund in eine Hundeschule, wo er unter Anleitung auf geeigneten Geräten seine Balanceübungen ausführen kann.

Jeder Hund sollte täglich mindestens zweimal 15 Minuten trainieren. Wenn Sie die Übungen mit einer Spielphase verknüpfen, machen sie am meisten Spaß.

Zutat 6: Arbeit

Wenn Sie Ihrem Hund eine Aufgabe übertragen, kann er sich selbst beschäftigen. Allerdings gehört dies unter den 9 Zutaten zu jenen, die besondere Aufmerksamkeit verlangen. Sie befasst sich mit einer seltenen Form des Hundetrainings. Wie schon erwähnt, gehört die fehlende Ausgeglichenheit in mentaler, physischer und emotionaler Hinsicht zu den Hauptgründen, warum Menschen Probleme mit ihren Hunden bekommen. Die Arbeit ist deshalb so wichtig, weil sie sowohl anregend ist, als auch ein Gefühl für Selbst, Zweck und Stolz erzeugt.

Ich möchte erläutern, warum es so wichtig ist, dass Hunde für ihren Lebensunterhalt „arbeiten" sollten. Dazu habe ich das Konzept der „Hundewährung" eingeführt. Alle Tiere sind genetisch darauf abgestimmt, eine gewisse Menge an Energie für ihr Überleben einzusetzen. Sie jagen nach Beute, suchen Schutz vor Raubtieren und fliehen vor den Elementen. Sogar für die Paarung und die Versorgung ihrer Nachkommen müssen sie arbeiten. Unsere Haushunde brauchen demgegenüber nur noch in den seltensten Fällen zu arbeiten. Damit erzeugen wir eine Situation, in der sich ein Hund unbeschäftigt vorkommt. Um diese Leere zu füllen, treibt er die Kinder zusammen oder stiehlt die Zeitung des Nachbarn. Er bewacht seinen Futternapf und die Spielzeuge und schützt das Haus vor dem Briefträger oder sogar vor einer geliebten Tante, die zu Besuch kommt. Hunde ohne Arbeit zeigen ihre Langeweile oder ihren Stress, indem sie an Möbeln oder sich selbst kauen, indem sie Teppiche zerreißen und Blumen zerstören.

Wenn Sie das Konzept der Hundewährung anwenden, bezahlen Sie Ihren Hund als Belohnung für ein bestimmtes Verhalten, das Sie als seinen „Job" betrachten. Die Bezahlung besteht selbstverständlich aus Nahrung, Zuneigung, Spiel oder besonderen Privilegien. Wenn er für seinen Lebensunterhalt „arbeiten" muss, wird der Hund angeregt und baut es in seine tägliche Routine ein. Die Langeweile verschwindet, sein Leben bekommt mehr Sinn. Wenn Sie sich strikt an die Regeln halten, dass nichts umsonst ist, dann arbeitet Ihr Hund für alles und tut es gerne. Zu seiner „Arbeit" gehört das Zurückbringen von Spielzeugen, Tricks lernen und Spiele spielen. Mein Hund Molly kann den Telefonhörer abnehmen, Dinge in den Papierkorb werfen, einen Ball aus dem Wasser holen, mein Auto bewachen (natürlich friedlich) und 20 unterschiedliche Tricks vorführen, wenn wir als Teil eines von Tieren unterstützten Therapieprogramms eine Grundschule besuchen. Kein schlechter Job!

Zutat 7: Schlaf

Wo sollte ein Hund schlafen? Hunde sind soziale Tiere und fühlen sich am wohlsten in der Familie. Wenn wir Hunde domestizieren, nehmen wir die Stelle ihrer Familie ein. Also ist der beste Schlafplatz für einen Hund dort, wo er die Gerüche und Geräusche seiner Familie hört. Daher ist es auch durchaus in Ordnung, wenn Sie Ihren Hund auf dem Bett schlafen lassen. Allerdings darf dies nur mit Ihrer ausdrücklichen Erlaubnis geschehen – eine gute Gelegenheit für Training. Bevor Sie Ihrem Hund erlauben, sich auf das Bett zu legen, muss er Kommandos wie „Sitz" oder „Platz" ausführen. Wenn er gehorcht, darf er zur Belohnung aufs Bett. Wenn der Hund im Schlafzimmer schlafen darf, wird gewöhnlich die Bindung zwischen Mensch und Hund gestärkt.
Hunde ziehen gewöhnlich eine „Höhle" vor, wobei dies alles zwischen einem modischen Hundebett und einer alten, offenen Kiste sein kann – alles, was einem Hund als Versteck dient. Hunde schlafen bis zu 16 Stunden täglich. Wie beim Menschen sollte der Schlaf unbedingt ungestört sein. Erziehen Sie Ihre Kinder dazu, den Hund nicht im Schlaf zu stören oder ihn aufzuwecken. Manche Kinder wecken einen Hund auf, wenn er im Schlaf „rennt" oder winselt, weil sie denken, er habe einen Alptraum. Dieses Verhalten gehört jedoch zum natürlichen Schlafverhalten eines Hundes; es ist Bestandteil des REM-Schlafes (rapid eye movement), in dem Träume auftreten. Wie beim Menschen wird im REM-Schlaf Stress abgebaut. Der REM-Schlaf tritt mehrmals zwischen traumlosen Schlafphasen auf, in denen der Körper in tiefste Entspannung fällt. Sowohl der REM-Schlaf wie die traumlosen Phasen sind wichtig für die Gesundheit. Um es kurz zu machen: Lassen Sie den Hund in Ruhe schlafen!

Zutat 8: Training

Der größte Teil dieses Buches wird sich mit dem Training befassen. Ich möchte aber bereits hier einige Worte über dieses Thema verlieren. Man bezeichnet das Training auch als Welpen- oder Hundeetikette. Es hilft einem Hund, reifer und selbstbewusster zu werden, wenn Sie ihm die Grenzen seines Verhaltens vorgeben. Bei einem gewaltlosen, auf Belohnungen basierenden Hundetraining gibt es weder Schläge noch Tritte, Erschrecken, Schütteln, Ohrkneifen noch jegliche andere Form von möglicherweise schädlichen Behandlungen.

Bei einem Training, das auf Belohnungen basiert, kontrollieren Sie die Bedürfnisse des Hundes. Sie kontrollieren das Futter, seine freie Wahl zu gehen, wohin er möchte, Zuneigung, Spielzeug und Spielzeiten und den Zugang zur Außenwelt. Sie liefern Behaglichkeit, Sicherheit und Schutz – aber nur, wenn der Hund eine Leistung erbringt. Die Regeln sind einfach: „Ich ermögliche dir den Zugang zur Welt, aber erst musst du etwas für mich tun!" Sie spielen mit dem Hund, verstehen ihn, sind positiv und lieben ihn – lassen aber nicht mit sich verhandeln. Ihr Hund wird alles lernen, was Sie von ihm erwarten, sofern Sie seine Lerngeschwindigkeit berücksichtigen: Das Training dauert so lange, wie es eben dauert. Mehrere kurze Lerneinheiten von 3–5 Minuten sind besser als zwei lange Trainingseinheiten. Ich schlage zwei Einheiten am Morgen und zwei oder drei am Nachmittag vor. Viele Menschen beschäftigen ihren Hund ganz gerne während der Werbepausen im Fernsehen.

Hunde lernen viel schneller in einer Umgebung, wo sie von den Erfolgen profitieren. Geben Sie die Belohnungen für erwünschtes Verhalten (Sitz, Platz, Ruhig) in angenehmer Umgebung, wo Ihr Hund auf seinen Spielzeugen herumkauen darf. Belohnen Sie die Erfolge und versuchen Sie die unerwünschten Verhaltensweisen zu vermeiden, dann wird das Training zur Freude.

Denken Sie an die Regel: „Jedes Mal, wenn ein erwünschtes Verhalten belohnt wird, erhöht sich die Chance, dass der Hund es wiederholt."

Zutat 9: Gesundheitsvorsorge

Die Gesundheitsvorsorge ändert sich mit dem Alter, der Größe, Rasse und den genetischen Voraussetzungen, daher sollten Sie mit Ihrem Tierarzt ein Programm erstellen. Regelmäßige Fellpflege ist ein wichtiger Bestandteil des Wohlbefindens. Kümmern Sie sich mindestens einmal pro Woche um Fell, Haut, Krallen und Ohren. Es gibt Tierärzte, die tägliches Zähneputzen empfehlen. Es ist sehr sinnvoll, wenn mehr als ein Familienmitglied lernt, diese Gesundheitskontrollen durchzuführen, weil sie ein hervorragendes Mittel darstellen, die Bindung zwischen Mensch und Familienhund zu vertiefen.

Da die westliche Medizin gewöhnlich stärker eingreift als alternative Heilungsverfahren und häufig mit Medikamenten mit Nebenwirkungen kuriert, ziehe ich Tierärzte vor, die auf der Basis einer ganzheitlichen Medizin arbeiten. Viele Gesundheitsprobleme lassen sich mit Akupunktur, Homöopathie, Chiropraxis, Kräutermedizin usw. kurieren. Suchen Sie den Kontakt zu einem entsprechend praktizierenden Tierarzt in Ihrer Umgebung. Manche Zoogeschäfte, die sich auf natürliche (Bio-) Hundenahrung spezialisiert haben, kennen solche Ärzte, vielleicht hilft Ihnen sogar ein Humanmediziner mit entsprechender Ausrichtung.

Die Kombination der 9 Zutaten

Wie bereits mehrfach erwähnt, werden Sie oft mehrere Zutaten gleichzeitig einsetzen können, wodurch der Prozess interessant und anregend bleibt. Die beste Gelegenheit, fast alle 9 Zutaten in fröhlicher, störungsfreier Umgebung zu kombinieren, ist die Teilnahme an einer Hundeschule. Ich empfehle Schulen, in denen Agility, Flyball, Hütearbeit, Wasserarbeit und Fährtenarbeit gelehrt werden. In solchen Programmen wird Ihr Hund gleichzeitig mit Futter (Leckerbissen), Spiel, Training, Sozialisation, Übung und Beschäftigung konfrontiert. Zu Hause bekommt er seine Ruhezeit und kann sich zum Schlafen zurückziehen. Alles da! An den Tagen, an denen Sie nicht die Hundeschule besuchen, können Sie in einen

Park gehen, Frisbees und Bälle werfen, ihm Tricks beibringen und Verstecken spielen.
Zur Abrundung können Sie mit Ihrem Hund auch an Therapieprogrammen teilnehmen, sofern solche in Ihrer Umgebung angeboten werden. Dabei besuchen Sie zusammen mit Ihrem Hund Pflegeheime und Krankenhäuser, vielleicht auch Grundschulen. Natürlich können Sie sich auch in Tierheimen engagieren, um den Hunden zu helfen, die Hilfe am nötigsten brauchen. Bei Beschäftigungen dieser Art werden die 9 Zutaten für Sie und Ihren Hund aufs Beste kombiniert.

Vorschlag für einen Tagesplan

Damit Ihr Welpe bzw. Ihr neuer Hund ein Gefühl von Sicherheit und Zutrauen entwickelt, lohnt es sich, einen Tagesplan aufzustellen. Außerdem ist er ideal für häusliches Training. Im Folgenden finden Sie einen hypothetischen Tagesplan für Sie und Ihren Hund – so könnte der Tag von Sparky ablaufen. Selbstverständlich ist jeder Mensch anders, daher gibt es viele Möglichkeiten, den Plan abzuwandeln.

7.00–9.00 Uhr Gehen Sie mit Sparky Gassi und füttern Sie ihn anschließend.
Warten Sie ab, bis sich Sparky hinsetzt oder sich legt. Sagen Sie „Sitz!" oder entsprechend „Platz!" und dehnen Sie die Zeit nach und nach aus. Als Belohnung darf er mit Ihnen gehen. Geben Sie ihm mit „Gut!" die Erlaubnis.
Wenn Sparky sich erleichtert, loben Sie ihn mit immer denselben Worten. Entscheiden Sie sich für einen ganz bestimmten Platz. Um ihn zu bewegen, sich rasch und an diesem Platz zu erleichtern, wird er jedes Mal, wenn es klappt, mit einem besonderen Leckerbissen belohnt. Gehen Sie ins Haus zurück und lassen Sie ihn die anderen Familienmitglieder begrüßen. Achten Sie aber darauf, dass er erst dann gestreichelt wird, wenn er sich hinsetzt. Ansonsten sollten Sie ihn so lange missachten, bis er sitzt. Spielen Sie z.B. das Magnetspiel mit ihm (siehe S. 157).
Dann gehen Sie spazieren. Dabei lernt er bei Fuß zu gehen, auf

Zuruf zu kommen, zu sitzen und bei Fuß zu gehen, ohne an der Leine zu zerren.
Wenn Sie nach Hause zurückkommen, setzen Sie ihn nicht sofort in seine Box oder an einen sicheren Ort und lassen ihn für den Rest des Tages allein, sondern erlauben Sie ihm, die Wohnung zu erkunden, spielen Sie mit ihm oder geben Sie ihm ein Spielzeug, auf dem er herumkauen darf. Es ist wichtig, dass er die Rückkehr ins Haus nicht mit einer negativen Erfahrung assoziiert. Ich würde einen Nylonknochen, einen „Möhren“-Knochen, einen Kong oder einen Buster-Cube empfehlen.
Wenn Sie Sparky füttern, üben Sie mit ihm „Komm“, „Sitz“ oder „Platz“, bevor Sie den Napf hinstellen.
Wenn Sparky noch ein Welpe ist (bis ein Jahr), muss er einige Minuten nach dem Fressen wieder ins Freie, um sich zu erleichtern.
9.00–12.00 Uhr Sparky ruht sich aus.
12.00–13.00 Uhr Wenn Sparky noch ein Welpe ist, wird er wieder ins Freie geführt, um sich zu erleichtern.
Nachdem er sich erleichtert hat, sollten Sie ihn loben und ermuntern. Es soll ihm Spaß machen. Verändern Sie die Routine und verändern Sie die Belohnung. Werfen Sie Spielzeuge oder spielen Sie Verstecken und Suchen. Jagen Sie ihm nicht hinterher, er soll *Sie* jagen. Wenn möglich, beziehen Sie einen *friedlichen* Nachbarhund mit ins Spiel ein.
13.00–17.00 Uhr Sparky ruht sich aus.
17.00–22.00 Gehen Sie mit Sparky Gassi, machen Sie einen Spaziergang, danach gibt es Futter.
Fahren Sie mit den Aktivitäten und Spielen vom Mittag fort. Nach dem Spaziergang füttern Sie Sparky. Versuchen Sie, ihn während des Spaziergangs möglichst viele neue Dinge untersuchen zu lassen – er soll sehen, hören und riechen, solange es sicher für ihn bleibt. Sollten Sie jemandem begegnen, weisen Sie ihn darauf hin, dass der Hund noch übt und bitten Sie einen Bekannten, die „Sich Nähern und Begrüßen“-Regeln zu befolgen (siehe Hundeetikette – So begrüßt man einen Hund, S. 86). Loben Sie sein gutes Benehmen und bleiben Sie geduldig. Lassen Sie ihn nach der Rückkehr in die Wohnung kontrolliert frei laufen. Wenn er sich zu sehr aufregt,

spielen Sie mit ihm das Magnetspiel (binden Sie niemals einen unbeaufsichtigten Hund an!). Spielen Sie mit seinen Lieblingsspielzeugen, massieren Sie ihn. Außerdem wäre nun eine gute Zeit, mit ihm in eine Hundeschule zu gehen. An anderen Abenden könnten Sie ein Hundebuch lesen oder zusammen ein Trainingsvideo anschauen.
22.00 Uhr Gehen Sie nochmals Gassi mit Sparky und machen Sie einen letzten Spaziergang.

Wenn Sie sich an einen festen Tagesablauf halten, verstärken Sie das Gefühl der Sicherheit und das Selbstvertrauen Ihres Welpen oder neuen Hundes (außerdem ist es ein gutes Mittel, um stubenrein zu werden). Tragen Sie in einer Art Stundenplan ein, welche Zeiten für Füttern, Spielen, Sozialisieren, Fellpflege, Übungen und Training vorgesehen sind; tragen Sie weiterhin ein, wer in Ihrer Familie an welchem Tag und zu welcher Stunde verantwortlich ist. Denken Sie daran: wenn Sie nicht wissen, was Sie von Ihrem Hund erwarten, wie soll er es erst wissen? Formulieren Sie genau, was Sie für Ziele haben, und sorgen Sie für eine Umgebung, in der Ihr Hund sich über Erfolge freuen kann.
Loben, loben, loben Sie alles, was Ihr Hund gut macht. Ignorieren Sie alles, was Ihnen an dem Hund nicht gefällt – es sei denn, er schadet damit sich selbst oder seiner Umgebung.

Stress und das Verhalten des Hundes

Vor vielen Jahren wurden die Affen in einem großen Zoo krank und starben schließlich. Nach langen Untersuchungen fanden Stress-Spezialisten heraus, dass das Immunsystem der Affen wegen fehlendem Stress unterbeansprucht war. Den Tieren fehlten ausreichend körperliche, mentale und emotionale Reize. Ihr Leben lief zu sehr in festgelegten Bahnen und zu langweilig ab. Also baute man ein künstliches, lebensgroßes und -echtes Raubtier, einen mechanischen Löwen. Dieser Löwe tauchte zufällig aus den Büschen auf und begann zu brüllen. Die Affen verzogen sich kreischend auf die sicheren Bäume. Dieser künstlich erzeugte Stress sorgte dafür, dass die Affen gesünder waren, länger lebten und natürlich auch ihr Immunsystem besser gestärkt wurde. Da es ihnen stets gelang, dem „Raubtier" zu entkommen, stellten sich seine Angriffe als positiver Stress heraus.

Sowohl Menschen wie Hunde sind auf ein bestimmtes Maß an Stress angewiesen. Wir brauchen die Herausforderung, um gesund zu bleiben und uns weiterzuentwickeln. Wir müssen uns den Anforderungen stellen und sie erfolgreich bewältigen – physisch, emotional und mental. Untersuchungen haben gezeigt, dass Tiere, die gänzlich ohne den Stress physischer und emotionaler Reize aufwachsen – Stressoren, die herausfordern, aber nicht bedrücken –, weniger graue Gehirnsubstanz ausbilden. Damit war bewiesen, dass fehlender Stress in der Tat ihre Gesundheit und Entwicklung negativ beeinflusste.

Sowohl für Hunde wie für Menschen sind alle Formen von Stress – negative und positive – klar definiert: Es sind Körperreaktionen auf eine Veränderung der Umwelt oder eine wahrgenommene Veränderung der Umwelt. Dazu gehören so kleine Dinge wie zu spät zur Arbeit kommen, einen Termin verpassen, eine Rechnung bezahlen oder das Abendessen rechtzeitig fertig bekommen, ehe die Familie nach Hause kommt. Selbstverständlich gibt es externe Stressoren, die stärker auf einen Menschen einwirken, wie ein neuer Job, entlassen oder neu eingestellt werden, Hochzeit oder Scheidung, Umzüge, ein Baby bekommen, eine ernste Krankheit, extreme Hitze oder Kälte.

Ihr Körper reagiert auch auf Veränderungen Ihrer inneren Umgebung. Solche Stressoren sind z.B. Ärger, Sorge oder alles, was wir als echte oder eingebildete Bedrohung werten. Damit kommen wir zu einem wichtigen Punkt: Es kommt darauf an, wie wir die Welt um uns herum wahrnehmen. Wenn es uns gelingt, die Wahrnehmung von Ereignissen zu verändern, reduzieren wir auch den negativen Einfluss, den Stress auf unser Wohlbefinden und unsere Gesundheit hat.

Was ist Stress?

Wenn Sie Ihre Kontoauszüge holen möchten, kann dies ohne Stress geschehen. Wenn Sie allerdings Ihre Ausgaben nicht gut planen oder Angst haben, Sie könnten das Konto weit überzogen haben, entsteht großer Stress. Stress ist völlig individuell – manche Menschen kommen problemlos mit Situationen zurecht, in denen andere schier verzweifeln.
Jedes Stressereignis lässt einen Überlebensinstinkt anklingen, der seit der Zeit der Höhlenmenschen zu unserem genetischen Erbe gehört. Manchmal wird dieses Phänomen „Kämpfe oder fliehe!“ genannt – wir haben zwei Möglichkeiten: Entweder stellen wir uns der Bedrohung oder wir laufen vor ihr davon. Natürlich kommen moderne Menschen kaum je in die Lage unserer Vorfahren, eine lebensbedrohliche Situation zu bewältigen. Unser Nervensystem reagiert jedoch noch so wie in Urzeiten. Stellen Sie sich vor, ein Termin drückt. Das Herz beginnt schneller zu schlagen, der Puls rast und wir beginnen zu schwitzen. Der Körper schüttet Adrenalin aus, das Verdauungssystem schaltet zurück, Steroidhormone wie Kortison fließen in den Blutkreislauf und erhöhen unsere Energieversorgung und die Leistungsfähigkeit der Muskeln. Zur gleichen Zeit werden die Muskeln besser mit Blut versorgt und die Pupillen weiten sich. Unter Stress kann sich die Atemfrequenz verändern: Statt ruhig atmen wir schnell und flach; damit wird die Sauerstoffmenge, die wir einatmen, deutlich abgesenkt.
Die „Kämpfe oder fliehe!“-Reaktion des Körpers kann uns in jeder als bedrohlich empfundenen Situation erwischen. Dabei muss die Bedrohung, wie oben erwähnt, nicht einmal besonders stark sein. Wenn Sie sich jedes Mal aufregen, wenn der Chef Ihren Namen ruft oder der Hund bellt, macht Ihr Körper stets diese Reaktion durch. Sollte der Stress über einen längeren Zeitraum anhalten, befindet sich Ihr Körper fast den ganzen Tag lang in diesem Zustand der Spannung – im schlimmsten Fall gelingt es nicht, zu entspannen. Nach einer Weile tritt der Körper in das so genannte Widerstandsstadium ein. In diesem Zustand kann er die täglichen

Belastungen zwar ertragen, es kommt jedoch bei andauerndem Stress zur Erschöpfung – der Körper wird mit der Belastung nicht mehr fertig und reagiert mit Krankheit.

Schwellenwerte des Stresses

Treten zur gleichen Zeit zu viele Stressoren auf bzw. staut sich zu viel Stress auf, dann wird ein Schwellenwert erreicht. Mit anderen Worten: wir sind ausgebrannt und am Ende. Wenn es nicht gelingt, aufgestauten Stress abzubauen, werden Sie oder ihr Hund früher oder später krank werden. Ich möchte ein Beispiel schildern: Sie bringen Ihren Hund zum Tierarzt. Nach Hause zurückgekehrt, kommt ein Freund zu Besuch, der seinen gar nicht freundlichen Hund mitbringt. Danach kommen die Kinder von der Schule nach Hause und einer tritt Ihrem Hund aus Versehen auf den Fuß. Jemand macht das Fernsehen lauter und zur gleichen Zeit knabbert der Hund Ihres Besuches am Kauknochen Ihres Hundes. Dann klingelt es an der Tür und jemand in Uniform bringt ein Paket. Verstehen Sie, was ich meine? Zu viele Belastungen für Sie und Ihren Hund. Normalerweise geht es Ihrem Hund gut. Doch wie man einen Stein auf einen anderen türmt, häuft sich auch der Stress an, bis der Schwellenwert für den Hund erreicht ist. Es wird höchste Zeit, dass er Luft ablässt, sonst kann er aggressiv werden. Manche Hunde beginnen dann zu beißen.

Zu den größten Stressfaktoren gehört die Unsicherheit über die Zukunft. Das bedeutet, dass wir unser eigenes Leben als hoffnungslos oder uns selbst als machtlos bewerten. Stellen Sie sich vor, was das für einen Hund bedeutet. Hunde sind an feste Abläufe angepasst. Was also geschieht, wenn diese Routinen ausbleiben? Stellen Sie sich vor, Sie hätten keine Ahnung, ob und wann Sie das nächste Mal etwas zu essen bekommen, können nicht gehen, wohin sie wollen, oder warten ängstlich, welches Tier wohl hinter der nächsten Ecke lauert, um Sie anzugreifen. Wenn ein Tier ständig in dem Zustand lebt, „ich habe keine Ahnung, was als Nächstes passiert“, kann der Stress unerträglich werden.

Damit Ihr Hund in einer gesunden Umgebung leben kann, müs-

sen Sie als erstes lernen, wo sein Stress-Schwellenwert liegt. Als Nächstes sollten Sie herausfinden, was Sie tun können. Dabei will Ihnen dieses Buch helfen.
Mit Stress-Management ist es möglich, den empfundenen Stress zu senken: Meiden Sie Stress erzeugende Situationen oder setzen Sie den Schwellenwert Ihres Hundes herauf. Jeder Hund ist ein Individuum mit einer ganz persönlichen Fähigkeit, Stress zu bewältigen. Allerdings ist er nicht in der Lage, eine aktive Stressbewältigung durchzuführen. Mit Ihrer Hilfe kann es ihm aber gelingen, weniger anfällig zu sein. Wenn beispielsweise ein Kind aus Versehen dem Hund auf die Pfote tritt, könnte er geneigt sein zuzuschnappen. Durch regelmäßige Übungen können Sie seine Reaktion verändern (Desensibilisierung): Er lernt z.B. aufzuspringen und nach einer Belohnung zu suchen.
Eine Desensibilisierung bedeutet, dass der Hund sich an eine Stress erzeugende Situation gewöhnt, bis er das eigentliche Ereignis als nicht so wichtig oder sogar als etwas Positives wahrnimmt. Es gibt viele Tierarten, die schmerzhafte Erfahrungen aushalten. Manche Tiere können sogar lernen, das Ereignis, das den Schmerz verursacht, aktiv herbeizuführen. Paviane lernen, einem Tierarzt den Arm hinzustrecken, damit er ihnen Blut abnehmen kann. Schwertwale heben zum selben Zweck ihre Rückenflosse aus dem Wasser und Elefanten lernen, ihre schweren Füße auszustrecken, damit ein Pfleger ihnen die Nägel feilt. Ein solches Training ist allerdings sehr zeitaufwendig und kann nur in einer Umgebung stattfinden, in der sich ein Tier wohl fühlt. Die 9 Zutaten aus dem vorherigen Kapitel helfen, genau jene Umgebung zu erzeugen, die dazu gebraucht wird.

Wie Hunde Stress ausdrücken

Hunde kennen vier Möglichkeiten, ihren Stress auszudrücken: Der Stress zeigt sich durch Kauen an den Möbeln, an Stoffen oder Menschen; Bellen, Winseln oder Jaulen; Kratzen, Herumrennen, Scharren oder Springen; sich erleichtern oder übergeben. Bei all diesen Tätigkeiten wird nervöse Energie freigesetzt. Die entsprechenden

Reaktionen beim Menschen bestünden in Nagelbeißen, zu schnell oder zu laut reden, sich winden oder zusammenzucken.
Viele dieser Manifestationen von Stress werden auch von anderen Hunden als Signal wahrgenommen und somit als sprachlicher Ausdruck genutzt. Die norwegische Verhaltensforscherin Turid Rugaas nannte einige dieser Verhaltensweisen „beschwichtigende Signale“. In einer Gruppentherapie erkannte Rugaas dieses „Übersprungsverhalten“ z.B. in Form von Blinzeln, Wegsehen, den Boden beschnüffeln, sich zur Seite drehen, die Lippen lecken und gähnen. Wenn wir bewusst darauf achten, sind die Signale sogar für uns erkennbar. Vielleicht hat Ihr Hund seinen Stress-Schwellenwert erreicht, wenn er zu hecheln oder zu sabbern beginnt, vielleicht zittert er und seine Pfoten schwitzen. Sobald die Schwelle überschritten ist, kann ein Hund nicht mehr lernen. Wenn Sie gelernt haben, den Schwellenwert zu bemerken, dann beginnt eine neue Zeit der Kommunikation und Ihr Leben mit Rex wird angenehmer werden (siehe auch das Kapitel über die Kommunikation mit Hunden, S. 82).

Wenn Stress zu aggressiven Situationen führt

Natürlich setzt uns Menschen der Stress genauso zu wie einem Hund. Wenn wir den Stress hinunterschlucken und aufstauen, äußert sich sein negativer Einfluss auf unsere körperliche wie emotionale Gesundheit. Dieser aufgestaute Stress kann zu Kopfschmerz, Magengeschwüren und anderen ernsten Gesundheitsproblemen bzw. sogar Alkohol- oder Drogenmissbrauch führen. Noch ernstere Stressprobleme können auch in feindliches Verhalten umschlagen und sich in Form von physischer oder emotionaler Aggression an anderen entladen. Wenn sich der Stress eines Menschen am Hund entlädt, kann dies zwar die Emotionen beschwichtigen, aber der Hund lernt dabei etwas, was keineswegs geplant war. Ich möchte Ihnen ein klassisches Beispiel von Stress vorstellen, der sich in Form von Aggression entlädt. Nennen wir das Szenario „Der Alte hatte einen schlechten Tag im Büro, kommt nach Hause und tritt den Hund“. Es verläuft etwa so:

1. Der Mann betritt die Wohnung und der Hund erkennt sofort die Hinweise, die er sieht, hört und riecht. Er bringt die Signale der Körpersprache mit dem in Verbindung, was er aus früherer Erfahrung kennt. Zu den körperlichen Signalen gehören etwa das flache und kurze Atmen, die Anspannung der Muskeln und der Duft der Stresshormone.
2. Der Hund erinnert sich daran, dass ein Mensch, der so handelt, sich anhört und riecht, bald zu schreien oder zu schlagen beginnt bzw. eine andere negative Handlung ausführt. Also reagiert er mit Unterwerfungsgesten: er klemmt seinen Schwanz zwischen die Beine, legt die Ohren zurück, kauert sich hin, zeigt den Bauch und leckt seine Lippen. Menschen verhalten sich in entsprechenden Situationen ebenfalls unterwürfig oder beschwichtigend, sie ducken sich, zittern oder rennen sogar weg. Alles, was der Hund tut, dient dazu, seine Unterwerfung mitzuteilen. Seine Signale bedeuten: „Gut, ich gebe auf. Du brauchst die Situation nicht weiter eskalieren lassen; verletz mich nicht!"
3. Obwohl es offensichtlich ist, was der Hund sagen möchte, ärgert sich der Mensch weiter über das, was ihm am Tag passiert ist, knallt mit den Türen, schreit herum und wirft die Post auf den Tisch.
4. Da der Mensch trotz der Unterwerfungsgesten des Hundes mit derselben Körpersprache reagiert, entscheidet der Hund, noch einen Schritt weiter zu gehen. Er uriniert auf den Perserteppich, womit er sagen will: „Schau mich an, ich unterwerfe mich noch mehr."
5. Nun richtet der Mensch seine Aufmerksamkeit auf den urinierenden Hund und leitet seinen unverarbeiteten Ärger um. Er schimpft laut, packt den Hund beim Nackenfell, schüttelt ihn und wirft ihn vor die Tür.
6. Jetzt hat der Hund ein echtes Problem. Er hat alles getan, was ihm möglich war, doch keines seiner Kommunikationssignale hat gewirkt.

In dieser Situation hat der Hund nichts darüber gelernt, was er *nicht* tun soll, er hat keine Idee, was man *von ihm erwartet,* und er wird sein Verhalten vermutlich so umstellen, dass er in immer größere Schwierigkeiten gerät: Er wird an Möbeln kauen, graben, weglaufen oder sogar beißen. Normalerweise rufen die Besitzer an diesem Punkt nach mir, um eine Verhaltensanalyse zu erstellen. Dabei hat der Hund noch Glück, dass man ihn nicht einschläfert. Im nächsten Kapitel möchte ich einige Hilfestellungen geben, wie Sie Ihren Stress bewältigen können – zu Ihrem Wohl und zum Wohle Ihres Hundes.

Menschliche Emotionen und das Verhalten des Hundes

Vor einigen Jahren habe ich eine informelle Erhebung gemacht. Ich habe etwa 30 professionelle Hundetrainer danach gefragt, welcher Anteil des Hundeverhaltens von den Emotionen eines Menschen beeinflusst sei. Dabei kam heraus, dass sie etwa 75% des Hundeverhaltens dem emotionalen Zustand des Halters zuschrieben. Obwohl die Studie keinen wissenschaftlichen Wert hatte, war die Aussage deutlich. Die Experten waren sich einig darüber, wie stark der menschliche Einfluss auf das Verhalten eines Hundes ist. Unser Gefühlszustand beeinflusst, was wir tun, was wir sagen und wie wir es sagen.

Die meisten Menschen wissen um die emotionale Bindung an ihren Hund. Wenn wir uns erregen, regt sich auch der Hund auf. Wenn wir uns freuen, freut sich auch der Hund. Wenn wir Angst haben, fühlt sich der Hund bedroht. Hunde lernen, unser Verhalten mit bestimmten Konsequenzen zu assoziieren; alles beginnt mit unseren Emotionen. Gefühle von Freude, Fröhlichkeit bis hin zu Frustration, Verzweiflung, Ärger und Wut werden in physisch erkennbare Körpersignale umgesetzt. Hunde können selbst die feinsten dieser Signale „lesen", weil sie Körpersprache, Geruch und Atmung eines Menschen analysieren.

Viele Menschen, die zum ersten Mal mit ihren Hunden in meine Hundeschule kommen, sind sehr angespannt. Die Hunde, die ohnehin aufgeregt sind, reagieren auf diesen Stress. Sie sprin-

gen, bellen und ziehen an der Leine. Als Folge davon werden die Menschen noch ängstlicher – einige von ihnen ärgern sich sogar und sind frustriert. Sie sagen: „Tut mir leid, zu Hause benimmt er sich anders“ oder: „Rex, hör auf damit!“ und reißen an der Leine. Verhaltensforscher und Tiertrainer, auch solche, die mit Delfinen oder Schwertwalen arbeiten, wissen genau, wie sehr die eigene Stimmung den Ablauf des Trainings beeinflusst. Um diesen Einfluss so gering wie möglich zu halten, entwerfen sie genaue Trainingspläne, die unter kontrollierten Bedingungen ablaufen.
Positiv an dieser emotionalen Bindung zwischen uns und unseren Hunden ist die Tatsache, dass sie uns beiden nützen kann. Also gehen wir daran, diese emotionale Bindung zu optimieren.

Der Vorteil bewusster Atmung

Vor 22 Jahren habe ich mich für alternative Therapien entschieden, um meine Gesundheitsprobleme in den Griff zu bekommen. Als Kind hatte ich rund ein Viertel meines Schulunterrichts verpasst, weil ich Asthma hatte. Ich war allergisch gegen Nüsse und 37 weitere Allergene, von Gras über Pollen bis Staub. Es war schrecklich. Natürlich war es dumm von mir, dass ich als Teenager bei meinem Asthma auch noch zu rauchen begann; das muss am mangelnden Sauerstoff gelegen haben.
Bevor ich mich den alternativen Therapien zuwandte, habe ich ein großes Krankenhaus aufgesucht, um meine Probleme ein für allemal in den Griff zu bekommen. Das Ergebnis der Untersuchung hörte sich nicht gut an. Man sagte mir, dass ich auch weiterhin den Inhalator benutzen und für den Rest meines Lebens lernen müsse, mit diesem Handicap zu leben. Der Gedanke schien mir unakzeptabel. So wurde ich motiviert, nach alternativen Therapien zu suchen, und ich kam auf Yoga. Nach sechs Monaten brauchte ich keinen Inhalator mehr und mein Drang, nach einer Zigarette zu greifen, war verschwunden. Innerhalb von zwei Jahren hatte sich die Liste meiner Allergene auf fünf verkürzt. Inzwischen sind es nur noch drei.

Da ich wegen meiner Atemnot mehrfach dem Tode nahe war, weiß ich sehr gut, wie segensreich Atemübungen sein können. Seit ich Yoga praktiziere, ist mir klar geworden, dass Atemübungen zu einer neuen Form von Frieden, Selbstkontrolle, Wachsamkeit und Kraft führen können. Über die Jahre bin ich kritischer geworden und verlange bei Behauptungen stets nach einem Beweis. Ich probiere neue Dinge aus, aber so lange der Beweis nicht angetreten ist, bleibe ich bei meiner schrägen Sichtweise der Dinge. Ich glaube nur, was ich erfahren habe. Ich möchte Ihnen sagen, was mein erster Yogalehrer mir vor Jahren riet: „Halten Sie sich für einige Monate an meine Anweisungen. Wenn die Methode funktioniert, machen Sie weiter mit ihren Übungen. Wenn Sie eine direkte Besserung bemerken, machen Sie weiter. Sollte sich dagegen nichts tun, hören Sie auf damit und versuchen Sie etwas anderes." Genau dasselbe möchte ich hier auch sagen. Probieren Sie aus, was ich Ihnen in diesem Kapitel raten werde. Wenn es bei Ihnen und Ihrem Hund nicht anschlagen sollte, probieren Sie etwas anderes aus.

Nachdem ich mit dem Rauchen aufgehört hatte, wurde mir klar, wie sehr ich für die Stressbewältigung von den Zigaretten abhängig gewesen war. Rauchen half mir dabei, mich zu konzentrieren und Strategien zu entwickeln. Es war großartig. Die Berührung, das Feuer, die orale Fixierung und natürlich auch das Nikotin sorgten dafür, mich abhängig zu machen. Eine andere Seite des Rauchens war das Gefühl, mit der Zigarette so cool auszusehen wie James Dean. Selbstverständlich gab es zahlreiche negative Nebeneffekte: gefährliche gesundheitliche Folgen, Schläfrigkeit, Atemprobleme, den Geruch nach Aschenbecher und alles andere.

Zu den zahlreichen Vorteilen des bewussten Atmens (Zwerchfellatmung) gehören eine bessere Sauerstoffversorgung des Gehirns, eine Balance des sympathischen und parasympathischen Nervensystems und die Freisetzung von Hormonen wie Endorphin, die das Glücksgefühl verstärken. Hier kommt nun das außerordentliche Geruchsvermögen des Hundes ins Spiel. Die Riechnerven des Hundes sind mit der Amygdala im Gehirn verbunden, die für emotionales Verhalten verantwortlich ist und somit auch das körperliche Verhalten beeinflusst. Hunde können die Hormone riechen, die ein Mensch freisetzt. Sie haben gelernt – durch gute Erfahrungen in der Vergangenheit –, einen gut gelaunten Menschen zu erkennen, indem sie seine Hormone riechen. Dies ist eine einfache Erklärung für einen komplexen Vorgang, aber im Wesentlichen bedeutet es, dass mit der richtigen Atemtechnik nicht nur Sie selbst sich besser fühlen, sondern auch Ihr Hund, weil er Ihre Körpersignale und -düfte versteht.

Durch Atemübungen (weiter unten werde ich darauf eingehen) reduzieren Sie Ihren Stress und die Spannung, Sie lernen, sich auf den Punkt zu konzentrieren. Mithilfe der Atemübungen lernen Sie sogar, eine kritische Situation besser zu bewältigen, weil auch Ihre Kreativität und Intuition zunehmen. Es dauert nur eine Minute, dreimal eine Zwerchfellatmung durchzuführen, und diese Übung liefert einen wunderbaren Einstieg in das Training mit Ihrem Hund. Ich mache diese Übung zu Beginn jeder Trainingseinheit und lehre sie auch, wenn ich meinen Unterricht beginne. Ich bin davon überzeugt, dass es sich lohnt, wenn die Menschen entspannt sind und ein Gefühl für Kontrolle entwickeln.

Die Teilnehmer an meinen Unterrichtsstunden haben sich oft gefragt, was eine Atemübung mit Hundetraining zu tun haben soll, doch bis heute hat niemand diese Technik infrage gestellt. Vielleicht liegt dies daran, dass die Vorteile wirklich unmittelbar und schon beim ersten Versuch einleuchten.

Durch Atmen Kraft finden

Wie kommt es, dass manche Menschen eine mitreißende Rede halten können, während derselbe Text bei anderen Rednern die Zuhörer zum Gähnen bringt? Wie kommt es, dass der Hund auf alle Kommandos eines Familienmitgliedes reagiert, während er sich bei einem anderen konsequent weigert, sich auch nur zu setzen? Zum Teil liegt das daran, wie der Hund vorher ausgebildet wurde. Der Hund reagiert eindeutig besser auf das Familienmitglied, das mit ihm die Kommandos eingeübt hat und von dem er belohnt wurde. Ein weiterer, subtilerer Unterschied besteht außerdem darin, wie durch Sprache und Handlungen Macht ausgedrückt wird. Hunde reagieren eher auf Menschen mit großer Macht.

Hunde reagieren nicht allein auf die allgemeine Körpersprache, sondern auch darauf, wie Sie Ihren Willen ausdrücken. Wenn Sie jedes Training mit einer Atemübung beginnen, wird es Ihnen leichter fallen, die Aufmerksamkeit Ihres Hundes zu erregen, und Sie können diese Aufmerksamkeit länger beanspruchen. Hunde reagieren auf unsichtbare Signale und Gedanken. Es ist, als würden Sie um sich herum ein starkes Magnetfeld erzeugen, das Ihren Hund anzieht. Ihre Worte und Taten sind mit Macht aufgeladen. Wirklich gute Tiertrainer verfügen über diese Fähigkeit. Achten Sie einmal auf die Hunde, wenn ein wirklich guter Ausbilder einen Raum betritt.

Um zu verstehen, wie Sie die Macht durch eine einfache Atemübung verstärken können, sollten Sie die asiatische Sichtweise der Atmung und ihren Einfluss auf uns kennen. Der Atem transportiert eine subtile, aber machtvolle Energie. Im Yoga wird diese Energie *prana* genannt und die verschiedenen Atemübungen *pranajama*. In anderen Philosophien heißt dieselbe Energie *Chi* oder *Qi* – vielleicht kennen Sie den Film *Starwars*, dort heißt diese Energie *Die Macht*.

Spielen Sie folgendes Gedankenexperiment durch: Welches Licht ist stärker, das einer Straßenlampe oder das eines Lasers? Das Licht einer Straßenlampe ist diffus, es beleuchtet einen großen Teil der Straße. Das extrem gebündelte Licht eines Lasers ist viel stärker; es kann sogar Stahl durchtrennen. Zwerchfellatmung bündelt Ihre Energie und macht sie laserartig.

Sobald Sie sich auf Ihre Atmung konzentrieren, nimmt Ihre Konzentration auf das, was in Ihnen und außerhalb von Ihnen geschieht, merklich zu. Sie verteilen Ihre Willenskraft nicht weiter auf Myriaden von Ablenkungen, sondern bündeln sie. Dann können Sie sich auf einen einzelnen Gedanken oder ein Bild konzentrieren und ihm Form und Kraft geben.

Beim Training eines Hundes fokussieren Sie Ihre Energie und Konzentration auf das Bild des erwünschten Verhaltens. Da Sie

Ihre Energie stärker bündeln und genauer Acht geben, können Sie viel besser bewerten, wie Ihr Hund reagiert. Schließlich werden Sie sogar in der Lage sein, die Gedanken Ihres Hundes zu „lesen“ und sein Verhalten vorherzusehen. Damit erlangen Sie mehr Selbstvertrauen, entspannen sich, sind wachsamer und besser konzentriert. Stellen Sie sich die Wirkung dieser Veränderung auf den Hund vor.

Sie werden aber nicht nur Ihre eigene Kraft verstärken, sondern die Kraft aus der Atmung und die geschärfte Wahrnehmung werden Sie in die Lage versetzen, sinnvoll auf Ihren Hund zu antworten, statt mechanisch zu reagieren. Wie ich im ersten Kapitel ausgeführt habe, hilft Ihnen diese Form der Antwort dabei, Ihre Klugheit, Intuition, Kreativität und positive Gefühle besser zu gebrauchen. Kurz gesagt, Sie kontrollieren die Situation.

Hunde sind noch vollständig mit der Natur verbunden – und die Natur ist schließlich ein großes Kommunikationsnetz. Die Atemübungen in diesem Kapitel helfen Ihnen dabei, verschüttete und vergessene Bindungen zur Natur freizulegen. Sie zeigen Ihnen, wie die Natur kommuniziert. Außerdem bieten sie weitere Vorteile: Mit der richtigen Atmungstechnik verbessern Sie Ihre allgemeine Gesundheit, denn Studien zeigen, das damit auch stressbedingte Leiden, wie Kopfschmerz, chronische Erschöpfung, Asthma und Allergien abnehmen. Und es macht Spaß!

Die Grundlagen der Atmung

Sie atmen schon Ihr ganzes Leben lang. Allerdings dürfte Ihre Atmung, wie bei den meisten Menschen, eher flach sein, und vermutlich werden Sie sogar gelegentlich den Atem anhalten. Das Ziel einer richtigen Atmung ist es, den ganzen Körper mit Sauerstoff zu versorgen. Sie brauchen die Atemluft, um die Millionen von winzigen Lungenbläschen zu füllen. Dort angekommen, wandern die Sauerstoffmoleküle durch die Membranen Ihrer Lunge und der Blutgefäße und werden in den roten Blutkörperchen gebunden. Gleichzeitig – das ist wichtig – werden Giftstoffe und Kohlendioxid durch die Lungen abgegeben und Sauerstoff ins Gehirn transportiert. Daher führt die Zwerchfellatmung zur Entspannung und steigert gleichzeitig Ihre Aufmerksamkeit.

Die meisten Menschen atmen so flach, weil sie genau das Gegenteil von dem tun, was sie optimal mit Sauerstoff versorgen würde. Wenn man sie bittet, aufrecht zu sitzen und einen tiefen Atemzug zu nehmen, machen sie zwei Dinge falsch: Beim Einatmen blasen sie ihren Brustkorb wie ein Frosch auf und drücken den Bauch nach innen. Beim Ausatmen beugen sie sich leicht nach vorn und drücken den Bauch nach außen. Bevor Sie weiterlesen, sollten Sie selbst einmal tief atmen und beobachten: Was bewegt sich zuerst – Bauch oder Brust?

Wenn Sie die Brust aufblähen, füllen sich nur die oberen Teile der Lunge mit Luft. Das bisschen Luft, das bis in die unteren Teile der Lunge vordringt, gelangt vielleicht nur durch die Schwerkraft dorthin. Damit gelangt nicht besonders viel frische, sauerstoffreiche Luft in Ihren Körper. Der fehlende Sauerstoff beeinflusst alles, was Sie tun.

Bei der Zwerchfellatmung füllen sich zuerst die unteren Teile Ihrer Lungen mit Sauerstoff, der Bauch dehnt sich aus, bevor sich Ihre Brust weitet. Damit können sich die Lungen vollständig mit Luft füllen, wie ein Glas, das sich mit Wasser von unten nach oben füllt. Wenn Sie wieder ausatmen, dürfen sich die Lungen vollständig entleeren, bevor Sie wieder einatmen. Es ist nicht besonders schwierig, sich diese Form der Atmung anzugewöhnen. Sie brauchen nur etwas Übung, Ihre Muskeln müssen sich anpassen und schließlich wird Ihnen diese Art der Atmung völlig natürlich vorkommen (später in diesem Kapitel werde ich den gesamten Vorgang genauer vorstellen).

Die normale Atemfrequenz eines Menschen und eines Hundes liegt zwischen 10 und 30 Atemzügen pro Minute. Diese Atemfrequenz wird durch vielerlei körperliche und emotionale Anregungen während einer Übungsstunde beeinflusst. Wenn beispielsweise Menschen und Hunde vor Aufregung, bei Fieber, Übungen oder Hitze zu japsen beginnen, kommt es durch das schnelle Atmen zur Hypoxie, d.h. die Körpergewebe leiden unter Sauerstoffmangel. Wenn Sie angespannt sind, atmen Sie natürlicherweise flacher. Damit nimmt zwangsläufig die Sauerstoffmenge ab, die ins Blut und dann ins Gehirn gelangt. Der Sauerstoffmangel beeinflusst Ihre mentalen, körperlichen, emotionalen und intuitiven Fähigkeiten negativ, denn aus dem Sauerstoff kommt die am leichtesten zugängliche und gesunde Energie.

Das Ganze stellt sich wie folgt dar: Wir spannen uns an und drosseln die Atmung. Dadurch wird der Körper mit weniger Sauerstoff versorgt. Damit wird er anfälliger gegenüber Krankheiten und so weiter – ein Teufelskreis.

Befreiendes Atmen

Mit Atemübungen steigern Sie Ihre körperliche, mentale und emotionale Gesundheit und Aufmerksamkeit; außerdem werden Sie von Ihrem Hund anders wahrgenommen. Beispielsweise hilft die Zwerchfellatmung einem aufgeregten oder gestressten Hund (siehe Anleitung auf S. 76), sich zu entspannen. Wenn Ihr Hund andererseits lethargisch sein sollte und Sie ihn gerne etwas aktiver hätten, dann werden Sie mit einigen Hechelübungen seine Aufmerksamkeit erregen. Dieses Hecheln geht ganz einfach: Wiederholen Sie in kurzen Abständen „ha, ha, ha, ha, ha" wie beim Lachen. Allerdings sollten Sie Ihren Atem dem Hund nicht direkt ins Gesicht blasen, denn manche Hunde fassen das als Bedrohung auf; Kinder sollten diese Übung daher nicht ausführen.

Eine solche Atemübung kann sogar als Signal dienen, d.h. sie dient als Auslöser für ein bestimmtes Verhalten. Hunde wissen beispielsweise, dass die Leine für einen Spaziergang und der Büchsenöffner für Futter stehen. Genauso lernen sie, das Atmen als Signal zu interpretieren, das „es wird Zeit zum Arbeiten" oder „es wird Zeit zum Entspannen" bedeutet. Auch für Sie selbst kann das Atmen zum Signal für Ihre körperlichen, emotionalen und mentalen Batterien werden. Sie konzentrieren sich besser, bündeln Ihre Macht, und damit wird auch Ihr Hund besser und schneller auf die Kommandos reagieren.

Um sich die Wirksamkeit der Atemübungen zu vergegenwärtigen, sollten Sie einmal in einen Zwinger voller bellender Hunde gehen und ein paarmal tief ein- und ausatmen. Innerhalb kürzester Zeit werden sich die meisten Hunde merklich beruhigen. Wenn mehrere Menschen den Zwinger betreten und gleichzeitig zu atmen beginnen, ist der Erfolg sogar noch augenfälliger.

Eine Entspannungsübung

Bevor Sie mit der Zwerchfellatmung beginnen, sollten Sie einige Entspannungsübungen machen. Es ist schwierig, sich auf die Atmung zu konzentrieren, wenn der Körper nicht entspannt ist, daher kommt es zunächst darauf an, die Muskeln zu entspannen. Es dauert nur einige Minuten, die Anleitung zu lesen, und die Übung selbst schaffen Sie in einer oder zwei Minuten. Allerdings sollten Sie nicht hetzen.

Führen Sie die Übung an einem Ort durch, an dem weder Sie noch ihr Hund abgelenkt werden. Falls erforderlich, stellen Sie das Telefon ab oder hängen ein „Bitte nicht Stören"-Schild an die Tür. Stellen Sie Heizung und Licht auf ein angenehmes Niveau ein. Auf diese Weise werden Ihre mentalen oder körperlichen „Muskeln" nicht durch Telefonklingel, unangenehmes Licht, extreme Hitze oder Kälte bzw. andere Ablenkungen gestört.

1. Setzen Sie sich bequem auf einen Stuhl, auf den Boden oder ein Kissen, halten Sie den Rücken gerade. Wenn es bequemer für Sie ist, lehnen Sie sich an die Lehne oder Wand an.
2. Vielleicht hilft es Ihnen, die Augen zu schließen; atmen Sie tief ein.
3. Atmen Sie für drei Sekunden ein, spannen Sie den ganzen Körper an – auch das Gesicht – und halten Sie die Spannung für drei Sekunden. Dann entspannen Sie völlig und atmen drei Sekunden lang aus. Lassen Sie alle Körperglieder schlaff werden.
4. Um tiefer zu entspannen, stellen Sie sich vor, wie Ihre Gesichtsmuskeln weich werden und alle restliche Spannung entweicht.
5. Konzentrieren Sie sich nun auf alle Teile des Körpers; lassen Sie Ihre Muskeln gruppenweise schlaff werden. Beginnen Sie mit dem Gesicht und bewegen Sie sich bis zu den Füßen. Folgen Sie einer geistigen Checkliste. Versuchen Sie, jeden Muskel Ihres Körpers bewusst zu entspannen – außer jenen, die Sie zum Sitzen brau-

chen. Konzentrieren Sie sich darauf. Achten Sie darauf, den ganzen Körper zu berücksichtigen, auch Ihre Füße.

6. Jetzt lenken Sie Ihre Aufmerksamkeit wieder in Richtung Oberkörper, in der Gegenrichtung von Fuß bis Kopf; suchen Sie nach verbliebenen Spannungen und lösen Sie sie auf. Stellen Sie sich vor, dass die Anspannung in den Boden sickert oder sich in der Luft verflüchtigt – was Ihnen besser gelingt. Wenn Sie innerlich zu Ihrem Gesicht zurückgekehrt sind und es entspannt finden, sind Sie bereit für die Zwerchfellatmung.

Zwerchfellatmung

Diese Technik gehört zu den einfachsten und effektivsten Atemübungen. Man kann sie jederzeit und überall durchführen. Bewusste Zwerchfellatmung (man nennt sie auch Entspannungsatmung) besteht aus leichtem Ein- und Ausatmen durch die Nase für eine bestimmte Zeit. Der Vorteil dieser Übung besteht in der größeren Entspannung und besseren Konzentrationsfähigkeit. Außerdem hilft sie Ihnen dabei, den Augenblick besser wahrzunehmen – eine Fähigkeit, über die Hunde natürlicherweise verfügen.

Achtung: Wenn Sie sich benommen oder schwindelig fühlen, AUFHÖREN! Unterbrechen Sie und versuchen Sie es später nochmals. Machen Sie nur einen statt einer Serie von drei Atemzügen.

1. Sie können diese Übung mit geschlossenen oder offenen Augen machen. Wenn Sie zu Hause sind, sollten Sie die Augen schließen. Beim Autofahren oder bei einem Spaziergang auf der Straße sollten Sie die Augen besser geöffnet lassen.

2. Stellen Sie sich Ihre Lungen dreigeteilt vor: oben, Mitte und unten. Atmen Sie durch die Nase ein (achten Sie darauf, den Mund wirklich geschlossen zu halten). Füllen Sie mit der Luft zunächst den unteren Teil der Lunge, wie bei einem Wasserglas. Drücken Sie beim Einatmen den Bauchraum leicht vor. Die meisten Menschen spannen beim Einatmen die Bauchmuskeln an; Sie müssen etwas

üben, um das zu unterlassen. Sobald der untere Lungenteil mit Luft gefüllt ist, stellen Sie sich vor, wie die Luft den Mittelteil auffüllt; zum Schluss kommt der obere Teil dran. Ihre Brust wird sich ausdehnen und die Schultern werden etwas nach oben und zurück weichen, wenn Sie den obersten Teil der Lunge füllen.

3. *Beginnen Sie sofort, wenn Ihre Lungen gefüllt sind*, mit dem langsamen Ausatmen, wiederum durch die Nase. Stellen Sie sich vor, dass Ihre Lungen zwei Ballons sind, die nun langsam ihre Luft verlieren. Kurz bevor Sie vollständig ausgeatmet haben, wird alle verbliebene Luft durch Anspannen der Bauchmuskeln nach innen und oben ausgepresst.

4. Beginnen Sie unmittelbar nach dem Ausatmen mit dem nächsten Zyklus.

Zu Beginn reicht eine Folge von drei kompletten Atemzyklen; versuchen Sie die Phasen von Ein- und Ausatmen gleich lang zu halten. Die meisten Menschen zählen etwa drei Sekunden lang, während sie ein- und drei Sekunden während sie ausatmen. Das Ziel dieser Übung ist der gleichmäßige Übergang zwischen Ausatmen und Einatmen. Versuchen Sie, sich diese Übergänge als sanfte Kurven und nicht als Wendungen vorzustellen. Machen Sie langsam und gleichmäßig drei Atemzüge.

Dehnen Sie nach einigen Wochen das Ein- und Ausatmen auf jeweils zehn Sekunden aus. Halten Sie zwischen Ein- und Ausatmen nicht den Atem an. Strengen Sie sich nicht an. Die Länge der Atemzüge stellt sich ganz natürlich ein. Wenn Sie mit drei Zyklen beginnen, sollten Sie anstreben, die Dauer der einzelnen Phasen nach und nach zu verlängern. Verbringen Sie zweimal täglich etwa fünf bis zehn Minuten mit diesen entspannenden Atemübungen.

Es kann hilfreich sein, wenn Sie während der Konzentrations- und Entspannungsübungen Ohrstöpsel benutzen und dem Klang Ihres Atems lauschen. Vermutlich werden Sie dann noch besser entspannen können.

Gewöhnlich ist es am besten, wenn sie die 5–10minütigen Atemübungen am Anfang und am Ende des Arbeitstages einplanen. Außerdem ist es ganz praktisch, wenn Sie über den Tag mehrmals

einen kompletten Zyklus von drei bewussten Atemzügen einplanen – vor dem Training mit Ihrem Hund, bevor die Kinder von der Schule nach Hause kommen, vor einem wichtigen Meeting oder während ein Polizist auf Ihren Wagen zukommt. Denken Sie daran: Die positive Wirkung wird sich vervielfältigen.
Sobald Sie entspannter werden und sich während der Atemübungen gut fühlen, werden Sie damit beginnen, einstmals stressige Situationen mit einer erfrischenden Atemübung zu beginnen. Sie atmen mehr Sauerstoff ein, können besser denken und haben eine Sekunde länger Zeit, sich auf die Situation und ihre Lösung einzustellen.
Nach drei Monaten sollten Sie Ihr Leben überprüfen. Sie werden ganz sicher feststellen, dass diese täglichen Atemübungen Sie und Ihre persönliche Umgebung positiv beeinflusst haben: die Familie, Arbeit, Freunde und natürlich auch den Hund. Freuen Sie sich über jeden winzigen Fortschritt. Die Summe dieser Fortschritte sollte Sie dazu bewegen, Atemübungen zu einem regelmäßigen Bestandteil Ihres Lebens zu machen.

Eine Übung für vorbehaltlose Liebe

Wenn Sie Ihrem Hund oder einem anderen Wesen in Ihrem Leben vorbehaltlose Liebe schenken, besitzen Sie eine wunderbare Möglichkeit, um Ihre Energie zu fokussieren. Vor kurzem hat Christiane Northrup, eine führende Ärztin der holistischen Therapie und Autorin des Buches *Women's Bodies, Women's Wisdom* in der Talkshow von Oprah Winfrey eine Übung für vorbehaltlose Liebe vorgestellt. Die Übung ist zwar nicht neu, aber ich war sehr berührt von der Art, wie Dr. Northrup sie vorstellte. Sie nutzte nicht nur die Bühne einer USA-weiten Fernsehsendung, sondern ließ auch das Bild eines Welpen projizieren, auf das sich die Zuschauer konzentrieren sollten. Dr. Northrup führte aus, dass diese Art der Übung „unser Herz ernährt" und in jeder Körperzelle die Physiologie und Chemie von Frieden und Gesundheit erzeugt. Sie schlug vor, die Übung zwei bis drei Mal täglich 15 Sekunden lang durchzuführen. Ihre Übung passt sehr gut in meine 9 Zutaten eines holistischen Trainingsprogramms.

Für diese Übung müssen Sie sich auf etwas konzentrieren, was Sie vorbehaltlos lieben. Sie können das Bild eines Welpen, ein anderes Foto oder etwas Ihrer Wahl benutzen. Natürlich können Sie auch die Augen schließen und an eine bestimmte Person denken.

1. Atmen Sie einen kompletten Zyklus bewusst ein und aus (Stufe 1 und 2 der Übung).
2. Legen Sie Ihre Hand aufs Herz und denken Sie 15 Sek. daran, dass Sie diesen Menschen oder dieses Objekt vorbehaltlos lieben.

Eine Stress-Krise bewältigen

Wie sollten Sie sich verhalten, wenn Sie nach einem stressreichen Tag nach Hause kommen? Ich möchte Ihnen einige „Werkzeuge" vorstellen. Sie werden eine kurze Anleitung finden, wie man mit dem Stress in extremen Situationen fertig wird, und eine tiefer gehende Routine, für die Sie mehr Zeit und Übung brauchen. Mit Hilfe der Kurz-Anleitung können Sie verhindern, dass Sie von den aufgestauten Stress-Problemen überfahren werden.

Gleichgültig, für welche Methode Sie sich entscheiden, senken Sie zunächst Ihre Atemfrequenz ab, bis dies zur Selbstverständlichkeit wird. Wenn Sie ein festes Programm zur Stressbewältigung befolgen, finden Sie so die Ruhe, das Problem zu analysieren und die beste Lösung anzustreben. Auf dem Weg dahin werden Sie, Hingabe und Ausdauer vorausgesetzt, nicht nur Ihre persönliche Stressbewältigung, sondern auch ihre Kommunikation optimieren. Ihr Hund wird anfangen, Sie zu verstehen, und Sie werden begreifen, was Ihr Hund möchte.

Der erste Schritt, um aufgestauten Stress abzubauen, ist Selbstkontrolle. Denken Sie daran: Sie dürfen von Ihrem Hund keine Selbstkontrolle erwarten, wenn Sie selbst aufgewühlt sind. Wann immer Sie bemerken, dass Sie die Kontrolle verlieren, gehen Sie wie folgt vor:

Kurz-Anleitung zur Stressbewältigung

Halten Sie inne, machen Sie einen kompletten Atemzyklus, spannen Sie Ihren Körper an und entspannen Sie wieder; noch ein

Atemzyklus und noch mehr Entspannung. Stellen Sie sich vor, wie Spannung, Ärger, Frustration und alles Übrige aus Ihren Muskeln verschwinden. Jetzt wenden Sie sich Ihrem Hund zu und geben ihm eine Belohnung.

Routine zur Stressbewältigung

A Stellen Sie jegliche Tätigkeit ein.

B Stehen Sie ruhig, spannen Sie kurz den Körper an, dann führen Sie die Entspannungsübung durch (siehe S. 75) und die Zwerchfellatmung (siehe S. 76).

C Rufen Sie sich die 9 Zutaten ins Gedächtnis, um sicherzugehen, dass Ihr Hund alles hat, was er braucht. Mit etwas Übung gelingt dies in ein paar Minuten.

D Wiederholen Sie die 9 Zutaten und denken Sie dabei an Ihr eigenes Leben. Manchmal bewältigen Sie den Stress Ihres Hundes am besten, wenn Sie Ihren eigenen Stress unter Kontrolle bringen. So wie das Verhalten eines Hundes durch ein Ungleichgewicht in den 9 Zutaten verändert wird, ist auch menschliches Verhalten davon abhängig; hier einige Beispiele:

1. Hochwertige Ernährung: Wenn Sie sich nicht ausgewogen ernähren, hat Ihr Körper Probleme; Sie werden ängstlich, haben Depressionen und werden mürrisch. Wann haben Sie zum letzten Mal gegessen? Haben Sie einen niedrigen Blutzuckerspiegel? Sind Sie wegen zu viel Kaffee aufgedreht?
2. Spielen: Wie viele Tage sind bereits vergangen, ohne dass Sie Spaß hatten? Lernen Sie tanzen, gehen Sie kegeln oder in ein Konzert.
3. Sozialisation: Sie sind ein Mensch! Menschen sind soziale Wesen. Wir müssen nicht nur mit anderen Menschen zusammen sein, sondern uns von Zeit zu Zeit beweisen. Spielen Sie Ball oder Karten, gehen Sie ins Kino oder ins Restaurant. Suchen Sie den Rat eines Freundes oder Familienmitglieds, wenn es Ihnen schlecht geht.
4. Ruhezeiten: Wann haben Sie das letzte Mal etwas für sich selbst getan? Gehen Sie spazieren, meditieren oder beten Sie, gehen Sie in ein Museum.
5. Übungen: Bewegungsübungen lösen den Stress. Hören Sie für zwei Minuten mit der Arbeit auf und strecken Sie sich. Machen Sie

Gymnastik, stemmen Sie Gewichte oder machen Sie Yoga. Gönnen Sie sich als besondere Belohnung eine Massage.

6. Arbeit: Füllt Ihre Arbeit Sie aus? Arbeiten bedeutet mehr als nur Geld verdienen. Zur Arbeit gehört alles, was Sie produzieren bzw. zur Welt beitragen, auch freiwillige Tätigkeiten. Sie können Plätzchen für einen kranken Nachbarn backen, eine Kindermannschaft trainieren oder einen Hund aus dem Tierheim ausführen.

7. Schlaf: Bekommen Sie genügend Schlaf? Dieser Punkt erscheint mir wichtig, denn sehr häufig antworten mürrische Menschen auf die Frage nach dem Grund ihrer Laune: „Ich habe schlecht geschlafen." Gönnen Sie sich ein Schläfchen am Nachmittag.

8. Training: Mit Training erweitern Sie Ihre Möglichkeiten in körperlicher, emotionaler und geistiger Hinsicht. Training bedeutet Disziplin beim Erwerben neuen Wissens, Gesundheitsvorsorge, Streben nach Mehr. Was haben Sie in letzter Zeit unternommen, um Ihre körperlichen, emotionalen und geistigen Fähigkeiten zu steigern? Setzen Sie sich jeweils neue Ziele.

9. Gesundheitsvorsorge: Haben Sie gesundheitliche Probleme wie Kopfschmerz, nagenden Zahnschmerz oder Depression ignoriert? Wenn Sie wetterfühlig sind, kann es Tage geben, an denen Sie besser nicht mit Ihrem Hund arbeiten. Machen Sie sofort einen Termin mit Ihrem Arzt, Chiropraktiker, Akupunkteur, Ernährungsberater, Zahnarzt, Psychiater oder einem anderen Fachmann aus.

E Wenn der Stress durch die Trainingsstunden ausgelöst wird, wiederholen Sie die acht Werkzeuge der Hundetausbildung (siehe S. 119) und entscheiden Sie, welche dieser Werkzeuge am besten auf das Verhalten Ihres Hundes in der speziellen Situation passt. Das dauert nur Sekunden und ist die Methode eines guten Hundetrainers.

F Setzen Sie Ihre Pläne um.

G Entschuldigen Sie sich bei Ihrem Hund, wenn Sie sich unangemessen verhalten haben.

Wenn Sie nachdenken, wird Ihnen auffallen, dass diese Routinen eigentlich auf dem gesunden Menschenverstand beruhen. Mit denselben Methoden versuchten bereits Ihre Eltern, Sie zu erziehen.

Unter Stress vergessen wir manchmal den einfachsten Weg. Wir vergessen, dass wir selbst verantwortlich sind. Beginnen Sie mit dem kleinsten Schritt, niemand kann alles auf einmal in seinem Leben verändern – und sollte es auch nicht. Wie beim Hundetraining sollten Sie dort beginnen, wo Sie gerade stehen. Bauen Sie auf dem auf, was Sie gerade erfolgreich geleistet haben. Ich würde vorschlagen, Sie beginnen mit einem tiefen Atemzug!

Hundesprache – das Tor zur Kommunikation

Die Kommunikationslücke

Vor Jahren, als ich noch in Mexiko zur Schule ging, kamen meine Tante und mein Onkel aus Cleveland zu Besuch. Mein Onkel war eigentlich ganz nett. Er arbeitete als Milchmann, der die Milch an die Haustür lieferte. Als wir an einer Straßenecke am *Paseo de la Reforma* standen, ging er – statt mich zu fragen – auf eine ältere Dame zu und fragte sie: „Können Sie mir sagen, wo der Supermarkt ist?" Die Frau antwortete: „Que?" Mein Onkel wiederholte die Frage lauter, bis die Dame zurückwich und mehrmals meinte: „Kein Englisch." Schließlich kam mein Onkel zurück; er war völlig aufgelöst. „Kannst du das verstehen?", sagte er, „Sie spricht kein Englisch."
Die Einstellung meines Onkels spiegelt die wichtigste Barriere wider, die zwischen Menschen und Hunden besteht. Die meisten Menschen halten sich für die Könige des Universums, dabei ist diese Einstellung unglaublich egoistisch und überheblich. Sie erwarten, dass ihre Hunde verstehen, was sie wollen. Statt die Sprache und das Verhalten der Hunde zu erlernen, gehen sie vor wie mein Onkel: Sie sprechen lauter und lauter und wiederholen immer wieder dieselbe Phrase, als ob Lautstärke und Wiederholung die Kom-

munikationslücke überwinden könnten. Diese Menschen erwarten, dass die Hunde Deutsch sprechen. In dieser Ignoranz gründen Urteile wie „dummer Hund“ oder „er weiß, was ich will, er ist nur verstockt“.

Stellen Sie sich vor, Sie sind in einem fremden Land und kennen die Sprache nicht. Sie kennen weder die Körpersprache noch die Sitten und Gebräuche. Vielleicht fällt Ihnen auf, dass alle nach Tisch rülpsen. Wenn Sie nun nicht kapieren, dass *nicht zu rülpsen* als unhöflich gilt, werden Sie als grober Fremder auffallen. Vielleicht reichen Sie jemandem die linke Hand, ohne zu wissen, dass dies als Beleidigung gilt. Plötzlich treffen Sie jemanden, der Ihre Sprache spricht und Ihnen alles über Sitten und Kultur des fremden Landes erklärt. Vermutlich dürfte Ihre Erleichterung mit Händen zu greifen sein; jetzt können Sie kommunizieren, Sie verstehen die anderen und die Welt mit ihren Wundern steht Ihnen offen.

Wie ich im Kapitel „Stress und das Verhalten Ihres Hundes“ erläutert habe, kommunizieren Hunde über Berührung, Laute und Körpersignale miteinander, die von subtil bis auffällig reichen. Zu den Körpersignalen gehören Starren, Blinzeln, Wegsehen, Lippen lecken, Gähnen, Geschwindigkeit und Haltung des wedelnden Schwanzes, Schnüffeln, Kratzen, Knabbern, mit der Pfote scharren oder das Revier mit Urin zu markieren. Weitere Körpersignale sind die Aufforderung zum Spiel, einem anderen Hund Flanke oder Hinterteil zuwenden, sich auf den Rücken drehen oder sich einem anderen Hund in den Weg stellen. Jede dieser Bewegungen wird bewusst ausgeführt – genau an die jeweilige Situation angepasst. Es ist eine sehr ökonomische Bewegungssprache.

Bestimmte Verhaltensweisen sind wichtige Ventile, sie helfen dabei, entstandene Spannungen abzubauen. Wie im Kapitel „Stress und das Verhalten Ihres Hundes“ bereits diskutiert, werden sie Übersprunghandlungen genannt. Sie basieren auf widerstreitenden Motivationen, die gleichzeitig auf den Hund einwirken. Stellen Sie sich vor, Sie wären ein Sportfan und man lüde Sie am selben Tag und zur selben Zeit zu einem Spiel Ihrer Lieblingsmannschaft und einem Leichtathletikfest ein. Während Sie versuchen, sich für eine der beiden Veranstaltungen zu entscheiden, werden Sie vielleicht mit dem Stuhl kippeln, an den Nägeln kauen, etwas essen oder sogar leichte Magenschmerzen bekommen.

Hunde sind, wie andere Tiere auch, in der Lage, bemerkenswert kleine Bewegungen von Hunden oder Menschen wahrzunehmen, und ziehen daraus ihre Schlüsse. Viele Psychologen kennen die Geschichte von dem Pferd Hans, das in der Lage war, feinste Nuancen wahrzunehmen, So beschreibt Dr. Pam Reid den Vorgang in ihrem ausgezeichneten Buch *Excelerated Learning*:

Das Pferd Hans gehörte zu Beginn des 20. Jahrhunderts dem Deutschen Wilhelm von Osten. Von Osten glaubte, er hätte seinem Pferd das Rechnen beigebracht. Er schrieb eine Rechenaufgabe an die Tafel und Hans gab die Antwort, indem er mit dem Huf auf den Boden klopfte. Wenn von Osten 5+3 = schrieb, klopfte Hans achtmal auf den Boden.

Diese Nachricht verbreitete sich rasch und schließlich kam eine Gruppe von Wissenschaftlern, um das Pferd zu untersuchen. Nachdem sie einer Demonstration beigewohnt hatten, beauftragten Sie den jungen Studenten Oskar Pfungst damit, die Klugheit von Hans zu untersuchen. Pfungst führte mit von Osten und Hans mehrere Testreihen durch. Pfungst ließ ihn die Frage vorlesen statt aufschreiben; er verband Hans die Augen und ließ von Osten die Frage vorlesen; er bat von Osten, Hans eine Karte mit der Aufgabe zu zeigen, die er selbst nicht kannte usw. Nach einer Reihe weiterer Tests fand Pfungst heraus, dass Hans die Antwort nur wusste, wenn von Osten das Ergebnis kannte. Wenn von Osten nicht Bescheid wusste, versagte auch Hans. Offenbar übermittelte von Osten dem Pferd bewusste oder unbewusste Signale.

Nun musste Pfungst herausbekommen, wie das geschah. Es stellte sich heraus, dass Hans immer dann antwortete, wenn er von Osten sah. War von Osten verborgen – hinter einer Wand oder außerhalb von Hans' Blickfeld –, blieb die Antwort aus. Auch als Pfungst die Frage anderen Probanden überließ, war Hans in der Lage zu antworten. Schließlich fand Pfungst den Grund, als er von Osten und andere genau beobachtete: Wenn von Osten (oder ein anderer Fragender) die Frage stellte, senkten sie ihre Augenbrauen, während Hans auf den Boden klopfte. Sobald die richtige Zahl beisammen war, hoben von Osten und die anderen die Augenbrauen.

Nun führte Pfungst ein Experiment aus, um seine Theorie zu testen. Ohne Hans ein Wort zu sagen, senkte er die Augenbrauen – sofort begann Hans zu klopfen. Als Pfungst die Augenbrauen hob, hörte Hans auf. Pfungst hatte das Geheimnis des klugen Pferdes gelüftet!
Die Moral der Geschichte vom klugen Pferd Hans ist, dass die Dinge nicht das sind, was sie scheinen. Mag ein Ereignis auch noch so offensichtlich sein, ganz sicher ist man erst, wenn alle anderen Erklärungen ausgeschlossen wurden. Und in diesem Fall gab es eine sehr einfache Erklärung für ein scheinbar komplexes Verhalten. Seit damals gehört die vorsichtige Analyse zu den Eckpfeilern der Verhaltensforschung. (Reid, Pamela: *Excelerated Learning: Explaining How Dogs Learn und How Best to Teach Them*, James and Kenneth Publishers, 1996, S. 13–14)
Wie das kluge Pferd Hans lernen Hunde zu assoziieren. Sie lernen es, bestimmte Dinge aus der „Was-geschieht-wenn?"-Perspektive zu sehen. Daher ist es so wichtig, eine „saubere" Körpersprache zu benutzen. Hunde reagieren auf alles. Was geschieht, wenn Sie die Dose aus dem Schrank holen? *Ich bekomme zu fressen.* Was geschieht, wenn die Türglocke geht? *Jemand steht vor der Tür.* Was geschieht, wenn jemand nach Hause kommt, die Tür zuschlägt und seinen Mantel wütend über den Stuhl wirft? *Ich verstecke mich besser, damit ich nicht angeschrien werde.* Was geschieht, wenn jemand seinen Mantel anzieht, um zur Arbeit zu gehen? *Ich bleibe den ganzen Tag allein.* Was geschieht, wenn jemand nachts seinen Mantel anzieht? *Ich darf zu einem Spaziergang ins Freie.* Hunde unterscheiden sehr deutlich.
Da das Vokabular der Hunde sehr umfangreich ist, kann man sie leicht missverstehen. Wir Menschen neigen dazu, alles aus menschlicher Perspektive zu sehen, daher unterstellen wir unseren Hunden menschliche Eigenschaften. „Er hat auf das Bett gemacht, *weil er wütend auf mich war.*" „*Er war eifersüchtig,* weil ich meinen Freund umarmt habe, also hat er ihn gebissen." Oder: „Er wusste, dass es falsch war, den Mülleimer in der Küche umzuwerfen, *deswegen hat er sich so schuldbewusst verhalten.*"
Manchmal ist die Sprache eines Hundes nicht leicht zu verstehen. Ein Hund, der mit dem Schwanz wedelt, muss nicht freundlich sein. Andererseits weisen gesträubte Nackenhaare nicht unbedingt

darauf hin, dass er beißen wird. Sie müssen alle Komponenten der Körpersprache – Bewegung und Stellung Ohren, Schwanz, Augen und Körperhaltung – in ihrem Gesamtkontext sehen. Es ist nicht möglich, ein einziges Detail herauszunehmen und daraus auf Zustand und Emotion des Hundes zu schließen.
Hunde können innerhalb kürzester Zeit ihren Ausdruck ändern. Je nachdem, was sich in ihrer Umgebung verändert, können sie in einem Moment ängstlich, dann wieder entspannt sein und eine Sekunde später beißen. Daher lohnt es sich, mit seinem Hund eine Hundeschule zu besuchen und dort die subtile Hundesprache von einem Fachmann zu erlernen.

Hunde richtig begrüßen

Es folgen einige Tipps, wie Sie Hunde in alltäglichen Situationen begrüßen, die sie zum ersten Mal treffen oder noch nicht gut kennen.
1. Atmen Sie ruhig und entspannt.
2. Wenn der Hund nicht entspannt ist oder noch nicht gelernt hat, eine Begrüßung zu mögen, sollten Sie sich nicht direkt nähern, sondern schräg von der Seite. Wenn Sie dem Hund nahe sind, blicken Sie lieber zur Seite, statt den Hund direkt anzusehen.
3. Wenn Sie auf einem Spaziergang mit Ihrem Hund anhalten, um einen Menschen zu begrüßen, drehen Sie sich seitlich; dann wird Ihr Hund den anderen als weniger bedrohlich empfinden.
4. Nähern Sie sich nicht dem Hund, sondern lassen Sie ihn kommen. Vermeiden Sie plötzliche Bewegungen.
5. Wenn Sie einen Hund begrüßen, lassen Sie Ihre Hand locker hängen.
6. Wenn Sie sehen, dass der Hund sich nicht mehr bedroht fühlt, können Sie ihn so unter dem Kinn tätscheln, dass er sieht, wohin Ihre Hand geht; fassen Sie nicht über den Körper. Tätscheln Sie ihn vorsichtig seitlich an der Brust oder am Kopf, keinesfalls auf Ohren oder Augen. Fassen Sie niemals über den Körper, um ihn auf dem Kopf oder dem Rücken zu streicheln, ehe Sie den Hund nicht sehr gut kennen und wissen, dass er es mag.

7. Meiden Sie Augenkontakt.
8. Reden Sie in einem monotonen, freundlichen Ton und mit möglichst tiefer Stimme auf ihn ein, weder zu leise noch zu scharf.
9. Manchmal beruhigt ein leises Gähnen den Hund und zeigt ihm, dass Sie keine Bedrohung sind.

Kinder dürfen niemals mit einem Hund allein bleiben, selbst wenn der Hund zur Familie gehört. 75 % der Bisse, die Kinder betreffen, kommen von Hunden aus ihrer näheren Umgebung. Manchmal beschäftigt sich der Hund mit Futter oder einem Spielzeug, wenn ein Kind seinen Individualabstand unterschreitet; er fühlt sich bedroht und kann zur Verteidigung schnappen. Hunde sollten in Ruhe fressen dürfen, doch zur Sicherheit sollten sie lernen, dass alle Familienmitglieder ihren Napf jederzeit berühren dürfen. Außerdem ist es wichtig, dass wir unseren Kindern beibringen, Hunde zu respektieren und sie nicht mit Spielzeugen oder Futter zu ärgern.

Die Rolle des Menschen im Leben des Hundes

Die allgemeine Vorstellung, in jedem Rudel gebe es einen dominanten Leithund, hat dazu geführt, dass viele Hundebücher falsch argumentieren. Hintergrund dieses Konzeptes ist es, dass Sie dem Hund Ihre Autorität vermitteln und die absolute Nummer eins in seinem Leben sein müssen. Wehe ihm, wenn er nicht gehorcht. Die am häufigsten wiederholte Aussage solcher Bücher lautet etwa, dass Sie in jeder Trainingssituation die Oberhand behalten müssen. Diese Formulierung impliziert einen ständigen Wettkampf und damit eine Gewinner-Sieger-Mentalität. Wie können Sie und Ihr Hund ein Team werden, wenn Sie stets und um jeden Preis konkurrieren müssen?
Hunde sind soziale Tiere. Als sie vor rund 100.000 Jahren domestiziert wurden, nahmen die Menschen einen Platz in ihrem sozialen Leben ein und wurden zu Wächtern, Fürsorgern, Beschützern und Führern – dennoch lehne ich die These von einem einzigen Leithund ab. In Ermangelung eines besseren Wortes sollten Sie

den Hund als Familienmitglied ansehen – und sich selbst als Mitglied seiner Familie. Im gewaltfreien Hundetraining, geht es nicht um Wettbewerb und Gewinnen. Es gibt keine Kommandos und keine Drohungen. Stattdessen geben Sie Ihrem Hund Signale und verstärken seine richtigen „Antworten". Dabei lernen Sie voneinander und wie Sie besser zusammenarbeiten.

Nach Dr. Karen Overall glauben viele Verhaltensforscher, dass zwar jedes Mitglied einer Gruppe in seinem eigenen Interesse handelt, sie sich aber dennoch eine gewisse Verantwortung teilen. Es wäre nicht normal für ein Tier, ständig seine Dominanz durch Gewalt zu beweisen. In der Tat führt jede Situation zu einer gemeinschaftlichen Reaktion der Gruppe. In der Wildnis sind solche sozialen Interaktionen wichtig, denn der Erfolg der Gruppe ist nur gesichert, wenn alle zusammenarbeiten. So besitzen Wölfe ein komplexes Kommunikationssystem, das ständige Signale zwischen den Gruppenmitgliedern einschließt. Wir versuchen immer noch, ihre subtilen Signale zu verstehen. Immerhin ist bekannt, dass die absolute Rangordnung nur dann eine Rolle spielt, wenn Katastrophen oder Stresssituationen im Zusammenhang mit der Ernährung eintreten.

Tiere ordnen sich unter, um die Gruppe sicher, stark und gesund zu erhalten. Wenn sich ein Mitglied gegen die Ziele der Gruppe stellt und sich damit anders verhält als die Gruppe, wird es ausgestoßen. Es gibt viele Fälle, in denen ein Rudel ein Tier ausschloss, das versuchte, durch Gewalt zu herrschen. Wolfsrudel haben Tiere verstoßen, die ihre Autorität über Gewalt etablierten, und auch von Affen ist bekannt, dass sie Gruppenmitglieder vertrieben, die durch andauernde Gewaltanwendung hervortraten.

Die Ergebnisse der Verhaltensforschung haben auch zu einem besseren Verständnis von uns selbst und der Welt geführt. Die folgende Geschichte ist ein beeindruckendes Beispiel, wie wir Menschen von der Natur lernen können – in diesem Fall von Gänsen.

Wenn Sie im nächsten Winter Gänse beobachten, die in typischer V-Formation nach Süden ziehen, sollten Sie daran denken, was die Forscher darüber herausgefunden haben. Wenn ein Vogel mit den Flügeln schlägt,

erzeugt er damit auch Auftrieb für den Vogel direkt hinter ihm. Durch die V-Formation können die Gänse 71% weiter fliegen als ein Vogel allein. – Wenn Menschen eine gemeinsame Richtung verfolgen und gemeinsame Ziele haben, kommen sie weiter, weil sie ihre Schubkraft vereinen.
Wenn eine Gans die Formation verlässt, spürt sie sofort den starken Luftwiderstand und setzt alles daran, wieder in die Formation einzuscheren, um vom Auftrieb des Vordermanns zu profitieren. – Wenn wir uns wie Gänse verhalten, werden wir mit denen in Formation bleiben, die ähnliche Ziele verfolgen.
Wird die Gans an der Spitzenposition müde, wechselt sie nach hinten und eine andere Gans übernimmt die Spitze. – Es macht auch für Menschen Sinn, sich bei anstrengenden Jobs abzuwechseln.
Die Gänse in den hinteren Positionen feuern die vorderen mit ihren Rufen an, damit diese die Geschwindigkeit beibehalten. – Was sagen wir, wenn wir von hinten rufen?
Und schließlich, das ist wichtig: Wenn eine Gans krank wird oder sich verletzt (etwa, wenn sie von einem Jäger angeschossen wird), scheren zwei Gänse aus der Formation aus und kümmern sich um sie. Sie bleiben bei ihr, bis sie stirbt oder wieder fit ist. Erst dann brechen sie auf und suchen wieder den Kontakt zu ihrer Formation. – Wenn wir die Einstellung der Gänse hätten, würden wir uns gegenseitig beistehen.

Eltern wissen, wie wichtig es ist, ihre Kinder zu schützen und zu erziehen. Zu den Aufgaben von Eltern gehört mehr, als ihren Kindern Nahrung, ein Dach über dem Kopf und Kleidung zu geben, dazu gehört auch, dass sie Grenzen aufzeigen. Sie müssen von ihren Kindern – und von ihrem Hund – verlangen, dass sie erkennen, welche Auswirkungen ihr Verhalten auf sie hat – das ist das Umfeld, in dem sie Ihre Kinder leiten und beschützen. Ein Kind darf nicht einfach auf der Straße herumlaufen, sich im Supermarkt ausziehen oder einem anderen Kind das Spielzeug wegnehmen. Im Idealfall verhalten sich die Eltern als liebende, gewaltlose Schutzengel; sie bieten Sicherheit und Schutz und sie erziehen ihre Kinder durch ihr Beispiel, Grenzen und Selbstbeschränkung. Genauso sollten Sie auch Ihrem Hund ein liebender, gewaltloser und milder Schutzengel sein.

Wenn Sie Ihren Hund auffordern, „Platz“ zu machen, bevor Sie ihm erlauben, eine Treppe hochzulaufen oder vor die Tür zu rennen, bieten sich täglich gute Trainingsmöglichkeiten. Lassen Sie ihn sich hinsetzen, bevor es Futter gibt. Oder lassen Sie ihn von der Couch springen – dann setzen Sie sich hin und erlauben ihm als Belohnung, neben Ihnen Platz zu nehmen. Wenn Sie solche Verhaltensweisen von Ihrem Hund verlangen und ihn dafür belohnen, zeigen Sie ihm nicht, „wer der Boss ist“, oder zwingen ihn unter Androhung von Gewalt, zu sitzen, sich hinzulegen oder in anderen Dingen zu gehorchen.

Sie sollten sich also fragen, warum Sie Ihrem Hund beibringen, zu sitzen, sich hinzulegen oder auf Zuruf zu kommen. Wegen der Sicherheit? Im Idealfall bringen wir unseren Hunden Kommandos bei, damit wir ihnen und uns in jeder Situation helfen können. Durch das Training „wächst“ der Hund, und das Band zwischen ihm und uns wird stärker, weil es auf Kommunikation und Interaktion basiert. Dank eines synergetischen Effektes gilt dies aber auch für uns selbst: Wir lernen auf eine ganz einzigartige Weise, die anders nicht möglich wäre. Ich habe in der Gemeinschaft mit Hunden so viel über Geduld, Ehrlichkeit, Leidenschaft und Gleichklang gelernt – bezogen auf meine Worte, Taten und Emotionen – wie in jeder anderen Beziehung. Außerdem glaube ich, dass auch meine Hunde auf eine Weise profitiert haben, die ich mir nicht einmal vorstellen kann.

Wenn Sie also wieder einmal hören oder lesen, wie entscheidend es sei, einen Hund durch schiere Dominanz zu beherrschen, erinnern Sie sich an meine Worte. Beklagen Sie sich nicht, sondern erziehen Sie Ihren Hund. Zeigen Sie ihm, dass er Futter, Zuneigung und Freiheit von Ihnen bekommt, und ignorieren Sie ihn, wenn er sich unangemessen verhält. Allerdings sollten Sie auch mit gesundem Menschenverstand vorgehen: Sie dürfen ihn nicht ignorieren, wenn ihm oder der Umwelt daraus ein Schaden erwächst. Erziehen Sie Ihren Hund so, dass er die Folgen seines Verhaltens erkennt. Schaffen Sie ihm ein Umfeld, in dem Sie ihn, sich selbst und die Umgebung anleiten und schützen können.

Dr. Karen Overall, die Direktorin der *Behavior Clinic* der tiermedizinischen Fakultät der Universität von Pennsylvania, fasst den Weg zu einer guten Partnerschaft mit einem Hund folgendermaßen zusammen:

- Verhalten Sie sich respektvoll.
- Vermeiden Sie körperliche Bestrafungen.
- Zeigen Sie dem Hund, dass Sie keine Bedrohung sind.
- Belohnen Sie gutes Verhalten, selbst wenn es spontan gezeigt wird.
- Ärgern Sie sich nicht über kleine Fehler – niemand ist vollkommen.
- Lassen Sie den Hund stets wissen, dass es nur Belohnungen, Zuneigung oder Spielzeuge gibt, wenn er sich zunächst ruhig hinsetzt.
- Handeln Sie nie ohne Grund.
- Reden Sie mit dem Hund. Nennen Sie ihn beim Namen und reden Sie deutlich.
- Verhalten Sie sich verlässlich und vertrauensvoll.

Subtile Formen der Kommunikation

Fast jeder Mensch hatte schon einmal Ahnungen, die sich bewahrheiteten. Sind Sie noch nie von jemandem angerufen worden, den Sie gerade anrufen wollten? Fiel Ihnen dasselbe wie einem anderen ein oder gab es eine plötzliche intuitive Einsicht in die Wünsche eines Tieres? Ich möchte von einer seltsamen Begebenheit erzählen, die mir 1979 zustieß. Ich war mit einem Freund in Indien, als ein völlig Fremder auf uns zukam und ihm mehrere Dinge sagte, von denen er keine Ahnung haben konnte. Der Fremde sagte meinem Freund: „Der Name deiner Freundin ist Sue, sie lebt in Cleveland, Ohio; du bis ein Ingenieur und bist am 2. Januar geboren." Dann erzählte er noch, wie die Mutter meines Freundes heiße, und einige andere Dinge aus seinem Leben, die nicht einmal die meisten seiner Freunde kannten.

Bei einer anderen Gelegenheit erzählte mir ein indischer Weiser: „Deine Mutter hatte kürzlich einen schrecklichen Zusammenbruch und du bist zu ihr gereist, um dich um sie zu kümmern." Er hatte Recht, denn meine Mutter hatte sich scheiden lassen und ich war zu ihr gezogen. Dann sagte er: „Du warst als Kind sehr krank an der Lunge und deine Zwillingsschwester hatte ein Rückenproblem." Beides war richtig. Dann zeichnete er einige Linien auf ein Papier, die wie Eisenbahnschienen aussahen. „Das ist eine Wirbelsäule und hier sitzt ihr Problem." In der Tat hatte sie ein Rückenproblem und der Mann hatte genau den Wirbel bezeichnet, der ihr Schmerzen bereitete. Ich kenne eine weitere Begebenheit mit einem Lehrer, der kein Englisch sprach und plötzlich jedes Wort verstand und sogar auf Englisch antworten konnte.

In diesen Situationen gelangen Menschen an Informationen, die ihnen eigentlich verschlossen sein müssten. Die meisten Menschen würden so jemanden medial begabt nennen, d.h. er besitzt übersinnliche Fähigkeiten. In der östlichen Philosophie nennt man diese Fähigkeit unmittelbares Wissen und versteht darunter die Fähigkeit, anders als üblich (z.B. über eine Quelle) an Informationen zu gelangen. In anderen Worten: Die Information ist einfach vorhanden – gewissermaßen als Download in der persönlichen Realität, ohne Schulung, ohne Bücher oder eine andere Form der Informationsvermittlung. Jeder Mensch ist dazu mehr oder weniger in der Lage.

Der Apollo-14-Astronaut Edgar Mitchell war der sechste Mensch auf dem Mond. Er beschreibt eine Erfahrung im All, die sein Leben veränderte: „Als ich mich dem Planeten näherte, der unsere Heimat genannt wird, war ich plötzlich von tiefster Überzeugung erfüllt, so sicher wie die Lösung einer mathematischen Gleichung. Ich wusste plötzlich ..., dass diese wunderschöne blaue Erde, zu der wir zurückkehrten, ein Teil des Lebens war, harmonisch und ganz; und dass wir alle an einem Universum des Bewusstseins teilhaben." Er sagt weiter: „Ich war davon überzeugt, dass dieser weiße Fleck des menschlichen Bewusstseins zu den nächsten Grenzen gehörte, die wir erforschen sollten, dass es Möglichkeiten enthielt, die wir gerade begonnen hatten uns vorzustellen." (Mitchell, Edgar: *Membership Letter from Institute for Noetic Sciences*, February 1999, Seite 2)

Was mich betrifft, so ist jeder Leser dieses Buches Teil dieser Grenze, von der Mitchell schreibt.

Dr. Michael Fox widmet in seinem Buch *Superdog* ein ganzes Kapitel dem Thema der tierischen Telepathie und extrasensorischen Wahrnehmung. Eine bemerkenswerte Geschichte beschreibt die Reise von zwei Hunden und einer Katze quer durch das Land bis zu einem Ort, den sie niemals zuvor gesehen hatten – nur um wieder zu ihrer dorthin umgezogenen Familie zu gelangen. Wie ist das möglich? Wie kann es Hunden gelingen, unser Kommen und Gehen vorherzusagen und andere ungewöhnliche Leistungen zu vollbringen? Und wie können wir andererseits lernen, die Gedanken unserer Hunde zu lesen? Willkommen in der Welt der unterschwelligen Kommunikation, Intuition und des psychischen Wissens!

Warum versuche ich, Ihnen diese Grundlagen in einem Buch über Hundetraining zu vermitteln? Einerseits, weil es Spaß macht, andererseits würden wir unser Potenzial unterschätzen, wenn wir uns feste Grenzen setzten. Zudem eröffne ich Ihnen damit eines der mächtigsten Werkzeuge, über das ein Hundetrainer verfügt: Still zu sein und zuzuhören. Wenn Sie mit Ihren Gedanken einen Kilometer pro Minute unterwegs sind, dann sind Sie dermaßen beschäftigt, dass Sie nicht mitbekommen, was direkt vor Ihnen geschieht. Nur wenn Sie sich auf den Punkt konzentrieren und Ihr Geist zur Ruhe kommt, öffnen sich die Tore der Kommunikation.

Wenn Sie sich dazu entschließen, diese Dinge zu akzeptieren, und Ihrem Hund beispielsweise telepathisch mitteilen möchten, er solle sich setzen, können Sie die unten folgende Methode benutzen. Zum Mindesten schärfen Sie damit Ihre bewusste Intuition als ein Mittel, Ihren Hund sicher und gesund zu halten. Ich gehe davon aus, dass Hunde weder zu unserem Vergnügen da sind, noch um uns zu dienen. Vielleicht sollten wir ihnen dienen. Wenn wir einen Hund aufziehen und ihn zu dem machen, was er ist, erweisen wir uns als menschlich. Darum geht es bei Hunden – Erfahrungen. Setzen Sie sich weder Grenzen bei dem, was Sie mit dem Hund machen können, noch schränken Sie ein, was Ihr Hund leisten kann.

Es gibt mehrere Methoden, um Informationen aufzunehmen und die feineren Aspekte des Bewusstseins zu nutzen. Die östliche

Philosophie schreibt diese Fähigkeit dem Karma zu und sieht darin eine direkte Ursache-Wirkung-Beziehung. Nach anderen Philosophien verdanken wir diese Fähigkeit Gott.

In den 1970er-Jahren in Aspen habe ich in einem Schnellimbiss als Hilfskoch gearbeitet. Ich versuchte zu erraten, was die Menschen wohl bestellen würden. Bevor Sie Ihre Wünsche äußerten, hatte ich bereits die Hamburger auf dem Grill und die Pommes frites und das Hähnchen im Fett. Schließlich war meine Trefferquote ziemlich hoch. Der Kellner brachte die Bestellung und 30 Sekunden später kam das Essen. Es war sehr lustig, die Gesichter der Kellner und Kunden zu beobachten. Manche der Kunden kamen täglich, weil wir unbeschreiblich schnell servierten. Dann allerdings, nach einigen Wochen, lag ich immer häufiger daneben. Ich hatte sechs oder sieben Hamburger auf dem Grill, die niemand essen wollte. Meine Intuition versagte vollständig. Das Problem? Mir war bewusst geworden, wie gut ich war. Sobald mein Ego eingeschaltet wurde, schien ich die Fähigkeit verloren zu haben; es floss keine Information mehr. Daher kommt es notwendig darauf an, das Ego außen vor zu lassen. Spaß ist eine Sache, eine machtvolle Erfahrung eine andere.

Gehen Sie die folgenden Schritte vor den Trainingsstunden durch, dann werden Sie Synergie erreichen. (Sie brauchen übrigens nicht mehr als 90 Sekunden für diese Übung.) Ihre Fähigkeit, mit dem Hund zu kommunizieren, wird sich enorm verbessern.

Die Kommunikationsübung

1. Öffnen Sie Ihr Bewusstsein, schließen Sie die Augen und machen Sie dreimal Zwerchfellatmung (siehe S. 76). Lauschen Sie auf den Klang Ihres Atems.
2. Spannen Sie alle Muskeln Ihres Körpers auf einmal an. Halten Sie diese Spannung für drei Sekunden, entspannen Sie sich dann und lassen Sie Ihren Körper erschlaffen.
3. Machen Sie eine weitere Atemübung.
4. Öffnen Sie Ihre Augen und beobachten Sie. Beobachten Sie sich dabei, wie Sie Ihren Hund beobachten. Stellen Sie sich vor, Sie sind

gleichzeitig Filmschauspieler und Betrachter des Films. „Fühlen" Sie Stimmung, Einstellung und Energieniveau Ihres Hundes. Der Schlüssel zum Erfolg ist die Ruhe des eigenen Geistes, sodass Sie in dieselbe Schwingung wie Ihr Hund kommen. Es ist wichtig, dass Sie Ihre Intuition nutzen, nicht die Intelligenz. Der Vorgang dauert nur Sekunden. Jetzt sind Sie in die Rhythmen der Natur eingeschaltet. Je mehr Sie sich konzentrieren und je stärker Sie auf Ihre Beobachtungsgabe vertrauen, desto besser werden Sie mit Ihrem Hund kommunizieren können.

5. Denken Sie daran, welche Verhaltensweisen Sie gleich mit dem Hund üben werden. Halten Sie die Augen geschlossen und denken Sie jeweils zehn Sekunden daran, was Sie in jeder Übung von Ihrem Hund erwarten. Stellen Sie sich beispielsweise vor, dass er zehn Sekunden lang sitzt, dann zehn Sekunden lang liegt usw. Arbeiten Sie mit Ihrer Vorstellungskraft und konzentrieren Sie Ihren Geist auf jede der gewünschten Verhaltensweisen. Durchströmen Sie jede mit der Kraft Ihres Willens. Tun Sie so, als wäre es real. Je besser es Ihnen gelingt, Realität zu erzeugen, desto schneller wird der Hund lernen.

Die Technik der Vorstellungskraft – das Ergebnis im Geist voraussehen – gleicht jener von Spitzenathleten bei Training und Wettkampf. Die Teilnehmer an meinen Kursen haben mir von erstaunlichen Ergebnissen berichtet, wenn sie sich die Zeit nahmen, diese einfache Übung durchzuführen. Sie sollten schon drei Wochen nach dem Beginn der Übungen einen ersten Fortschritt bemerken. Um die Ergebnisse zu beschleunigen, führen manche Menschen diese Konzentrationsübungen nicht nur unmittelbar vor dem Training, sondern mehrmals am Tag durch, immer dann, wenn sie zufällig daran denken. Je mehr Sie üben, desto besser die Ergebnisse.

Wie Hunde lernen

Es gibt drei Formen des gewaltfreien Trainings:
1. Warten Sie darauf, bis ein Verhalten spontan auftritt, dann lassen Sie den Hund wissen, dass Sie sich maßlos darüber freuen, und belohnen Sie ihn; loben Sie, kraulen Sie ihn hinter dem Ohr und geben Sie ihm einen Leckerbissen.
2. Benutzen Sie einen sichtbaren Auslöser wie Futter, Lieblingsspielzeug oder ein anderes Objekt, um dem Hund eine bestimmte Verhaltensweise zu entlocken; dann folgen wieder Lob und Belohnung.
3. Benutzen Sie einen körperlichen Auslöser; drücken Sie ihn z.B. sanft auf den Boden, damit er sitzt; dann wird er gelobt und belohnt.

Die Trainingsmethoden, die ich hier vorstelle, basieren allein auf den Methoden 1 und 2. In diesem Kapitel lernen Sie, wie leicht es ist, einen Hund genau das tun zu lassen, was Sie möchten. Es kommt nur darauf an, immer gleichförmig und konsequent vorzugehen. Konsequenz bedeutet, dass jeder, der mit dem Hund arbeitet, dieselben Trainingsregeln und Methoden benutzt.

Klassische und operante Konditionierung

Ich kenne die Geschichte einer älteren Frau, die eines Abends nach ihrem Spazierstock griff und ihre beiden Hunde rief. Die beiden rannten aus dem Hof herbei und sahen den Stock. Einer sprang hoch, wedelte mit dem Schwanz und konnte es nicht erwarten, ins Freie zu kommen. Der andere, den sie erst kürzlich aus dem Tierheim geholt hatte, wirkte bekümmert. Seine Ohren lagen flach an, die Schultern waren gesenkt, der Schwanz zwischen die Beine geklemmt. Er leckte seine Lippen, hechelte und urinierte, als die Frau losgehen wollte. „Was ist los, Sparky?“, fragte sie freundlich. „Wir wollen nur spazieren gehen.“
Wir haben einen Stock und zwei unterschiedliche Reaktionen da-

rauf. Für jeden der beiden Hunde hatte dieses Stück Holz eine völlig andere Bedeutung. Warum? Assoziation. Der erste Hund hatte nur angenehme Erfahrungen mit dem Stock gemacht; es geht ins Freie, er besucht seine Freunde, sagt der Nachbarschaft guten Tag. Auch der zweite Hund hatte eine Geschichte. Er hatte bei einer Familie gelebt, die ihn bei jeder Gelegenheit mit einem Stock schlug – meist, wenn er auf den Teppich gemacht hatte. Für diesen Hund bedeutete der Stock Ärger.

In den 1930er-Jahren entdeckte der berühmte Forscher Iwan Pawlow, dass Hunde lernen, den Klang einer Glocke mit Futter zu assoziieren; gleichzeitig mit dem Klang der Glocke sonderten sie Speichel ab. Nach einer Weile speichelten sie auch dann, wenn sie nur die Glocke hörten. Dieser Vorgang wird klassische Konditionierung genannt. Konditionierung bedeutet in diesem Zusammenhang „Lernen".

Bei der klassischen Konditionierung lernt der Hund zu assoziieren. Er lernt, dass auf ein „A" stets ein „B" folgt. Die Ergebnisse sind aber nicht davon abhängig, was er tut. Ganz gleich, wie er auch reagiert, es wird ein bestimmtes Ereignis eintreten. Die Glocke läutet, es gibt Futter und der Speichel fließt. Natürlich gibt es auch in unserem Leben diese Form der Konditionierung. Wenn Sie die Lichter eines Polizeiwagens in Ihrem Rückspiegel sehen, droht Ihnen womöglich ein Strafzettel. Als Folge davon beginnt Ihr Herz zu schlagen und Sie bekommen feuchte Hände, wenn Sie einen Polizeiwagen hinter sich sehen.

Mithilfe der klassischen Konditionierung können Sie zum Beispiel die Wirkung des Klickers beim Training verstärken (ich werde später darauf eingehen), damit wird er so wertvoll wie eine Belohnung. Wenn es Ihnen gelingt, Futter und Lob zu verbinden, steigern Sie den Wert des Lobes. Sagen Sie beispielsweise immer dann „Gut", wenn Sie Ihrem Hund ein Stückchen Fleisch geben. Schließlich wird „Gut" genauso wirkungsvoll wie das Fleisch sein. Wenn der Hund eine Leine sieht, weiß er, dass es auf einen Spaziergang geht. Mit der Zeit lernt er, die Leine als etwas Gutes zu sehen, und wird sich freuen, wenn sie auftaucht. Sein Herz schlägt schneller, Adrenalin fließt durch seine Adern und er beginnt aufgeregt zu toben.

Die operante Konditionierung basiert darauf, dass der Hund lernt, dass eine bestimmte Konsequenz immer mit seiner Handlung verknüpft ist. Jede Verhaltensweise der folgenden Tabelle lernt der Hund über die operante Konditionierung:

Das vorausgehende Zeichen oder Signal	**Das Verhalten (alles, was der Hund tut) in Erwartung von →**	**Die Konsequenz (was der Hund nach dem Verhalten bekommt)**
Ein Laut, etwa das Wort „Sitz", signalisiert →	Setze den Hintern auf den Boden in Erwartung von →	Leckere Belohnung
Eine Klingel signalisiert →	Laufe zum Fußabtreter in Erwartung von →	Ins Freie kommen
Fußtritte auf einer Treppe vor dem Haus signalisieren →	Renne zur Tür und belle in Erwartung von →	Einem Lob
Eine Berührung, wie auf den Pfoten getätschelt zu werden, signalisiert →	Hebe die Pfote zum „Gib Pfötchen" in Erwartung von →	Einem Ball nachjagen dürfen
Auf dem Kopf getätschelt zu werden signalisiert →	Springe auf die Couch in Erwartung von →	Bei Ihnen sein zu dürfen
Ein Duft, wie Hundefutter, signalisiert →	Renne in die Küche und leg dich hin in Erwartung von →	Futter
Geruch von Parfüm signalisiert →	Renne zur Tür und begrüße einen geliebten Menschen in Erwartung von →	Lob und Tätscheln von dem Besucher
Geruch von Drogen signalisiert →	Belle, um die Drogen anzuzeigen, in Erwartung von →	Lob und mehr Futter

Motivation

Das Lernen wird von mehreren Faktoren beeinflusst. Wenn ich von Motivation rede, meine ich einfach, die Hunde lernen ihre Lektionen, weil sie sich etwas davon versprechen. „Zeig ihnen den Profit!" Sie müssen in den Augen Ihres Hundes als der wichtigste Mensch erscheinen; Sie sind der wesentliche Motivator.

Was geschieht, wenn Sie mit dem Training Ihres Hundes beginnen und ein Eichhörnchen flitzt durch Ihren Garten, während Sie gerade „Sitz" sagen? Wo sind die 10.000 €? Alles was den Hund in dieser

Sekunde interessiert, ist das Eichhörnchen. Die 10.000 € sind die Jagd auf das Eichhörnchen. Wenn die Hündin der Nachbarn läufig ist und Ihr Rüde nicht kastriert wurde, wo sind die 10.000 €, wenn Sie „Komm her" rufen? Natürlich bei der Hündin. Eichhörnchen zu jagen, Postboten zu begrüßen, andere Hunde zu treffen und die Straße zu beschnuppern sind mächtige Motivatoren, die Ihren Hund davon ablenken, Ihren Anweisungen zu folgen. In solchen Situationen hat der allmächtige Versorger im Leben des Hundes zunächst einmal Pause. Wenn Sie Ihren Hund dazu bewegen wollen, das zu tun, was Sie wollen, müssen Sie stärker werden als alle Ablenkungen.

Im gewaltfreien Hundetraining kommen sowohl die klassische als auch die operante Konditionierung zum Einsatz. Verstärken Sie den Wert eines Lobes oder der Zuwendung, indem Sie einen Verstärker wie Nahrung damit verknüpfen. Das wäre die **klassische Konditionierung**. Natürlich können Sie Ihre Rolle als Motivator auch steigern, indem Sie eine Umgebung schaffen, in der der Hund zu Ihnen kommen muss, wenn er etwas möchte. Sie kontrollieren Futter, Zuneigung, Spielzeug, soziale Freiheit, Temperatur und alles andere in seinem Universum. Es gibt keine Verhandlungen. Sie sagen: „Ich gebe dir die Welt, dafür musst du aber zuerst etwas leisten." Das wäre **operante Konditionierung**.

Um einen Vergleich aus unserer Welt zu bemühen, denken Sie an einen Spielautomaten, die Lotterie oder ein Pferderennen. Dabei gibt es stets große, gute und durchschnittliche Gewinne. Wer verteilt diese Gewinne? Wer ist der Motivator? Für einen Hund kann ein Stück rohe Leber durchaus einem Gewinn von 10.000 € entsprechen, während ein anderer eher auf ein quietschendes Spielzeug spekuliert.

Normale Gewinne sind Zuneigung, ausgedrückt durch Lob und Tätscheln, Spielen und Spielzeuge, soziale Interaktionen, darunter gemeinsame Fahrten im Auto, Spaziergänge, Treppen steigen, durch Türen gehen oder die Erlaubnis, das Bett oder andere Möbel zu benutzen.

Wie die Belohnung auch aussieht, *Sie* kontrollieren sie. Sie sind der wichtigste Motivator.

Lernen im Kontext

Waren Sie schon einmal in folgender Situation? Jemand kommt auf Sie zu, begrüßt Sie und Sie erinnern sich nicht. Zwar wissen Sie, dass Sie die Person kennen, können aber ihr Gesicht nicht zuordnen. Jeder von uns kennt diese Situation. Sie kennen Leute im Betrieb, aus der Gemeinde oder dem Elternbeirat, doch wenn Sie ihnen auf der Straße oder im Supermarkt begegnen, will Ihnen einfach nicht einfallen, um wen es sich handelt. Das ist Lernen im Kontext. Sie bringen die entsprechende Person mit einem bestimmten Umfeld Ihres Lebens in Verbindung, und plötzlich erscheint sie in einem völlig anderen Umfeld. Das Gleiche passiert auch beim Hundetraining.
Mike hielt seinen Golden Retriever Sunny für den klügsten Hund der Welt und brachte ihm alle möglichen Tricks bei: Sunny konnte sitzen, sich tot stellen, kriechen, Pfötchen geben, sich auf dem Boden wälzen und einen Biskuit auf der Nase balancieren. Beim Fernsehen sah Mike in einer Reklame einen Hund, der eine Kühlschranktür öffnen konnte, eine Bierdose herausholte und sie seinem Herrchen brachte. Mike entschied, dass müsse Sunny auch lernen. Er brachte ihm bei, den Kühlschrank zu öffnen, eine Dose Bier zu holen und ruhig bei ihm zu warten, bis er sie ausgetrunken hatte. Dann brachte Sunny die leere Dose zum Mülleimer.
Es dauerte mehrere Wochen, dann beherrschte Sunny den Trick. Mike konnte es nicht erwarten, bis seine Freunde am nächsten Sonntag zu Besuch kamen, um ein Superbowl-Spiel im Fernsehen zu sehen – Sunny sollte den tollen Trick vorführen. Als sich alle Freunde voller Erwartung versammelt hatten, bat Mike seinen Hund: „Hol mir ein Bier!" Sunny sprang hin und her, wedelte mit dem Schwanz, bellte aufgeregt und machte alles, außer Bier holen. Sie können sich vorstellen, welchen Spott die Freunde über Mike ausgossen. Mike verstand nicht, dass Sunny nicht wusste, was er von ihm erwartete. Er hatte den Trick in einer völlig ablenkungsfreien Umgebung geübt. Mike hatte niemals andere Menschen dabei gehabt. Also sorgte der neue Kontext für eine Blockade durch eine Art „Mauer der Aufregung".

Mikes Erfahrung zeigt das Prinzip des Lernens im Kontext. Wenn Sie einem Hund im leeren Wohnzimmer beibringen, sich zu setzen, wird er sich im Garten nicht daran erinnern, weil dort zu viele Ablenkungen locken. Außerdem ist das Gras, auf das er sich nun setzen soll, ebenfalls ein neuer Faktor, ein neuer Kontext. Denken Sie sich Freunde dazu, andere Tiere, verschiedene Geräusche und viele weitere Ablenkungen – Ihr Hund muss sich erst mit jeder neuen Veränderung beschäftigen. Bauen Sie stets auf den erfolgreichen Übungen auf. Je erfolgreicher Ihr Hund wird, desto eher können Sie ihn auf Ausdauer, Entfernung oder lockende Abweichungen einstellen. Irgendwann wird er lernen, ein Kommando zu „generalisieren" und es zu befolgen, ganz gleich wo und wann Sie es äußern.

Verhalten formen

Ein Verhalten zu formen bedeutet, einen winzigen Schritt nach dem anderen zu belohnen – so lange, bis sich das erwünschte Verhalten eingestellt hat. Dabei gehen Sie nach der Methode der „sukzessiven Annäherung" vor. Jede Belohnung für einen winzigen Fortschritt ist ein Schritt – eine Annäherung an das endgültige Ziel. Belohnen Sie jeglichen Fortschritt, der zum erwünschten Ziel führen könnte. Verwirrt? Abwarten.

Das Verhalten eines Hundes zu formen, gleicht dem beliebten Spiel „Warm und kalt", bei dem eine Person versucht, ein bestimmtes Objekt zu identifizieren, das die anderen festgelegt haben. Er geht durch den Raum, während die anderen z.B. sagen: „Wärmer" oder „Jetzt wird es wieder kälter", bis der Suchende schließlich sein Ziel erreicht hat: „Heiß!" Genauso geht es mit Hunden. Jedes Mal, wenn ein Hund in etwa das tut, was Sie von ihm erwarten, bekommt er Lob und eine Belohnung. Entfernt er sich von diesem Verhalten, wird er ignoriert – das entspricht etwa dem „Es wird kälter" im Spiel. Wenn der Hund schließlich genau das Richtige getan hat, bekommt er den Jackpot, Gewinne im Wert von mehreren 10.000 €.

Mit dieser Methode können Sie praktisch jedes Verhalten formen, vom Wedeln des Schwanzes in verschiedenen Geschwindigkeiten, dreimal hintereinander niesen oder mit dem Kopf nicken oder ihn schütteln. Jede dieser Verhaltensweisen wird Schritt für Schritt geformt.

Ich gebe Ihnen ein weiteres Beispiel: Wenn Sie Ihrem Hund beibringen möchten, sich aufzusetzen und „Bitte" zu machen, belohnen Sie zunächst, wenn er sich setzt. Halten Sie dann die Belohnung etwas höher und belohnen Sie ihn, wenn er sich streckt oder etwas anhebt. Die nächste Belohnung kommt, wenn der Hund eine Pfote hebt, dann, wenn er beide anhebt, und das Ziel ist erreicht, wenn er die perfekt ausbalancierte Pose zeigt.

Im gewaltfreien Training gibt es drei Methoden, das Verhalten zu formen: positive Verstärkung, negative Verstärkung und negative Bestrafung. In wissenschaftlicher Hinsicht bedeutet eine Verstärkung – positiv bzw. negativ –, die Wahrscheinlichkeit einer Verhaltensäußerung entweder zu erhöhen oder zu vermindern. Damit Sie den Hintergrund dieser drei Methoden besser verstehen, möchte ich jede von ihnen kurz erläutern und durch ein Beispiel verdeutlichen. In der gewaltfreien Erziehung wird vorwiegend mit der positiven Verstärkung gearbeitet. Gelegentlich wird auch die negative eingesetzt, allerdings nur dann, wenn der Hund dabei weder körperlich noch emotional, noch mental Schaden nimmt.

Positive Verstärkung bedeutet, ein erwünschtes Verhalten zu belohnen. Wenn sich Ihr Hund hinsetzt, belohnen Sie ihn. Wenn Sie ihm jedes Mal einen Leckerbissen geben, wenn er seinen Hintern auf den Boden setzt, dann steigt die Chance, dass er auch sitzen bleibt. Wenn Sie einem Kind für jede Eins 10 € geben, wird es sich sicher anstrengen, um weiterhin gute Noten zu schreiben. Nochmals: positive Verstärkung ist die wichtigste Methode des gewaltfreien Hundetrainings.

Negative Verstärkung bedeutet, dass auf eine unerwünschte Verhaltensweise stets eine negative Erfahrung folgt. Obwohl man diese Methode auch in der gewaltfreien Erziehung anwenden kann, wird sie oft mit abschreckenden Mitteln verknüpft, wie Erschrecken, Schütteln, Kneifen im Ohr und Zerren an der Leine. Wenn Sie eine dieser Strafen benutzen, bedeutet das für den Hund: „Ich tue dir erst dann nicht mehr weh, wenn du den Ball nimmst!" Ein

Beispiel aus unserer Welt ist z.B. der Warnton, wenn Sie den Wagen bei angeschalteten Scheinwerfern verlassen wollen; erst wenn Sie das Licht ausschalten, geht er aus. Eine negative Verstärkung ist auch das wütende Schweigen eines anderen Menschen. Erst wenn Sie sich entschuldigen, wird das quälende Schweigen wieder aufgehoben. Ich werde gelegentlich negative Verstärkungen vorstellen, allerdings nur, wenn sie dem Hund nicht schaden.

Strafe bedeutet, etwas zu unternehmen, um ein bestimmtes Verhalten in der Zukunft zu unterbinden. Die Menschen bestrafen ihre Hunde mit Schlägen, Tritten, Schocks, Schütteln usw., um ihnen Verhaltensweisen wie Springen, an der Leine zerren, Futter stehlen, Knabbern usw. abzugewöhnen. Eine Strafe ist es aber auch, dem Hund etwas Angenehmes wegzunehmen, damit er mit einem bestimmten Verhalten aufhört. Wenn Sie gebissen werden, gehen Sie weg. Wenn Ihr Hund bellt, statt sich hinzusetzen, essen Sie die Belohnung für ihn selbst auf. Eine Entsprechung aus unserer Welt wäre es, wenn Sie Ihrem Kind den Computer oder das Handy wegnehmen, wenn es zu spät nach Hause kommt. Dies wird auch negative Strafe genannt, weil Sie Ihrem Hund *etwas wegnehmen*. In diesem Fall steht negativ also für wegnehmen.

Verhalten schrittweise formen

1. Stellen Sie sich zunächst genau vor, wie das erwünschte Verhalten aussehen soll. Denken Sie daran: Ein Hund weiß nicht, was Sie wollen, er kann es auch nicht herausfinden. Nach Samantha Khury – sie kommuniziert mit Tieren – besteht eine gute Chance sich mitzuteilen, wenn Sie sich ähnlich wie in einem Tagtraum oder in einer Fantasie genau vorstellen, was Sie sehen wollen. Versuchen Sie, das Verhalten so bildlich wie möglich zu realisieren.
2. Erregen Sie die Aufmerksamkeit Ihres Hundes durch einen Ton, eine Bewegung oder einen anderen Anreiz, wie einen Leckerbissen oder ein Lieblingsspielzeug (im Folgenden werde ich weitere Anreize vorstellen).
3. Erweitern Sie das erwünschte Verhalten jeweils schrittweise. Belohnen Sie selbst den kleinsten Fortschritt (Annäherungen), wenn Sie glauben, dass er den Hund dem Endziel näher bringt.

Gehen Sie weder zu schnell noch zu langsam vor. Wenn der Hund das Interesse verliert oder abgelenkt ist, haben Sie zu viel verlangt oder sind zu schnell. Unterbrechen Sie und versuchen Sie es später nochmals.

4. Ein Verhaltenselement – z.B. Sitzen ohne Ablenkung – muss erst vollständig gelernt sein, ehe Sie weitergehen – etwa zum Sitzen mit Ablenkung. Befolgen Sie dabei die Tipps zur Verstärkung (siehe auch S. 103). Erst wenn der Hund ein Verhaltenselement beherrscht, kann er sich anderen zuwenden. Ein Hund hat das Verhalten verinnerlicht und gelernt, wenn er nur noch ab und zu belohnt werden muss und das Verhalten dennoch regelmäßig wiederholt – in mindestens 80% der Fälle. Wenn Ihr Hund verwirrt erscheint, waren Sie wieder zu schnell. Gehen Sie zu dem Punkt zurück, an dem Ihr Hund noch erfolgreich war, und gehen Sie dann schrittweise voran.

Der Wiederholungsfaktor Hunde lernen nur dann erfolgreich, wenn sie ständig wiederholen. Es gibt leider keine Abkürzungen. Je nach Alter, genetischer Disposition, Motivation, Fähigkeit, Lebensstil usw. kann der Wiederholungsfaktor von mehreren hundert bis hin zu zehntausenden von Wiederholungen reichen, die über einen Zeitraum von Monaten bis Jahren durchgeführt werden. Die Verlässlichkeit einer erlernten Verhaltensweise richtet sich auch nach der Zahl der erfolgreichen Wiederholungen in unterschiedlicher Umgebung. Professionelle Trainer halten Hunde im Alter zwischen zwei und vier Jahren für besonders lernfähig und verlässlich. Ein guter Vergleich sind die Mühen, die man aufwenden muss, um einem Kind beizubringen, die Schuhe zuzubinden, mit Messer und Gabel zu essen und sich alleine anzuziehen. Man braucht Zeit und Geduld.

Biorhythmen und Lernkurven

Schon der gesunde Menschenverstand sagt uns, dass auch Hunde gute und schlechte Tage haben. Vielleicht fühlen sie sich an einem Tag emotional oder körperlich schlechter, sind ängstlich, während sie anderntags wieder motiviert sind. Was am Morgen funktioniert, kann am Abend schief gehen. Was in ruhiger Atmosphäre klappt, scheitert in geschäftiger Umgebung. Was ein Hund kann, der sich gut fühlt, ist vergessen, sobald er Verdauungsprobleme hat oder unter Arthritis leidet.

Wie wir Menschen haben auch Hunde Biorhythmen. Sie befinden sich auf einer körperlichen, emotionalen und mentalen Achterbahn: Sie lernen mehr und mehr, dann wieder weniger, dann sogar noch mehr als vorher. An manchen Tagen sitzen sie voller Enthusiasmus da und warten auf unsere Anweisungen, an anderen scheinen sie den Befehl noch nie gehört zu haben. Die Fähigkeit eines wirklich großen Trainers besteht darin, zu erkennen, wann der Hund gerade ein Hoch und wann er ein Tief hat, wann es Zeit wird, das Training zu unterbrechen. Sie müssen ihn nach seinen eigenen Lernmöglichkeiten fordern und unterstützen.

Unter kontrollierten Bedingungen wie in einem Labor oder einem Meereszoo werden die Lernkurven genau erfasst und das Training gezielt darauf abgestimmt, um optimale Ergebnisse zu erreichen. Aber wer hat in einem normalen, geschäftigen Haushalt schon dafür Zeit? Die meisten Menschen gehen davon aus, der Hund werde sich schon irgendwie in den normalen Tagesablauf und unseren Lebensstil einfinden. Das will ich zwar gern zugestehen, aber nicht, wenn Gesundheit und Wohlbefinden des Hundes darunter leiden, d.h. sowohl seine körperliche, als auch die mentale und emotionale Verfassung. Schließlich hängt der Erfolg eines Trainingsprogramms direkt vom Wohlbefinden eines Hundes ab.

Denken Sie daran, dass Hunde in der „Hundezeit“ leben – sie leben nur in der Gegenwart. Sie können ihre Aufmerksamkeit in Bruchteilen einer Sekunde einem anderen Ereignis zuwenden. Während sie jetzt noch vollständig auf Sie fixiert sind, werden sie innerhalb einer Sekunde von etwas abgelenkt, was sie sehen, hören, berühren oder riechen. Wenn Sie dies berücksichtigen und dazu Ihren eigenen Lebensstil, dann sollten Sie die 90 Sekunden investieren, um sich und Ihren Hund körperlich und mental auf das Training vorzubereiten. Führen Sie die Kommunikationsübung durch, die ich auf S. 94 beschrieben habe.

Köder, Bestechung und Belohnung

Ein Köder ist das Versprechen einer Belohnung. Das könnte ein Futterstück sein oder etwas anderes, das Ihren Hund dazu bringt, Ihnen zu gehorchen. Wenn Ihr Hund hungrig ist und Sie ihm ein Stück Pute vor die Nase halten, ist das ein Köder, für den er Ihnen folgt. Quietschspielzeug kann ein Köder sein, eine Futterdose oder das Öffnen der Haustür.

Eine Bestechung ist dagegen eine fehlgeleitete Belohnung. Wenn Sie Ihrem Hund jedes Mal erst ein Stück Pute zeigen müssen, damit er etwas für Sie tut, dann bestechen Sie ihn. Ein Köder ist nur nötig, um ihn aufmerksam zu machen, und nur, wenn es erforderlich ist. Sobald Sie bemerken, dass Ihr Hund die Befehle nur ausführt, wenn Sie ihn mit Futter oder Spielzeug versorgen, dann arbeiten Sie mit Bestechung. Ein motivierter Hund führt das erwünschte Verhalten aus, er muss nicht mehr geködert werden und bekommt nur eine Belohnung.

Eine Belohnung, so wie ich sie in diesem Buch verstehe, dient als positive Verstärkung, als Anerkennung für ein erwünschtes Verhalten. Anders als ein Köder, der den Hund vorher interessieren soll, gibt man ihm die Belohnung erst, wenn er seine Aufgabe erfüllt hat. Sobald er ein Stück Pute bekommt, wenn sein Hinterteil den Boden berührt, belohnen Sie ihn. Bestechen Sie niemals einen Hund! Denken Sie gar nicht erst daran und locken Sie ihn auf andere Weise. Sobald der Hund begriffen hat, dass sein Verhalten etwas Gutes für ihn bedeutet, brauchen Sie es ihm nicht dauernd zu beweisen.

Auch bei Belohnungen gibt es eine Rangordnung. Manche sind groß, manche gut und manche in Ordnung. Damit Ihr Hund motiviert bleibt, vor allem, wenn Sie ihm eine neue Übung oder Verhalten beibringen, sollten Sie eine große Belohnung geben – 10.000 € nach menschlichen Maßstäben. Allerdings gibt es eine wichtige Verhaltensregel: Belohnungen müssen ihren Wert behalten. Wenn Sie ihm dauernd „große" Belohnungen geben, werden sie an Wert verlieren. Außerdem sollten Sie nicht zu viel einer Belohnung auf einmal geben, sonst verliert sie ebenfalls an Wert. Das klassische

Beispiel ist eine Trainerin, die einem Hund ein Steak vorlegen konnte, ohne dass er zubiss – und das ohne negatives Training. Wie? Kurz bevor sie den Trick demonstrierte, gab sie dem Hund reichlich Steak zu fressen. Bei der Demonstration bot sie dem Hund ein Stück an und er ignorierte es. Das Steak hatte so sehr an Wert verloren, dass der Hund nicht mehr interessiert war. Wie dieses Beispiel zeigt, nutzen sich alle Belohnungen, auch Lob, ab und verlieren ihre Wirkung.

Natürlich möchten Sie Ihren Hund gerne regelmäßig loben; aber er sollte dieses Lob auch verdienen. Sobald Sie ihm für nichts ein Lob spenden, kann er beginnen, Sie zu ignorieren. Das Gleiche gilt für Lieblingsspielzeuge. Sie sollten nur als Belohnungen für eine erfolgreiche Übung dienen und nicht ständig verfügbar sein. Damit Belohnungen auch Belohnungen bleiben, müssen sie ihren Wert behalten.

Achten Sie darauf, ihm nur dann 10.000-€-Belohnungen zu geben, wenn Sie gänzlich neue Verhaltensweisen von ihm verlangen oder wenn Sie sein Verhalten formen wollen (siehe S. 101). Natürlich dürfen Sie ab und zu ein bisschen mogeln und Ihrem Hund eine 10.000-€-Belohnung einfach „nur so" geben, weil er ein prachtvolles Tier und Sie ein wunderbarer Mensch sind.

Die 80%-Regel

Ich wuchs zusammen mit zwei Zwillingspärchen auf, insgesamt waren wir fünf Kinder. Als typische Kinder waren wir oft in unseren Zimmern und sprangen auf den Betten herum und machten Spaß, statt ruhig einzuschlafen. Dann riefen meine Eltern von unten: „Wir kommen gleich hoch ..." Dennoch machten wir einfach weiter.

Mein Vater ging schließlich einen Schritt weiter. Er tat so, als wollte er heraufkommen, stellte sich vor die Treppe und trat laut auf die unterste Stufe. Auch das konnte uns nicht schrecken, denn wir wussten, dass diese Drohungen keine Folgen hatten; es waren einfach leere Drohungen. Wir wussten, erst nach neun oder zehn Warnungen waren ernste Konsequenzen von unseren Eltern zu

befürchten. Zum Schluss kam mein Vater wirklich die Treppe hoch. Dann hörten wir auf, krochen unter die Decken und taten so, als schliefen wir; wir hofften, er würde unsere klopfenden Herzen nicht hören.
Hunde lernen genau wie Menschen: Worte sind so lange irrelevant, wie ihnen keine Taten folgen und sie nicht wirklich etwas bedeuten. Die Macht der Worte entsteht aus den Konsequenzen, die mit ihnen verknüpft sind, z.B. eine Belohnung – und da sind wir bei der 80%-Regel. Dabei geht es darum, ein Verhalten als „gelernt" festzusetzen und es dann in Bezug auf Ausdauer, Abstand und Ablenkungen zu trainieren.
Während der Lektionen im zweiten Teil des Buches sollten Sie die 80%-Regel beachten: Wenn Sie zu 80% sicher sind, dass Ihr Hund macht, was Sie ihm sagen, dann dürfen Sie zur nächsten Stufe übergehen. Dabei liegt die Entscheidung, ob Ihr Hund bereit ist, mehr zu lernen, in Ihrem Ermessen. Sie kennen Ihren Hund besser als jeder andere. Diese Faustregel dient vor allem einem Zweck: Wenn Ihr Hund in acht von zehn Fällen in allen Situationen macht, was Sie ihm sagen, dann können Sie weitergehen.
Manche Verhaltensweisen, wie sitzen oder liegen, müssen erst beherrscht werden, ehe Sie ihnen einen Befehl zuordnen. Sie sollten erst dann das Kommando „Sitz" gebrauchen, wenn Sie sicher sind, dass sich Ihr Hund auch setzt. In den Vorstufen des Lernvorgangs gebrauchen Sie Handbewegungen, Klicker, Köder und Belohnungen. Wann also sollten Sie zu ihm „Sitz" sagen? Wenn der Hund sich in acht von zehn Fällen wirklich hinsetzt, dann sagen Sie unmittelbar vor der Handbewegung „Sitz". Jetzt beginnt Ihr Hund zu lernen, die Bewegung – Hinterteil auf den Boden – mit dem Wort zu assoziieren.
Bei anderen Verhaltensweisen dürfen Sie das Kommando sofort sagen, wenn Sie zu 80% sicher sind, dass der Hund positiv reagiert. Das gilt beispielsweise für „Bleib", auf Zuruf kommen, „Geh an deinen Platz" oder wenn Sie Ihren Hund bitten, einen Stock (*Target Stick*) oder Ihre Hand zu berühren. In solchen Fällen findet ein Hund sehr schnell heraus, was Sie von ihm verlangen, denn er folgt einfach der Belohnung. Wenn Sie einen Stock in der Hand

halten und der Hund aufmerksam ist, dürfen Sie ein Kommando sofort benennen. Stellen Sie sich vor, Sie möchten, dass Ihr Hund bleibt, dann halten Sie ihn mit der Hand vorsichtig zurück und die Belohnung folgt sofort; der Hund ist sofort erfolgreich. Das Gleiche gilt für „Geh an deinen Platz". Der Hund folgt der Belohnung zum Platz, d.h. er führt das Kommando unmittelbar aus.
Denken Sie aber daran, neue Kommandos nur in ruhiger Umgebung zu trainieren; außerdem müssen Sie die volle Aufmerksamkeit des Hundes haben. Hier kommt wieder der 10.000-€-Köder ins Spiel. Sie dürfen nur dann „Bleib" sagen, wenn Sie zu 80% sicher sind, dass Ihr Hund auch wirklich gehorcht. Der Schlüssel heißt Motivation. Sie können nicht sagen „Bleib", „Komm" oder „Geh an deinen Platz", wenn die Umgebung zu stark ablenkt. Nach der 80%-Regel wäre es völlig sinnlos, Ihrem Hund „Komm" zuzurufen, wenn er durch ein Eichhörnchen abgelenkt ist – Sie wissen, er wird nicht kommen. Verwenden Sie einen Befehl nur dann, wenn Sie zu 80% sicher sind, dass der Hund reagiert. Innerhalb des Hauses ist es relativ sicher, dass ein Hund auf Zuruf kommt, das Eichhörnchen im Freien ist eine ganz andere Geschichte. Gehen Sie bei jedem Befehl langsam vor, damit Ihr Hund immer verlässlicher reagiert; arbeiten Sie jeweils nur an einer der drei wesentlichen Komponenten eines neuen Verhaltens (Ausdauer, Abstand und Ablenkung; siehe S. 111).
Es gibt niemals eine 100%ige Erfolgsquote. Faktoren wie Krankheit, Verletzungen, Stress, Alter, Ziel des Trainings usw. beeinflussen die Zuverlässigkeit Ihres Hundes. Solange Ihr Hund zu 80% auf Ihre Befehle reagiert, sollten Sie sein Verhalten als „verlässlich" definieren. Sollte er sogar in 90% aller Fälle gehorchen, und das unter verschiedenen Umständen, darf er als sehr verlässlich gelten.

Erst das Verhalten, dann das Kommando lehren

Ich weiß, dass die nun folgende Methode unter Fachleuten der angewandten Verhaltensforschung als nicht ganz sauber gilt, aber nach meiner Erfahrung wird das Training damit für viele Hundeenthusiasten leichter.

Wie bereits erwähnt, kann man manche Verhaltensweisen unmittelbar benennen, andere dagegen erst, wenn sie erfolgreich ausgeführt werden. Sagen Sie nicht eher „Sitz“, bis das Verhalten erlernt ist und Sie sicher sein dürfen, dass Ihr Hund sich in 80% der Fälle wirklich hinsetzen wird. Es folgen nun die Schritte zum Benennen eines Verhaltens am Beispiel von „Sitz“ (die genaue Vorgehensweise wird auf S. 153 im zweiten Teil des Buches vorgestellt).

1. Beginnen Sie in einer Umgebung ohne Ablenkungen. Benutzen Sie einen 10.000-€-Köder und machen Sie das Handzeichen für „Sitz“.
2. Nach mehrfacher Wiederholung und wenn Sie sicher sind, dass Ihr Hund in 80% der Fälle auf das Handzeichen reagiert, nehmen Sie etwas Futter in die andere Hand. Jetzt machen Sie das Handzeichen, klicken, wenn Ihr Hund sitzt, und belohnen ihn aus der anderen Hand für die erfolgreiche Wiederholung. (Wie in dem Abschnitt über Köder, Bestechung und Belohnung ausgeführt, benutzen Sie das Futter nun als Belohnung; es ist kein Köder mehr.)
3. Sobald Sie zu 80% sicher sind, dass der Hund sich nach dem Handzeichen auch ohne Futter setzen wird, dürfen Sie das Verhalten mit „Sitz“ benennen – unmittelbar vor dem Handzeichen. Dann wiederholen Sie es tausendmal (oder wie viel auch immer) und belohnen jeden erfolgreichen Versuch.
4. Wenn Sie zu 80% sicher sind, dass Ihr Hund macht, was Sie von ihm erwarten, geht es darum, Ausdauer, Abstand und Ablenkung zu trainieren (siehe nächster Abschnitt).

Die 80%-Regel *Wenn Ihr Hund ein erwünschtes Verhalten in acht von zehn Fällen zeigt, dann ist er bereit für eine neue Herausforderung. Verlangen Sie niemals etwas von ihm, wenn Sie nicht zu 80% sicher sind, dass er es auch in jeder Situation befolgt.*

Für viele Verhaltensweisen ist die nachfolgende Benennung deswegen so wichtig, weil Sie damit Ihren Worten mehr Macht verleihen. Darüber sind viele Hundehalter verblüfft. Sie benutzen immer wieder das Wort „Sitz“, ohne je einen Erfolg zu sehen. Ihre Worte üben keine Macht aus. Wie bei meinen Eltern, die mich und meine

Geschwister anbrüllten, haben die als Signale gebrauchten Worte für den Hund keinerlei Bedeutung. Andere Halter machen den Fehler, den Befehl erst zu geben, *nachdem* der Hund das erwünschte Verhalten ausgeführt hat. „Sitz" sollte das Signal für den Hund sein, sich hinzusetzen – er sollte das Wort nicht mit etwas verbinden, nachdem er sich gesetzt hat.

Ein anderes klassisches Beispiel für ein irrelevantes und nicht motiviertes Training ist es, „Komm" zu rufen, wenn der Hund hinter einem Eichhörnchen herrennt. Wenn Sie zu oft „Komm" rufen, während Ihr Hund wegläuft, könnte er glauben, „Komm" bedeutet wegzulaufen; immerhin bekommt er dieses Wort immer genau dann zu hören. Damit Ihre Worte eine Bedeutung bekommen, dürfen Sie sich nur äußern, wenn Sie sicher sind, dass Ihr Hund zu 80% positiv reagiert.

Ausdauer, Abstand und Ablenkung

Sobald Ihr Hund ein grundlegendes Verhalten wie „Sitz" unter ruhigen Bedingungen gelernt hat und zu 80% richtig reagiert, wird es Zeit, zu den nächsten Ebenen vorzudringen. Es wird Zeit für die drei Faktoren Ausdauer, Abstand und Ablenkung.

1. Trainieren Sie Ausdauer, indem Sie Ihren Hund immer länger und länger sitzen lassen.
2. Dann folgt der Abstand, indem Sie den Befehl aus immer größerer Entfernung geben.
3. Schließlich kommen Ablenkungen hinzu, etwa indem Sie mit Ihrem Hund ins Freie gehen, dann mit Menschen oder anderen Hunden in der Nähe usw.

Beginnen Sie stets mit der Ausdauer, dann erst folgen die beiden anderen Faktoren, jeder für sich. Wenn Sie Ihren Hund immer länger sitzen lassen, dürfen Sie nicht gleichzeitig den Abstand vergrößern und weggehen. Ausdauer ist eine Sache, Abstand eine andere. Wenn Sie mit dem Hund am Abstand arbeiten und dabei weggehen, dürfen Sie nicht gleichzeitig von ihm verlangen, lange sitzen zu bleiben.

Das Gleiche gilt für komplexe Verhaltensabläufe, wie z.B. eine Colabüchse aus dem Kühlschrank holen: Bringen Sie ihrem Hund jedes Teilverhalten einzeln und in ablenkungsfreier Umgebung bei. Sobald er das gesamte Verhaltenspaket erlernt hat, wird es mit mehr und mehr Ablenkungen wiederholt, für kürzere oder längere Zeiten und über größere Entfernungen.
Immer wenn Sie während des Trainings einen neuen Faktor hinzufügen – sei es die Dauer, über die ein Verhalten ausgeführt wird, der Abstand von Ihnen oder diverse Ablenkungen –, üben Sie jeden Faktor einzeln, einen nach dem anderen.
In den Lektionen im zweiten Teil des Buches werden die meisten Verhaltensweisen in vier Stufen gelehrt. Jede beginnt auf der Anfänger-Stufe. Danach fügen Sie Ausdauer, Abstand und Ablenkung hinzu. Je nach Fortschritt des Hundes gehen Sie auf Stufe 2, dann 3 usw. über.

Verstärkungspläne

Professionelle Trainer und Verhaltensforscher benutzen Tabellen, aus denen ersichtlich ist, wann und wie oft ein Hund belohnt wird. Diese Verstärkungspläne können recht komplex sein – dennoch werden sie genau befolgt. In diesem Buch werden nur einige allgemeine Anwendungstipps gegeben, die am besten in einem dreistufigen Prozess erfolgen:
Schritt 1: Kontinuierliche Verstärkung Wenn Sie mit dem Training beginnen, sollten Sie Ihren Hund zunächst jedes Mal belohnen, wenn er auf ein Signal reagiert, z.B. *er sitzt*, Belohnung, *er sitzt*, Belohnung usw. Für ein einfaches Verhalten, ohne dass Ablenkungen vorhanden sind, brauchen Sie ein paar hundert Wiederholungen über mehrere Tage oder Wochen, dann sollte Ihr Hund begriffen haben, worum es geht. Gehen Sie jedes Mal nach diesem Plan vor, wenn Sie einen neuen Faktor (Ausdauer, Abstand, Ablenkung) einführen.
Schritt 2: Variable Verstärkung Im nächsten Stadium des Trainings wird der Hund nicht jedes Mal, sondern zu bestimmten Zeitpunkten belohnt, etwa nach jedem zweiten, dritten oder vierten Mal,

wenn er erfolgreich reagiert (*er sitzt, er sitzt,* Belohnung – oder *er sitzt, er sitzt, er sitzt,* Belohnung) oder nach zwei, drei oder mehr unterschiedlichen Verhaltensweisen, z.B. *er sitzt, er macht Platz, er sitzt,* Belohnung usw.

Schritt 3: Unterbrochene oder zufällige Verstärkung Nach diesem Muster wird der Hund nur noch in unterschiedlichen Abständen belohnt, wie bei einem Glücksspiel. Wenn der Hund begriffen hat, dass er früher oder später eine Belohnung erwarten darf, bleibt er motiviert.

Wenn Sie diese Schritte befolgen, werden Sie schließlich Ihr Ziel erreichen – einen Hund, der ein zuverlässiges Verhalten zeigt. Einen guten Trainer erkennt man daran, dass er weiß, wann er von einem ins nächste Verstärkungsmuster wechseln muss. Manche Hunde lernen schneller als andere; wenn Sie zu langsam fortschreiten, wird er sich langweilen. Andere Hunde brauchen länger, bis sie begriffen haben; wenn Sie dort zu schnell vorgehen, wird der Hund gestresst und Sie müssen wieder von vorne anfangen. Der Trick besteht darin, die Verstärkungspläne so zu nutzen, dass Ihr Hund gleichzeitig beansprucht und doch nicht überfordert wird. Alles hängt davon ab, wie der individuelle Hund geartet ist, welches Verhalten Sie ihn lehren, welche Belohnungen Sie benutzen und schließlich, wie geschickt Sie sind.

Ich würde Ihnen vorschlagen, an einem Hundekurs teilzunehmen, der nicht nur nach gewaltfreien Methoden vorgeht, sondern auch nach den am besten geeigneten Verstärkungsplänen. Ich hoffe, Sie werden einen Trainer finden, der Ihnen verständlich machen kann, wie die Methode funktioniert. Das Ganze gleicht dem Lernen eines Musikinstruments. Sie werden zwar lernen, wie man die Musik vom Blatt spielt, aber erst wenn Sie einem guten Musiker zugehört haben, wissen Sie, wie die Musik klingen muss. Außerdem sind visuell Lernende, so wie ich, davon abhängig, jemandem zuzusehen, bis sie es begriffen haben und an ihren eigenen Fähigkeiten feilen können. Daher empfehle ich Ihnen neben der Fachliteratur auch Videos (siehe S. 210).

Denken Sie daran: Timing ist alles beim Hundetraining. Einem guten Trainer bei der Arbeit zuzusehen ist dessen Gewicht in Quietschspielzeugen wert.

Marker: Klicker, Pfeifen und Worte

Hunde verfügen nur über ein enges Zeitfenster, in dem sie ihr Handeln mit einer Konsequenz verknüpfen können – entweder mit einer Belohnung oder einer Bestrafung. Stellen Sie sich vor, Sie bringen Ihrem Hund „Sitz" bei. Sobald sein Hinterteil den Boden berührt, haben Sie höchstens eine Sekunde Zeit, um ihm klar zu machen, „genau so, das wollte ich von dir sehen". Wenn Sie demnach sicher sein möchten, dass er begreift, was Sie wollen, belohnnen Sie ihn am besten in dem Augenblick, wenn er sitzt. Wenn Sie den Raum betreten, in dem sich Ihr Hund vor fünf Sekunden erleichtert hat, hat es keinen Zweck mehr, ihn auszuschimpfen. Wenn Sie dann erst zu schreien beginnen, kann er sein Urinieren nicht mehr damit assoziieren. Er wird das Geschrei mit genau dem Verhalten in Verbindung bringen, das er in diesem Augenblick zeigt – nämlich ruhig auf dem Boden zu liegen (zu Problemen mit Hunden, die sich erleichtern, siehe S. 198).
Wie also erreichen Sie eine derartig kurze Reaktionsgeschwindigkeit, um Ihren Hund zu belohnen, wenn er sich setzt? Wie dringen Sie mit dieser Information so schnell zu Ihrem Hund durch? Es ist kaum möglich, ihm innerhalb von Sekundenbruchteilen ein Futterstückchen zu geben. Also müssen wir auf die Methode zurückgreifen, die schon der berühmte Physiologe Pawlow benutzt hat: Verwandeln Sie einen Ton in eine Belohnung. Es ist viel einfacher, einen Ton als Belohnung zu nutzen als ein Futterstückchen. In den Augen eines Hundes kann ein Ton eine ebenso gute Belohnung sein wie ein Leckerbissen.
Die Methode der Wahl ist ein so genannter Klicker. Dieses kleine Gerät erzeugt einen gut hörbaren Ton; es wird von vielen Hundetrainern geschätzt, weil man damit ein Verhalten unmittelbar „markieren" kann. Der Hund lernt, für das Klicken zu arbeiten, genauso als wäre er durch Futter motiviert. Diese kleinen Geräte sind aus

Plastik und etwa so groß wie eine Streichholzschachtel. Damit können Sie dem Hund sehr rasch eine Information übermitteln. Vergessen Sie nicht, Sie sollten Ihren Hund möglichst in genau der Sekunde belohnen, da er das erwünschte Verhalten gezeigt hat – er muss erfahren, dass er das Richtige getan hat. Ein lobendes Wort ist nur selten schnell genug und so präzise wie der Klicker. Ein Klicker ist schnell, genau und kann das Verhalten des Hundes als „Gut" markieren, als etwas, das Sie gerne nochmal sehen würden.

In seinem Buch *Clicker Training for Obedience* erklärt Morgan Spector: „Es ist eine feststehende Regel, dass Sie mit jedem Klick dem Hund symbolisieren, dass er getan hat, was Sie wollten, und dass das Verhalten abgeschlossen ist. Weiterhin ist es eine Regel, dass der Hund weiß, nach dem Klick kann er aufhören und darf mit einer Belohnung rechnen" (Spector, Morgan: *Clicker Training for Obedience,* Sunshine Books 1999, S. 13). Schließlich verzichten Sie auf den Klicker und verwenden nur noch das Wort „Okay" oder „Braver Hund", um das Ende der Übung zu markieren und den Hund freizugeben.

So wird der Klicker benutzt

Zunächst hat der Klicker keinerlei Wert für Ihren Hund. Er ist neutral. Um ihm einen Wert zu verleihen, gehen Sie folgendermaßen vor: Nehmen Sie den Klicker in die Hand, klicken Sie und werfen Sie dem Hund unmittelbar danach einen Leckerbissen zu. Wiederholen Sie Klicken und Belohnen etwa 10 bis 15 Mal hintereinander; halten Sie zwei oder drei Lektionen pro Tag ab. Ihr Hund hat den Zusammenhang begriffen, wenn er sich nach dem Klickgeräusch umschaut und auf die Belohnung wartet. Jetzt hat der Klicker eine Bedeutung für ihn; er kann benutzt werden, um ein bestimmtes erwünschtes Verhalten zu „markieren". Wenn Sie Ihrem Hund beibringen möchten, sich hinzusetzen, halten Sie Ihre Hand kurz über seinen Kopf. Sobald das Hinterteil den Boden berührt, klicken Sie und geben ihm kurz darauf eine Belohnung.

Wenn Ihr Hund sensibel auf Töne reagiert oder leicht scheut, sollten Sie ihn auf den Klicker vorbereiten. Hier einige Tipps:

- Wählen Sie das absolute Lieblingsfutter als Belohnung aus, die mit dem Klicker assoziiert wird.
- Dämpfen Sie den Ton des Klickers, indem Sie ihn in der Tasche oder unter einem Handtuch auslösen, oder halten Sie etwas Abstand.
- Statt zwei Klicklaute zu erzeugen – Druck und Loslassen –, halten Sie die Lasche gedrückt. Beim nächsten Mal, wenn Ihr Hund das erwünschte Verhalten zeigt, lassen Sie die Lasche wieder los.
- Sobald der Klicklaut ertönt, werfen Sie dem Hund die Belohnung zu; oder arbeiten Sie mit jemandem zusammen, der ihm sofort die Belohnung gibt.
- Wiederholen Sie Klicken und Belohnung drei bis fünf Mal, dann hören Sie auf. Denken Sie daran, ihm die Belohnung innerhalb von Sekundenbruchteilen *nach* dem Klicken zu geben.
- Verhalten Sie sich fröhlich und gelöst.
- Kommen Sie Ihrem Hund erst nach und nach näher. Das kann bei sehr empfindlichen Tieren mehrere Tage dauern.
- Sobald der Hund das gedämpfte Klicken mit der Belohnung assoziiert, können Sie einen gedämpften Doppelklick wagen. Dann gehen Sie zu einem ungedämpften Klicken über.

Die Trainer in Meeresaquarien arbeiten mit Trillerpfeifen als „Marker", wenn Sie Delfine und Wale trainieren. Bei Ihnen funktioniert der Klicker nicht, denn sie müssen beide Hände für Zeichen frei haben. Eine Pfeife funktioniert zwar auch bei Hunden, ich bevorzuge jedoch den Klicker, weil man mit der Pfeife im Mund seinen Hund nicht verbal loben kann.

Bei tauben Hunden kann man mit dem Licht eines Blitzlichtes, eines Laserpointers oder dem Raumlicht arbeiten. Manche Ausbilder benutzen auch andere Signale, wie eine Berührung des Hundes oder ein Handsignal.

Wenn Sie keinen Klicker besitzen, können Sie auch Worte als Marker einsetzen. Sagen Sie beispielsweise jedes Mal „Braver Hund", wenn er sich hinsetzt, und er wird es begreifen. Allerdings sind Klicker zuverlässiger als Worte, denn:

1. Sie sind anders und neu für Hund und Mensch,

2. sie sind schneller, denn man kann „guter“ nicht so schnell sagen wie klicken, und
3. ein Klicker kann benutzt werden, um Aufmerksamkeit zu erregen.

Es gibt eine bestimmte Art von Reizen, die den Hund auf etwas Gutes oder Schlechtes vorbereitet. Wenn Sie beispielsweise eine Dose Hundefutter öffnen, weiß er, dass er Futter bekommt. Wenn Sie nach der Leine greifen, weiß er, es geht auf einen Spaziergang. Wie diese Beispiele für positive Erwartung kann auch der Griff nach dem Klicker bedeuten, dass Spaß auf ihn wartet. Es ist, als legten Sie im Kopf des Hundes einen Schalter um, und er ist bereit für die Arbeit. Er wird den Klicker sofort erkennen und sich sagen: „Toll, gleich kommt irgend etwas Gutes.“ Dieses Konzept ist sehr wichtig, denn ein Hund ist keineswegs dauernd „eingeschaltet“. Wenn Sie für Aufmerksamkeit sorgen, legen Sie den Schalter im Kopf des Hundes um, der ihn auf Sie einstimmt.
Denken Sie daran: Immer sofort klicken, wenn der Hund ein erwünschtes Verhalten gezeigt hat, und ihn danach belohnen. Andernfalls wird er Klicken und Belohnung nicht mit dem Verhalten assoziieren.

Marker für „Keine Belohnung“

Der Hundeexperte Gary Wilkes hat ein Trainingswerkzeug bekannt gemacht, das er Keine-Belohnung-Marker nennt. Genau wie ein Klicker, eine Pfeife oder das Wort „Braver Hund“ dem Tier zeigen, dass es korrekt reagiert hat, können Sie dem Hund auch klar machen, dass er nicht richtig reagiert hat. Das geht mit Worten, wie „Nein, nein“ oder „Oh je“. Stellen Sie sich vor, Sie sagen dem Hund er solle sich setzen. Sie geben ihm zwei Sekunden. Wenn er nicht reagiert, sagen Sie „Nein, nein“ und nehmen ihm damit die Chance auf eine Belohnung. Oder Sie sagen „Bleib“. Geht er weg, sagen Sie „Nein, nein“ und drehen sich zur Seite.
Hier passieren zwei Dinge:
1. Wenn Ihr Hund nicht tut, was er soll, sind sie zu weit und zu schnell vorgegangen. Daher müssen Sie zurückgehen und weiter vorn mit den Übungen anfangen, aber ...

2. ... er weiß auch, dass er die Möglichkeit hat, eine Belohnung zu bekommen: Er kennt den Klicker als Marker für eine Belohnung und er lernt gleichzeitig, was er nicht tun sollte.

Verwendung von Targets

Jedes Objekt, jeder Ton kann als Target benutzt werden, auf das sich der Hund konzentriert und mit dem er interagiert. Hier zwei Beispiele: Stellen Sie sich vor, Sie sind bei einem Hochzeitsempfang. Wenn man Sie bittet, neben dem Kuchen für ein Foto zu posieren, ist der Kuchen ein Ziel – ein Objekt, das eine bestimmte Position markiert. Vielleicht haben Sie auch schon einmal im Fernsehen gesehen, dass ein Showgast nach dem Kreuz auf dem Boden sucht, auf das er sich stellen muss – an dieser Stelle bietet er den Kameras die beste Sicht. Das Kreuz ist sein Target.

Wie Sie in den Lektionen in Teil II des Buches lernen werden, müssen Sie bei einigen Übungen Ihrem Hund zunächst beibringen, Ihre Hand mit der Nase zu berühren. In diesen Fällen ist Ihre Hand das Target. Statt der Hand können Sie auch einen Stock (*Target Stick*), ein Spielzeug, Lichtschalter und alles andere benutzen, was Ihr Hund mit seiner Nase oder Pfote berühren kann. Die Tiere in Meereszoos benutzen große Bälle und Spielzeuge, auch verschiedene Tafeln in unterschiedlicher Größe und Form als Targets.

Wenn Sie einem Tier beibringen, ein Target zu berühren – mit der Pfote oder einem anderen Körperteil –, können Sie ihm alles Mögliche beibringen. Bringen Sie ihm beispielsweise bei, den Zeigefinger Ihrer linken Hand zu berühren. Was geschieht, wenn Sie nun die Hand am Körper fallen lassen und Ihrem Hund sagen, er solle den Finger berühren? Sobald sie gehen, haben Sie Ihrem Hund beigebracht, „Bei Fuß“ zu gehen. Wenn Sie Ihrem Hund beibringen, einen Lichtschalter als Target zu benutzen, kann er das Licht ein- und ausschalten. Wenn Sie das Licht eines Laserpointers oder einen Stock (siehe S. 132) als Target benutzen, können Sie Ihrem Hund beibringen zu sitzen, sich hinzulegen, durch eine Röhre zu kriechen, Leitern zu besteigen oder Türen zu öffnen.

Die Konzentration auf Objekte bietet eine wundervolle Möglichkeit, Ihren Hund zu ködern und ihn an bestimmte Stellen zu locken. Er wird freudig erledigen, was Sie von ihm wünschen. Ich empfehle Ihnen die Videos von Gary Wilkes und Karen Pryor. Das Buch *Clicker Training for Obedience Competition* von Morgan Spector enthält ein Kapitel über Targets. (Siehe auch Target Sticks auf S. 132.)

Die 8 Werkzeuge der Hundeausbildung

Die gewaltfreie, auf Belohnungen basierende Ausbildung sucht den Weg des geringsten Widerstandes. Stellen Sie sich einen sauberen Fluss vor, der in den Rocky Mountains entspringt und langsam bis zum Golf von Mexiko fließt. Diesem Fluss mit einem Kanu zu folgen ist viel einfacher, als flussaufwärts zu paddeln. *Mit* der Strömungsenergie geht es leichter als gegen sie. Denken Sie vor jedem Training an diesen Fluss; er umfließt Steine, die sich ihm in den Weg stellen. Statt gegen die inneren und äußeren Ablenkungen anzukämpfen, die auf Ihren Hund einwirken, umgehen Sie sie einfach und benutzen sie sogar. Bleiben Sie stets auf das Ziel konzentriert. Konzentrieren Sie Ihren Geist und bleiben Sie dennoch flexibel; passen Sie Trainingsmethoden und das Trainingsumfeld an, wenn es die spezifische Situation gerade erfordert.

Die Geburtsstunde des modernen, hundefreundlichen Trainings schlug, als der britische Armeeoffizier Hauptmann E.H. Richardson im Ersten Weltkrieg Militärhunde ausbilden sollte. Die breite Öffentlichkeit nahm diese Techniken allerdings erst wahr, als Karen Pryor sie im *Sea Life Park* von Hawaii einführte – sie war dort Cheftrainerin. Bei ihrer Arbeit mit Meeressäugetieren fand sie heraus, dass eine positive Verstärkung hervorragend funktionierte, um Schwertwale, Delfine und andere Meerestiere zu trainieren.

Im Jahre 1986 stellte sie die wissenschaftlichen Grundlagen ihres Trainings in dem Buch *Don't Shoot the Dog (Positiv bestärken – sanft erziehen)* vor. Darin findet man nicht nur die Werkzeuge, um einen Hund zu trainieren, sondern die Ergebnisse gelten auch für andere Tiere und sogar für Menschen. In ihrem Buch zeigte Pryor nicht nur, wie man das Verhalten eines Hundes ohne Druck und Schmerzen formen kann, sie gibt sogar Hilfen, wie man gegen Alkohol, Drogen, Zigaretten und Fresslust ankämpfen kann, wie man mit launischen Freunden, unmöglichen Teenagern oder alten Eltern umgeht – sogar wie man sein Tennisspiel verbessert.

Die folgenden acht Werkzeuge, die in *Don't Shoot the Dog* vorgestellt werden, helfen einem Laien zu verstehen, warum Menschen und Tiere so reagieren, wie sie reagieren. Später wurden die acht Werkzeuge erweitert, unter anderem durch Terry Ryan, die das exzellente Buch *The Toolbox for Remodeling Problem Behavior* schrieb. Ich habe die acht Werkzeuge von Pryor etwas modifiziert, um sie meinem eigenen Stil anzupassen.

Diese Werkzeuge repräsentieren acht mögliche Wege, wie man das Verhalten eines Hundes verändern kann; d.h. das von ihm zu bekommen, was man gerne *möchte* und das zu unterbinden, was man *nicht möchte.* Aus dieser Perspektive und aus der Sicht des Hundes gibt es nichts, was man als „problematisches Verhalten" bezeichnen könnte. Die meisten Verhaltensweisen, die wir als Problem interpretieren, können mit einem dieser Werkzeuge bzw. einer Kombination daraus gelöst werden. Wenn Sie damit zu arbeiten beginnen, werden sie Ihnen vollkommen zwingend erscheinen und zu Ihrer zweiten Natur werden.

Noch ein Hinweis: Gesundheitsprobleme können das Training beeinflussen. Daher sollten Sie Ihren Hund vor Beginn des Trainings von einem Tierarzt untersuchen lassen.

1. Unerwünschtes Verhalten ignorieren

Dieses Trainingswerkzeug könnte man als *Entzug* bezeichnen. Es basiert auf der Idee, dass ein Hund, der nicht mehr in irgendeiner Art und Weise „bezahlt" wird, mit dem störenden Verhalten auf-

hört. Mit anderen Worten: Wenn ein bestimmtes Verhalten nicht mehr zu einer Belohnung führt, wird es gewöhnlich eingestellt. Sie können sich diesen Weg vorstellen wie einen Feuerlöscher. Wird die Sauerstoffzufuhr unterbrochen, geht das Feuer aus. Was hat Ihr Hund davon, wenn er bellt, herumspringt, knabbert, gräbt oder bettelt? Welche Belohnungen hat er zu erwarten? Immerhin sind Hunde ziemlich clever. In vielen Fällen fühlt er sich bereits belohnt, wenn Sie ihn beachten. Sobald Sie Ihre Aufmerksamkeit von ihm abziehen, hört er gewöhnlich auf. Wenn Sie sein Bellen nicht beachten, fällt der Anreiz weg. Wenn Sie ihm am Tisch keine Leckerbissen mehr zuwerfen, wird er höchstwahrscheinlich mit dem Betteln aufhören, denn er sieht keine Erfolgschance mehr.
Auch das Herumspringen ist ein gutes Beispiel dafür, wie der Entzug wirkt. Meist werden Hunde beachtet, wenn sie springen: Manchmal werden sie gestreichelt, dann wieder angebrüllt. Sobald Sie weder streicheln noch schimpfen, sollte das Springen aufhören. Natürlich gibt es Fälle, in denen der Entzug der Belohnung und die Missachtung den Hund dazu bringen, etwas anderes zu versuchen. Vielleicht wird er aufhören, bei Tisch zu betteln und sich aufs Bellen verlegen. Sollte dies geschehen, müssen Sie die ganze Prozedur nochmals durchlaufen. Am besten funktioniert der Entzug in Verbindung mit dem Werkzeug 2, der positiven Verstärkung.

2. Positive Verstärkung einsetzen

Das ist leicht. Das zweite Werkzeug der Hundeerziehung ist die positive Verstärkung. Nehmen wir das Beispiel aus dem ersten Kapitel: Wenn ich Ihnen 10.000 € dafür bezahle, dass Sie auf einem Stuhl sitzen, werden Sie es vermutlich auch tun. Finden Sie heraus, was Ihr Hund am liebsten mag – Lob, soziale Freiheit, Futter, Spielzeug –, und benutzen Sie diese Belohnung zur Verstärkung.

3. Den Hund „negativ" behandeln

Wie ich bereits mehrfach betont habe, kommt die Philosophie meiner Hundeerziehung ohne Schläge, Verletzungen, Tritte, Schocks, Schütteln, Ohrkneifen oder Schimpfen aus. Was könnte also eine „negative" Behandlung sein? In den Schritt-für-Schritt-Lektionen im zweiten Teil des Buches werden Sie das Magnetspiel kennen lernen (siehe S. 157). Wenn der Hund in diesem Spiel etwas macht, was Ihnen gefällt, kommen Sie ihm nahe, streicheln ihn oder geben ihm einen Leckerbissen. Das Verhalten des Hundes wirkt wie ein Magnet, der Sie – und andere Belohnungen – anzieht. Stellen Sie sich folgende Situation vor: Sie sitzen auf der Couch und sehen einen Film, da kommt Ihr Hund und legt sich hin. In diesem Fall stellt das Hinlegen ein magnetisches Verhalten dar. Sie stehen auf, um ihn zu streicheln, doch wenn Sie fast bei ihm sind, steht er wieder auf. Da Sie ihn für das Hinlegen belohnen wollten, drehen Sie wieder um und setzen sich zurück auf die Couch. Von der Seite des Hundes aus betrachtet, ist Ihr Verhalten negativ, denn er wollte eigentlich bei Ihnen sein. Er wird rasch lernen, dass Sie bei ihm bleiben, wenn er sich hinlegt.

Ein weiteres Beispiel: Mein Hund Molly bellte Fremde an, wenn sie im Wagen saß und auf mich wartete. Um dieses Verhalten zu ändern, bat ich einen Freund um Mithilfe, den Molly aber nicht kannte. Wir näherten uns dem Wagen, und als Molly zu bellen begann, drehten wir uns um und gingen weg. War sie ruhig, kamen wir näher; begann sie zu bellen, drehten wir wieder ab. Molly war verwirrt. Sie wollte, dass sich der Fremde entfernte und dass ich näher kam. Ich benutzte zusätzlich das Werkzeug 2, positive Verstärkung. Wenn sie aufhörte zu bellen, kamen wir näher und ich lobte sie (Belohnung). Wenn sie zu bellen begann, setzte ich Werkzeug 3, negative Behandlung, ein und wir drehten uns sofort ab. Nachdem ich diese Lektion mehrfach wiederholt hatte, begriff Molly. Sie hatte gelernt, dass sie für ihr Schweigen belohnt und für das Bellen negativ behandelt wurde. Von da an wartete sie im Wagen auf mich und bellte nicht mehr. Das ist ein

klassisches Beispiel für das Magnetspiel, das ich auf S. 157 vorstellen werde.
Auch wenn Kauen zum Problem wird, lohnt sich der Versuch mit einer negativen Erfahrung – tränken Sie z.B. die Leine oder ein anderes Objekt mit etwas sehr Bitterem (Bitter-Melone). Wenn das nichts nützt, sollten Sie mit Ihrem Tierarzt sprechen und nach stärkeren Bitterstoffen fragen. Was immer Sie auch als negative Erfahrung benutzen, lassen Sie die Finger von brennender Schärfe wie Tabasco oder Chili.

4. Den Grund für das Verhalten entfernen

Man nennt dieses Werkzeug auch den kausalen Ansatz. Finden Sie heraus, was das Verhalten auslöst, und entfernen Sie es aus der Umgebung des Hundes. Wenn Ihr Hund andere Hunde anbellt, dann verstellen Sie ihm den Blick oder nehmen Sie den anderen Hund weg. Es gibt ein weiteres offensichtliches Beispiel: Wenn Ihr Hund unter einer Klette an seinem Hinterteil leidet, wird er sich nicht setzen wollen. Sobald Sie die die Klette entfernen, wird er sich wieder setzen. Entfernen Sie den lauten Staubsauger und Ihr Hund wird sich nicht länger aus Angst verkriechen. Beseitigen Sie die Langeweile durch Übungen, Training und intelligente Spielzeuge (siehe S. 44) und er wird nicht länger bellen, an den Möbeln kauen oder das Haus zerstören.

5. Das Verhalten ersetzen

Beim Ersatz (Substitution) tauschen Sie ein unerwünschtes durch ein erwünschtes Verhalten aus. Fragen Sie nicht länger: „Wie kann ich meinem Hund nur dies und das abgewöhnen?", sondern: „Was sollte mein Hund in dieser Situation stattdessen tun?" Zum Beispiel: Statt zu fragen: „Wie kann ich meinen Hund dazu bringen, mich nicht anzuspringen, wenn ich durch die Tür komme?", sollten Sie besser fragen: „Wie sollte mein Hund seine Zuneigung zeigen und um Aufmerksamkeit bitten, wenn ich nach Hause komme?" Bringen Sie ihm z.B. bei, sich hinzulegen, wenn Sie durch die

Haustür kommen. Dann widmen Sie sich ihm zwei Minuten lang besonders intensiv, kraulen Sie ihn, kratzen Sie ihn hinter den Ohren usw. Ein anderes Beispiel für eine Substitution wäre ein Tennisball, den Sie einem bellenden Hund zuwerfen. Bringen Sie ihm bei, den Ball im Maul zu behalten. Mit dem Ball im Maul kann er nicht bellen. (Er kann zwar immer noch Krach machen – aber nicht mehr bellen.) Mithilfe der Substitution lenken Sie die Aufmerksamkeit des Hundes ab und bringen ihn dazu, ein neues Verhalten zu zeigen, das ein unerwünschtes Verhalten oder ein unakzeptables Benehmen ersetzt.

6. Gegenkonditionierung einsetzen

Wenden Sie die Assoziation zwischen unerwünschtem Verhalten und einem bestimmten Objekt ins Positive. Mit diesem Werkzeug verändern Sie die Assoziation, d.h. die Art und Weise, wie Ihr Hund eine Situation wahrnimmt. Wenn Ihr Hund den Briefträger, den bärtigen Nachbarn oder den Staubsauger anbellt, mag er diese offenbar nicht leiden oder fühlt sich unwohl. Weitere Abneigungen wären z.B. Föhne, Nagelscheren und Polizeisirenen. In der Gegenkonditionierung bringen Sie Ihrem Hund bei, diese Dinge positiv zu sehen. Es dauert eine Weile, aber die Methode funktioniert bei vielen problematischen Verhaltensweisen. Sobald der Briefträger sichtbar wird, lenken Sie Ihren Hund mit einem Geräusch oder einer Bewegung ab, dann fordern Sie ihn auf, sich zu setzen und belohnen Sie ihn mit einem 10.000-€-Leckerbissen. Wiederholen Sie das immer wieder – so lange, bis der Briefträger in den Augen des Hundes eine positive Bedeutung bekommt. Sie können den Briefträger sogar bitten, an der Konditionierung mitzuwirken. Bitten Sie ihn, bei jedem Besuch etwas näher zu kommen, bis er selbst dem Hund einen Leckerbissen gibt. Bei Scheren, Staubsaugern usw. sollten Sie die Gegenkonditionierung mit dem Werkzeug Nr. 7 kombinieren.

Der Hundeexperte William E. Campbell entwickelte eine so genannte „Fröhliche Routine“, um eine negative Assoziation ins Positive zu drehen. In seinem Buch *Better Behavior in Dogs* beschreibt er sie wie folgt: Schaffen Sie eine Situation, in der Sie die Geräusche erzeugen können, die Ihren Hund zu dem ängstlichen Verhalten bringen. Bereiten Sie gleichzeitig eine Situation vor, in der Ihr Hund immer mit Freude und Schwanzwedeln reagiert. Jeder Hund hat ein Lieblingsspielzeug oder ein bestimmtes Wort, auf das er in dieser Weise reagiert. Sollte Ihr Hund kein derartiges freudiges Ereignis kennen, müssen Sie erst eines schaffen. Versuchen Sie es mit Ballspielen, Spielzeugen, Lachen – alles, was in Ihrem Hund eine verlässlich freudige Reaktion auslöst, ist geeignet; manchmal reicht es schon, wenn Sie mit den Schlüsseln klappern.

Nun erzeugen Sie die Situation, in der Ihr Hund mit dem ängstlichen Verhalten reagiert. In derselben Sekunde sorgen Sie außerdem für den Reiz, der Freude auslöst – die fröhliche Routine. Wenn Sie den Vorgang mit voller Überzeugung durchführen, funktioniert es prächtig. Warten Sie nicht erst ab, bis Ihr Hund ängstlich wird. Beginnen Sie sofort mit der fröhlichen Routine. Zwischen Angst und Freude erzeugendem Reiz darf nicht mehr als eine halbe Sekunde vergehen.

Sobald Sie die fröhliche Routine anwenden, sollte Folgendes geschehen: Zunächst dürfte Ihr Hund etwas verwirrt sein und vielleicht sogar das Angstverhalten zeigen. Dann machen Sie mit der fröhlichen Routine eben eine oder zwei Minuten weiter, dann wenden Sie sich anderen Dingen zu. Beachten Sie den Hund nicht weiter. Wiederholen Sie den gesamten Vorgang nach etwa fünf Minuten. Insgesamt sollten Sie alles höchstens fünfmal hintereinander und zweimal am Tag ablaufen lassen. Nach dem vollständigen Ablauf eines Routine-Programms müssen mindestens drei Stunden vergehen. Ihre Bemühungen hatten Erfolg, wenn der Hund schon mit dem Schwanz zu wedeln beginnt, bevor Sie die fröhliche Routine starten. Machen Sie sechs Wochen lang weiter, beginnen Sie jedoch stets von vorn, wenn Sie einen Rückschritt bemerken. (Campbell, William E.: *The New Better Behavior in Dogs: A Guide to Solving All Your Dog's Problems*, Alpine Publications Inc. 1999, S. 196)

7. Das Verhalten unter Signalkontrolle bringen

Wenn Sie ein problematisches Verhalten mit diesem Werkzeug kurieren wollen, lehren Sie den Hund, das Verhalten auf ein Stichwort, also auf Ihr Kommando hin zu zeigen. Stellen Sie sich vor, Ihr Hund beginnt bei jeder Gelegenheit zu bellen: Türklingel, schnell gehende Menschen, andere bellende Hunde, Hunde im Garten, Telefon usw. Lassen Sie nun den Hund dieses Verhalten auf Stichwort zeigen, d.h. Sie tun so, als wäre Bellen genau das, was Sie hören wollen: Wenn der Hund bellt, klicken Sie und geben ihm eine Belohnung. Bringen Sie ihn dazu, erneut zu bellen: Klicken und Belohnung. Assoziieren Sie ein Wort oder eine Handbewegung mit dem Bellen und setzen Sie es immer dann ein, wenn der Hund bellt. Ich benutze das Wort „Singe" und bewege dazu meine Hände, als wollte ich ein Orchester dirigieren – sofort beginnt der Hund zu bellen. Als nächsten Schritt müssen Sie ihn für das Schweigen belohnen. Sagen Sie mit kraftvoller, aber nicht wütender Stimme „Ruhig" (Sie müssen den Hund unterbrechen, ihn aber nicht erschrecken). Sobald er ruhig ist, kommt das Klicken und die Belohnung. Jetzt bellt er, wenn Sie wollen, und schweigt wieder. Geschickt, oder?

8. Den Hund daran gewöhnen

In manchen Situationen gibt es nur eine Möglichkeit: Gewöhnen Sie Ihren Hund an die Person, das Tier oder das Objekt, das er ablehnt, sei es der Briefträger, der Hund des Nachbarn oder der Staubsauger. Es gibt drei Wege, einen Hund an etwas zu gewöhnen:

Systematische Desensibilisierung Bringen Sie den Menschen oder das Objekt, das Ihr Hund fürchtet, mit ihm zusammen, zuerst sehr kurz und dann immer länger. Setzen Sie ihn immer wieder der Ansicht, dem Klang oder dem Geruch des Menschen, Tieres oder Objektes aus. Steigern Sie diese Begegnungen immer weiter. Stellen Sie sich eine Glocke vor: Läuten sie zunächst leise und kurz, dann immer lauter. Tiere oder Menschen werden zunächst in angemessener Entfernung und dann immer näher präsentiert. Wenn Ihr Hund z.B. regelmäßig einen anderen Hund anbellt, beginnen Sie in größerer Entfernung, sodass Ihr Hund weniger von dem fremden Tier als vielmehr von Ihnen abgelenkt wird. Schließlich bringen Sie die beiden Hunde immer näher. Wiederholen Sie die Prozedur so lange, bis der andere Hund keine Bedrohung mehr darstellt. Die Methode der Desensibilisierung kann bei Hunden angewandt werden, die sich vor Feuerwerkskörpern, Donner und anderem Lärm fürchten. Hat er vor Bewegungen Angst, z.B. vor Menschen, die rasch vom Stuhl aufspringen, funktioniert es auch. Kombinieren Sie diese Methode mit dem Werkzeug Nr. 2 (Positive Verstärkung).

Gewöhnung Wenn Ihr Hund das Geräusch der Türklingel hasst, klingeln Sie so lange, bis er sich daran gewöhnt hat und das Bellen langweilig wird. Das Geräusch wird unwichtig, weil er es fast nicht mehr bewusst wahrnimmt.

Überflutung Bei dieser Technik überfluten Sie Ihren Hund mit Bildern, Geräuschen und Berührungen der Person, des Tieres oder des Objektes, das ihm Probleme macht. Wenn er keine anderen Menschen mag, nehmen Sie ihn beispielsweise in eine dichte Menschenmenge mit.

Von den acht Werkzeugen der Hundeerziehung ist dieses letzte das schwierigste, denn es ist oft kaum zu entscheiden, welche Technik am wirkungsvollsten sein wird. Unter Umständen müssen Sie einen professionellen Hundetrainer konsultieren, der Ihnen raten kann, was in Ihrer Situation das Richtige ist. Bei einer falschen Entscheidung kann alles noch schlimmer werden. Es kommt darauf an, diese Methoden mit Hingabe, Wissen und Verständnis anzuwenden.

Die Vorschläge in diesem Abschnitt sind Beispiele dafür, wie man das grundsätzliche Verhalten eines Hundes formen kann. Im dritten Teil des Buches werde ich detaillierter auf Probleme eingehen. Woher wissen Sie, welche der acht Werkzeuge Sie anwenden müssen, um ein Problem zu lösen? Hier eine Übersicht, wie Sie das beste Werkzeug ermitteln.

Problemverhalten analysieren und lösen

Die folgende Übersicht soll Ihnen helfen, ein problematisches Verhalten zu analysieren. Ich möchte mich dabei auf das Bellen als Beispiel beschränken.

Wann und wo beginnt der Hund zu bellen?

- Wenn die Türglocke läutet oder bei anderen Geräuschen?
- Wenn der Hund aus dem Fenster blickt und Menschen oder Hunde sieht?
- Wenn er an der Tür ist?
- Wenn ich telefoniere?
- Wenn ich in der Küche bin?
- Wenn mein Hund im Auto sitzt?
- Wenn bestimmte Menschen in der Nähe sind?
- Morgens? Nachmittags? Abends?
- Andere Anlässe?

Schauen Sie sich die 9 Zutaten an und finden Sie die heraus, die zum „problematischen" Verhalten Ihres Hundes beitragen.
Die nun folgenden Punkte sind nur als Beispiele zu verstehen, wie es zu Schwierigkeiten im Training kommt, wenn die 9 Zutaten nicht ausbalanciert sind.
Futter: Ist Ihr Hund gestresst, weil er Hunger, eine Magenverstimmung oder eine Lebensmittelallergie hat?
Spiel: Ist Ihr Hund gelangweilt und unterfordert?
Sozialisation: Hat Ihr Hund Kontakt zu anderen Hunden, anderen Tieren und Menschen? Hat er die Chance, neue Bilder, Töne, Gerüche und Berührungen in seiner Umgebung aufzunehmen?
Ruhezeit: Hat Ihr Hund die Gelegenheit, sich zurückzuziehen, oder ist er gestresst und sein Stress-Level bereits erreicht?
Übungen: Hat Ihr Hund Gelegenheit, sich auszutoben? Sind seine Muskeln kräftig oder schlaff? Hat er Schmerzen?
Beschäftigung: Muss Ihr Hund eine Aufgabe erfüllen? Fehlt ihm das Selbstvertrauen, weil er nicht weiß, was Sie von ihm erwarten?
Schlaf: Ist Ihr Hund erschöpft? Möchte er gerne allein sein?

Training: Ist Ihr Hund verwirrt, weil Sie ihm nicht zeigen, was er tun soll? Hat er Lernprobleme? Haben Sie ihm sein „problematisches“ Verhalten vielleicht sogar unwissentlich antrainiert? (Siehe unbeabsichtigtes Training, S. 191.)
Gesundheitsvorsorge: Haben Sie ihn auf Allergien oder körperliche Probleme untersuchen lassen (Dorn in der Pfote, Parasiten, verfilztes Haar, Flöhe, Arthritis usw.)? Ist Ihr Hund zu jung oder zu alt für das, was Sie von ihm verlangen?

Setzen Sie sich ein Ziel: Welches Verhalten erwarten Sie von Ihrem Hund?

- Belle dreimal und höre auf.
- Belle nur, wenn du dazu aufgefordert wirst, ignoriere alles andere.
- Belle nur, wenn du Menschen mit Affen auf dem Rücken siehst.
- Andere Ziele.

Suchen Sie eines oder mehrere der 8 Trainingswerkzeuge aus, um das Verhalten Ihres Hundes zu verändern.

- Ignorieren Sie das unerwünschte Verhalten.
- Wenden Sie positive Verstärkung an.
- Behandeln Sie ihn „negativ“.
- Entfernen Sie den Grund für das Verhalten.
- Ersetzen Sie das Verhalten.
- Wenden Sie die Assoziation zwischen unerwünschtem Verhalten und einem bestimmten Objekt ins Positive.
- Bringen Sie das Verhalten unter Signalkontrolle.
- Gewöhnen Sie Ihren Hund an die Störung.

Die Ausrüstung für das Training

Es gibt einige Hilfsmittel, die für ein optimales Lernklima sorgen können – ein Lernklima, das Sicherheit, Spaß und die Motivation zu lernen garantiert.

Halsbänder

Im gewaltfreien Training sind die üblichen Trainings- oder Würgehalsbänder nicht akzeptabel: Sie könnten den Hund verletzen, vor allem solange der Hundehalter noch lernt, wie man sie richtig benutzt. Meine Methoden kommen zwar ohne das Zerren an Leine und Halsband aus, ich möchte aber betonen, dass einige professionelle Trainer mit einem leichten Ruck an der Leine dem Hund eine Information übermitteln können, ohne ihm zu schaden. Ich kenne mehrere Hundetrainer, die über die Fertigkeit, das Gefühl und Timing verfügen, um auch solche Halsbänder und Leinen gewaltfrei einzusetzen. Um jedoch so professionell mit den Geräten umzugehen, braucht man sehr viel Zeit und Übung. Außerdem kommt es darauf an, jeden Hund ganz individuell anzusprechen, damit man weiß, wie stark man das Halsband einsetzt. Zu heftiges Zerren kann den Hund verletzen; bei zu wenig Zug ist die Methode sinnlos. Vor allem das Timing ist kritisch – ein zu schneller Zug verwirrt den Hund ebenso wie ein zu spät erfolgter Zug.

Ein einfacher Ruck an der Leine kann leicht außer Kontrolle geraten und dem Hund schaden. Die meisten Menschen laufen in diese Falle und halten es für hilfreich, ihren Hund durch Zerren aufmerksam zu machen – dabei verlieren sie die Kontrolle, reißen irgendwann zu stark und verletzen den Hund. Der Hund wird wie ein Labortier behandelt; Verletzungen werden in Kauf genommen. Für die meisten Menschen ist es nur schwer nachzuvollziehen, wo die Grenze zwischen einem leichten Ruck an der Leine – um Aufmerksamkeit zu erzielen – und einem zu starken „Ruck" liegt, der einem Hund Unbehagen oder Schmerzen zufügt. Am besten ist es demnach, vollständig auf das Reißen an der Leine zu verzichten.

Aus denselben Gründen sind auch Stachel- oder Schockhalsbänder (auch als elektronische Halsbänder bezeichnet) abzulehnen. Die Stachelhalsbänder gleichen mittelalterlichen Foltergeräten, während die Schockhalsbänder einen elektrischen Schlag versetzen. Beide sollen Schmerz erzeugen, vor allem wenn ein Hund an der Leine zerrt. Viele beliebte Trainingsprogramme in den USA erklären sogar, wann man ein Schockhalsband einsetzen und wie hoch man die Stärke der Korrektur einstellen sollte, um ein bestimmtes Verhalten zu erzielen. Auch bei angeblich sanfteren Methoden wird immer noch empfohlen, den Hund durch den Elektroschock aufmerksam zu machen – dort geht man davon aus, dass weder Stachel- noch Schockhalsband dem Hund schaden. Dennoch sind die Grenzen zwischen einem elektrischen Schlag, den man beim Laufen über einen statisch aufgeladenen Teppich bekommt, und einem Stromstoß, der Ihrem Hund fast die Augen aus den Höhlen treibt, nur fließend.

Welche Form von Halsband sollte man also benutzen? Für kleinere Hunde empfehle ich ein Körpergeschirr, das den Brustbereich des Hundes umschließt. Für mittelgroße Hunde sind Gurthalsbänder mit begrenztem Zug besser geeignet, da sie niemals eng am Hals des Hundes anliegen. Dank ihrer Konstruktion können sie keinen Druck auf den Hundehals ausüben.

Wenn Sie Probleme mit einem Hund haben, der an der Leine zerrt, sollten Sie sich für ein Halfter entscheiden, das Hals und Schnauze umschließt (z.B. Gentle Leader oder Halti). Solche Halfter arbeiten nach dem Prinzip, dass der Körper stets dem Kopf folgt. Obwohl sich die meisten Hunde rasch daran gewöhnen, gibt es seltene Fälle, wo dies nicht möglich ist. Die größte Schwierigkeit ist die Art der Benutzung: Wenn ein Hund an der Leine zerrt, um einen anderen Hund zu begrüßen, und der Halter gibt nicht ausreichend Leine nach, kann der Hund seine Körpersprache nicht einsetzen. Wenn Sie den Kopf des Hundes zu hoch fixieren, kann er das Begrüßungsritual – dazu gehört manchmal auch die seitliche Bewegung des Kopfes – nicht ablaufen lassen; er kann nicht am Boden schnüffeln oder sich Seite an Seite zu dem anderen Hund positionieren. Halten Sie stets die Leine locker, um solche Probleme zu umgehen.

Ein weiteres Problem mit Halftern ist deren Akzeptanz bei anderen Menschen, denn sie werden oft mit Maulkörben verwechselt. Daher halten Fremde solche Hunde für gefährlich. Anders als mit einem Maulkorb können Hunde mit Halfter bellen, fressen und trinken und sogar beißen. Sie werden sich dennoch ständig sagen hören: „Keine Angst, das ist kein Maulkorb, mein Hund beißt nicht." Man vermeidet solche Konfrontationen, wenn Sie die Farbe des Halfters der Fellfarbe anpassen; oder Sie wählen eine bunte Version, die nach Spaß und nicht bedrohlich aussieht.

Leinen

Werden sie korrekt eingesetzt, sind Leinen ein wesentlicher Teil des Sicherheitstrainings. Benutzen Sie für die täglichen Spaziergänge eine 120–180 cm lange Leine aus Kunstfasern. Für das Training in größerem Abstand brauchen Sie eine 6 m oder sogar 15 m lange Leine. Ich ziehe das leichte und flexible Nylon vor. Halten Sie sich von Ketten fern – sie sind zu schwer und verheddern sich leicht irgendwo.
Der bekannte Verhaltensforscher William Campbell aus Oregon hat eine Leine mit genialem Design entwickelt, die Sof-Touch™ genannt wird. Ein elastisches Leinenstück reduziert die Verletzungsgefahr, wenn der Hund plötzlich ausbricht. Sobald er zu ziehen beginnt, spürt er plötzlich einen stärkeren Zug, noch bevor er wegrennen kann. Diese Leine verhindert, dass ein starker Ruck seine Wirbelsäule verletzt.

Klicker

Wie bereits beschrieben, sind Klicker wertvolle Trainingsgeräte. Sie bekommen Sie in Zoofachgeschäften, Hundeschulen oder über das Internet.

Targets und Target Sticks

Eine der sichersten Methoden, um einem Hund ein bestimmtes Verhalten beizubringen, sind Targets oder Target Sticks (siehe S. 118). Sie können fast alles als Target benutzen – Ihren Finger, Stöcke aus Holz, Metall oder Plastik, einen Laserpointer, einen Ball oder ein Stück farbiges Papier. In meinen Kursen benutzen wir einfache Holzstäbe von 90 cm Länge und 6 mm Durchmesser; man bekommt sie im Baumarkt. Malen Sie ein Ende des Stockes rot an.

Transportboxen

Boxen sind wichtige Hilfsmittel, um sicher mit einem Hund umzugehen. Zusammen mit richtig eingesetzten Leinen und Laufställen für Babys hilft eine solche Box dabei, Ihren Hund, die Familie und die Umgebung zu sichern. Wenn Sie Ihren Hund lieben, sollte die Box hohe Priorität besitzen – hier ist sein „sicherer" Rückzugsort („Geh in die Box", siehe S. 167). Boxen sind so nützlich und hilfreich bzw. so negativ, wie wir sie machen. Ich bin für den Gebrauch dieser Boxen, solange wir sie unseren Hunden als etwas Positives vermitteln.

Sie sollten Ihrem Hund beibringen, sich gerne für eine bestimmte Zeit in seiner Box aufzuhalten; er sollte sie als sein „Haus" ansehen. Wenn Sie es geschickt anstellen, können Sie den Welpen sehr schnell an die Box gewöhnen. Vielleicht haben ältere Welpen oder Junghunde Probleme sich anzupassen, aber Sie dürfen sie erst dann kurzzeitig in die Box sperren, wenn sie damit ein positives Erlebnis verbinden. Anstelle einer Box können Sie auch einen Laufstall oder ein oben offenes Hundegatter verwenden.

Stellen Sie die Box in Ihr Schlafzimmer, um die Sozialisation zu beschleunigen. Ihr Hund sollte tagsüber niemals mehr als vier Stunden in seiner Box verbringen; in der Nacht sind sieben Stunden das Maximum (siehe S. 198), damit Sie Ihrem Welpen nicht zumuten, „es" zu lange zurückzuhalten.

Nehmen Sie unbedingt das Halsband ab, bevor Sie Ihren Hund in die Box sperren. Es klingt zwar unwahrscheinlich, aber ich kenne Fälle von Hunden, die sich mit dem Halsband verfingen und beinahe erstickt wären. Außerdem sollten Sie keine Gummi- oder Kauspielzeuge in die Box legen; auch hier sind mir Fälle bekannt, wo Hunde das Spielzeug schluckten und beinahe erstickt sind.

Boxen gibt es in zwei Modelltypen. Manche sind rundum offen und bestehen nur aus Stäben, andere sind geschlossen, mit einer vergitterten Vorderfront (Flugzeugboxen beispielsweise). Wie Sie sich auch entscheiden, die Box muss so groß sein, dass Ihr Hund ohne Einschränkung aufrecht stehen und sich hinlegen kann, ohne sich zusammenzurollen. Denken Sie vor allem an die Größe des erwachsenen Hundes, wenn Sie die Box schon im Welpenalter kaufen. Bei Rassehunden ist die Endgröße bekannt. Wenn Sie jedoch einen Mischling besitzen, fragen Sie zur Sicherheit Ihren Tierarzt, bevor Sie eine Box erwerben. Solange der Hund noch klein ist, sollten Sie einen Teil der Box abgrenzen, damit der Welpe ihn nicht benutzt, um sich zu erleichtern. Wird der Hund größer, entfernen Sie die Barriere.

Denken Sie daran: Die Box wird Ihren Hund viele Jahre lang begleiten; sie soll zum „sicheren Rückzugsort" für ihn werden. Geben Sie also etwas mehr Geld für ein haltbares Qualitätsprodukt aus. Einige der preiswerteren Modelle könnten Probleme bereiten.

Hundebetten

Ich möchte Ihnen vorschlagen, ein Bett für Ihren Hund zu kaufen. Das kann eine einfache Matte sein oder ein verziertes Plüschkissen mit dem gestickten Namen Ihres Hundes. Nochmals, auch das Bett muss sicherer Rückzugsort sein und trägt zur Sicherheit bei.

Sicherheit für Hund und Mensch

Hundebisse vermeiden

Allein in den USA werden jedes Jahr über vier Millionen Menschen von Hunden gebissen. Als wäre diese Zahl nicht schon schlimm genug, sind darunter über zwei Millionen Kinder. Kinder zwischen fünf und neun Jahren sind am häufigsten von den Bissen betroffen. 75% dieser Bisse stammen von bekannten Hunden. Junge Menschen werden häufig an Kopf, Hals und Gesicht verletzt. Die Bisse haben häufig traumatische Folgen und viele machen einen Krankenhausaufenthalt erforderlich

Das wichtigste Mittel gegen Hundebisse ist Aufklärung. Das Risiko eines Bisses lässt sich drastisch reduzieren, wenn Kinder und Erwachsene wissen, wie man sich einem Hund nähert und ihn behandelt, wie man Warnsignale erkennt und riskante Situationen meidet. Wir lehren die Kinder in unserer Gesellschaft, wen man bei Notfällen anruft, wie man sicher die Straße überquert und gefährliche Situationen mit Fremden meidet. Genauso wichtig wäre es, sie Respekt vor einem Hund zu lehren und dessen Wünsche zu verstehen, ohne Angst zu erzeugen. In meinen Besuchen in Grundschulen versuche ich, dieses Wissen zu vermitteln.

Folgende Sicherheitsregeln bringe ich den Kindern bei. Natürlich gelten sie auch für Erwachsene.

1. Fragen Sie *immer* um Erlaubnis, bevor Sie sich einem Hund nähern oder ihn streicheln. Das gilt besonders für Kinder.
2. Streicheln Sie niemals einen unbekannten Hund, insbesondere wenn er frisst oder mit Spielzeugen spielt.
3. Nähern Sie sich niemals einem fremden, untrainierten oder verletzten Hund. Nähern Sie sich auch dann nicht einem fremden Hund, wenn sein Fluchtweg versperrt ist oder er vor einer Mauer steht.
4. Halten Sie sich von Vorgärten fremder Menschen fern.
5. Necken Sie niemals einen Hund.
6. Blasen Sie dem Hund nicht ins Gesicht, ziehen Sie ihn nicht am Schwanz und versuchen Sie nicht, ihn hochzuheben.
7. Wecken Sie einen schlafenden Hund nicht auf.
8. Verbieten Sie Ihren Kindern, mit den Armen wedelnd durch das Haus zu laufen. Manche Hunde regen sich darüber auf und möchten gerne mitspielen. Dann jagen sie hinter den Kindern her und können sie verletzen.

Sicherheit für den Hund

Sie können die Umgebung des Hundes „welpensicher“ machen, um die potenzielle Gefahr einer Verletzung auszuschließen oder doch zu minimieren, indem Sie alle möglichen Kauobjekte und Giftstoffe entfernen und einschließen. Allerdings geht nichts über den gesunden Menschenverstand, wenn Sie Unfälle vermeiden wollen.

Das sollte nicht in der Nähe Ihres Hundes sein:

Schokolade Auch wenn Sie Schokolade für eine gute Belohnung halten, geben Sie ihm niemals welche und lassen Sie auch keine Schokolade liegen. Einer der Bestandteile ist giftig für Hunde und könnte ihn sogar töten.

Pflanzen Es gibt eine lange Liste von Pflanzen, die für Hunde giftig sind. Dazu gehören unter anderem Pointsettien, Farne, Misteln, Philodendren, Grünlilien, Oleander und zahlreiche andere. Fragen Sie Ihren Tierarzt nach Giftpflanzen oder lesen Sie in der Fachliteratur nach (siehe S. 210).

Medikamente und Reinigungsmittel Schützen Sie Ihren Hund und schließen Sie derartige Dinge weg. Für ihn ist ein Medizinfläschchen ein hübsches Klapperspielzeug, das jedoch äußerst gefährlich wird, wenn es zerbricht.

Haushalts- und Büroartikel Plastiktüten, Bänder, Ballons, Gummibänder, Lametta, Kordeln, Büroklammern, Kugelschreiber, Bleistifte und alle anderen scharfen Gegenstände können Ihrem Hund gefährlich werden, wenn er darauf beißt oder sie verschluckt.

Essensreste wie gekochtes Hühnchen oder Putenknochen. Wenn Ihr Hund an den Abfalleimer kommt, könnte er einen Knochen verschlucken. Setzen Sie ihn entweder in seine Box oder sorgen Sie dafür, dass der Küchenabfall sicher verschlossen bleibt.

Kinderspielzeug Manche Spielzeuge können gefährlich sein, vor allem wenn es dem Hund gelingt, Teile davon abzubeißen, und er daran erstickt. Statt die Spielzeuge herumliegen zu lassen, sollten sie besser für intelligente Spielzeuge wie Kongs, Plastikbälle oder Buster-Cubes sorgen.

Elektrische Leitungen und Kabel Ein Welpe oder Hund könnte sich verletzen, wenn er auf dem Kabel herumkaut.

Tischdecken Ein Welpe könnte an einer Tischdecke zerren und durch einen herunterfallenden Gegenstand verletzt werden.

Frostschutzmittel Hunde finden den Geschmack von Frostschutzmitteln einfach unwiderstehlich. Leider wirken sie tödlich. Wenn Ihr Hund die kleinste Menge eines Frostschutzmittels verschluckt, müssen Sie sofort einen Tierarzt aufsuchen.

Rattengift Auch das ist eine gefährliche und tödliche Substanz für

Hunde. Wenn Sie vermuten, Ihr Hunde könnte Rattengift aufgenommen haben, benachrichtigen Sie sofort den Tierarzt.
Toilettenreiniger Benutzen Sie keine Reiniger, die direkt im Becken montiert werden. Sollte Ihr Hund aus der Toilette trinken, könnte er sich vergiften.

Gesundheitsvorsorge

Hitzschlag Lassen Sie Ihren Hund bei warmem Wetter niemals allein im Auto zurück! Jedes Jahr hört man in den Nachrichten von Kindern und Hunden, die in der Hitze eines Autos schweren Schaden nahmen. Denken Sie immer daran, dass die Sonne wandert. Ein im Schatten geparktes Auto kann bereits wenige Minuten später in der Sonne stehen. Wenn die Außentemperatur an einem heißen Sommertag etwa 30 °C beträgt, steigt sie im Auto innerhalb einer Stunde auf 70 °C an. Ein Hund erleidet bereits Gehirnschäden oder kann sterben, wenn seine Körpertemperatur auf 42 °C ansteigt, also nur wenige Grade über der normalen Temperatur. Zeichen für Hitzschlag sind ungewöhnlich schnelles Hecheln, Übergeben, schneller Puls und hohe Körpertemperatur. Wenn Sie einen Hitzschlag vermuten, gibt es kein Zögern – sofort zum Tierarzt! Wenn das nicht möglich ist, übergießen Sie Ihren Hund mit kaltem Wasser, bis die Temperatur sinkt. Auch ein Eisbeutel um den Kopf kann helfen.
Wenn Sie wissen, dass Sie Ihren Hund allein im Auto lassen müssten, sollten Sie ihn bei heißem Wetter gar nicht mitnehmen. In Notfällen sollten Sie wenigstens die Klimaanlage anlassen, wenn Sie den Wagen kurz verlassen müssen. Eine andere Möglichkeit wäre ein Eisbett, auf dem der Hund liegt. Füllen Sie ein großes Plastiktablett mit Eis und legen Sie ein Handtuch darüber. Doch selbst dann dürfen Sie nicht länger als ein paar Minuten wegbleiben. In Florida und Michigan ist es sogar gänzlich verboten, seinen Hund im Auto zurückzulassen.
Impfungen Damit schützen Sie Ihren Hund vor lebensbedrohlichen Erkrankungen, mit denen er sich im Kontakt mit anderen Hunden infizieren könnte. Daher dürfen Sie Ihrem Welpen erst

ausgiebige Kontakte mit Artgenossen ermöglichen, wenn er alle Schutzimpfungen erhalten hat. Sprechen Sie die erforderlichen Impfungen mit Ihrem Tierarzt ab und bewahren Sie den Impfpass Ihres Hundes sorgfältig auf. Sie benötigen ihn bei Hundeausstellungen, Auslandsreisen, in Hundepensionen usw.

Richtiger Umgang mit dem Hund

Bis ein Hund gelernt hat, was er darf und was nicht, müssen Sie ihn kontrollieren. Dabei sind Halsband und Leine sowie eine Box sehr hilfreich. Gewöhnen Sie Ihren Hund mithilfe der positiven Verstärkung daran. Die Box darf keine Strafe sein. Binden Sie einen Hund niemals an, wenn er allein ist.

Halten Sie Ihren Hund stets an der Leine, wenn Sie ausgehen, damit er nicht auf die Straße rennt, und lassen Sie ihn nicht in die Vorgärten anderer Leute. Vielfach werden im Garten Unkrautvernichtungsmittel eingesetzt, und sie wollen sicher nicht, dass Ihr Hund mit diesen Chemikalien in Kontakt kommt.

Achten Sie auf Glassplitter auf dem Gehweg und an heißen Tagen auf die Temperatur des Pflasters. Ist es zu heiß, kann sich der Hund die Pfoten verbrennen. Denken Sie daran: Auch ein Hund kann Sonnenbrand oder Hitzschlag bekommen, also treffen Sie Vorsichtsmaßnahmen und lassen Sie ihn nicht während der Mittagszeit ins Freie. Das Streusalz im Winter kann ebenso zum Problem werden wie Eis. Damit er nicht zu viel Salz von den Pfoten ableckt, sollten Sie ihm die Pfoten waschen, wenn Sie ins Haus gehen.

Lassen Sie Ihren Hund niemals frei auf der Ladefläche eines Pickups herumlaufen. Eigentlich verbietet dies der gesunde Menschenverstand, aber ich habe selbst gesehen, wie ein Hund in einer Kurve von der Ladefläche flog und andere sich verzweifelt festklammerten.

Außerdem ist es nicht nur sinnvoll, sondern sogar gesetzlich vorgeschrieben, Hunde im Wagen anzugurten oder durch ein Netz oder Trenngitter zu sichern. Lassen Sie Ihren Hund nicht während der Fahrt den Kopf aus dem Fenster strecken. Das ist aus mehreren

Gründen gefährlich – so könnten Steine von vorbeifahrenden Autoshoch geschleudert werden und Kopf oder Augen des Hundes verletzen, außerdem könnten Insekten in seine Augen gelangen. Durch die Zugluft kann es leicht zu einer Bindehautentzündung kommen.

Teil II
Die Lektionen

Grundlinien des Lernens

Wenn Sie von Ihrem Hund etwas verlangen, sollten Sie die Übungsstunde so gestalten, dass er erfolgreich sein kann, d.h. Sie sollten völlig sicher sein, dass Ihr Hund sowohl körperlich wie emotional das Ziel erreicht. Andernfalls wird er frustriert mit dem Üben aufhören; Sie werden ebenfalls frustriert und wütend und denken vielleicht, Ihr Hund sei verstockt, dumm oder einfach faul. Ein Hund lernt immer dann schnell, wenn er auf einen Erfolg aufbauen kann. Aber wo soll man beginnen? An welchem Punkt darf man mit einem ganz bestimmten Training einsetzen? Das bringt uns zum Konzept der „Grundlinien des Lernens".
Hunde lernen in kleinen Schritten – wie Menschen. Ich verstehe die Grundlinie als den Ausgangspunkt des Lernvorgangs. Ein Welpe oder ein völlig untrainierter, schlecht sozialisierter Hund wird nur dann das „Sitz" lernen, wenn Sie ihm zunächst die einfachsten Dinge beibringen. Ein anderer Hund fängt auf einer höheren Ebene an, er ist über die grundlegenden Faktoren bereits hinaus und kann auf Ausdauer, Abstand und/oder Ablenkung trainiert werden. Der Startpunkt oder die Grundlinie unterscheiden sich von Hund zu Hund. Sie sind vom Alter, der Vorgeschichte, Persönlichkeit, Gesundheit usw. des Hundes abhängig. Im Kern bezieht sich die Grundlinie darauf, inwieweit Ihr Hund mit Ihnen zusammenarbeiten kann.
Was immer Sie Ihrem Hund auch beibringen wollen, Sie müssen die Grundlinie so setzen, dass Ihr Hund erfolgreich sein kann. Nehmen wir „Sitz" als Beispiel. Ein Hund, der bereits über rudimentäre Trainingserfahrung verfügt, kann von einer anderen

Grundlinie aus starten als ein Welpe. Würden Sie mit dem Welpen am selben Punkt mit dem Training beginnen, wäre er ganz sicher rasch frustriert.
Es ist nicht nur wichtig, den Startpunkt so zu setzen, dass Ihr Hund erfolgreich sein kann, Sie müssen ihn auch ständig fordern. Wenn Sie das Training stets auf derselben Ebene weiterführen, verliert er das Interesse und langweilt sich. Sie müssen Ihren Hund im Auge behalten und den Augenblick erkennen, wenn er denkt: „Ich hab's! Das war aufregend. Was kommt als Nächstes?“ An diesem Punkt beginnt die nächste Trainingsebene. Um so zu reagieren, muss man allerdings bereits viel Trainingserfahrung und Talent haben – Sie müssen ständig die Grenzen Ihres Hundes erkennen und ihn fordern. Und während Ihr Hund Fortschritte macht, wird sich auch Ihre Wahrnehmungsfähigkeit verbessern; Sie werden intuitiv wissen, wo Sie die Grundlinie für jede neue Trainingseinheit setzen können. Manchmal ist das mehrmals pro Sitzung erforderlich, manchmal braucht man mehrere Trainingseinheiten. Jetzt sind sie beide ein eingespieltes Team, die Synergie beginnt zu wirken. Ich stelle Ihnen auf S. 147 im Abschnitt über den Körperkontakt mit dem Hund ein Beispiel vor.

Vorgehensweise bei den Lektionen

Ich möchte Ihnen einige der Trainingseinheiten vorstellen, die ich in meinen Seminaren lehre. Beginnen Sie mit einfachen Dingen und steigern Sie die Ansprüche. Als Erstes sollten Sie lernen, mit dem Hund umzugehen; dabei lernt Ihr Hund sich anzupassen und empfindet Vergnügen dabei, angefasst zu werden. Danach erfahren Sie etwas über die grundlegenden Verhaltensabläufe des Hundes. Ich habe die Lektionen schrittweise aufgebaut, um dem Lernverhalten des Hundes zu entsprechen. Aus diesem Grund empfehle ich Ihnen, den Plan genau einzuhalten.

Sie werden sehen, dass der tägliche Plan vorsieht, Ihrem Hund drei oder vier Verhaltensabläufe beizubringen – verteilt über den Tag. Wenn das klappt, dürfen Sie den drei bis vier Verhaltensabläufe weitere hinzufügen. In jeder folgenden Trainingseinheit sollten Sie die bereits gelernten Verhaltensabläufe anspruchsvoller gestalten und neue Einheiten hinzufügen.

Bei den meisten Verhaltensabläufen durchläuft man eine Reihe von Ebenen – beginnend mit der niedrigsten und einfachsten – und schreitet progressiv zu den nächsthöheren. Zunächst lernt Ihr Hund das „Sitz“ für Anfänger. Sie geben ihm in einem Raum Ihres Hauses ein Handzeichen, locken mit einem Köder – nur Sie und der Hund. Das ist Ebene 1. Mit steigendem Fortschritt steigen die Ansprüche. Auf den nächsten Ebenen kommen Ausdauer, Abstand und Ablenkung hinzu und schließlich wird sich Ihr Hund auf Kommando und verlässlich hinsetzen, ganz gleich wie lange er sitzen bleibt, wie weit Sie entfernt sind und wie viele Ablenkungen ihn umgeben (vergleiche S. 153). Vergessen Sie nicht, „verlässlich“ bedeutet, dass Ihr Hund in etwa 80% der Fälle reagiert (siehe die 80% Regel auf S. 107). Ebene 4, das fortgeschrittene Training für jedes Verhalten, verlangt mehr, als die meisten Menschen von ihrem Hund erwarten. Es liegt bei Ihnen – Sie bestimmen, bis zu welcher Ebene Ihr Hund ausgebildet werden soll.

Wenn Sie zur nächsten Ebene übergehen oder ein neues Verhalten lehren: Wenn Sie mit Ihrem Hund mehrere Trainingseinheiten pro Tag durchführen, können Sie jederzeit ein neues Verhalten einführen, sobald Sie Ihren Hund für bereit halten. Hier kommt die 80% Regel ins Spiel – wenn Ihr Hund das erwünschte Verhalten in 80% aller Fälle zeigt und während mehrerer Trainingseinheiten, dann ist es an der Zeit, eine Ebene zu steigen; von Ebene 1 auf 2 usw. Sie können auch neue Verhaltensabläufe in das Programm aufnehmen, wenn Sie folgende Regel beachten: Wenn Ihr Hund in 80% aller Fälle das Sitzen in Ebene 1 beherrscht, dann beginnen Sie mit „Sitz“ auf der Ebene 2. Gleichzeitig können Sie natürlich mit „Platz“ auf der Ebene 1 beginnen.

Es geht hier nicht um Wissenschaft – Sie bestimmen, wann Sie und Ihr Hund bereit sind für den nächsten Schritt. Denken Sie immer daran, auch das Gelernte aus den vergangenen Lektionen zu wiederholen, denn die Steigerung in den Ebenen bezieht sich jeweils nur auf ein ganz bestimmtes Verhalten.

Hunde lernen nicht gleichförmig. Sie haben gute und schlechte Tage, wie wir. Sie brauchen Zeit, um das Gelernte zu verarbeiten. Fangen Sie jeden Tag an der Grundlinie an und bauen Sie darauf auf.

In 5 Schritten zum verlässlichen Verhalten

Bevor Sie mit den Übungen beginnen, machen Sie sich eine „Aufwärmphase" zur Gewohnheit: Sorgen Sie dafür, dass der Hund nicht abgelenkt wird. Setzen Sie sich Ihre Ziele. Führen Sie die Zwerchfellatmung durch. Versorgen Sie sich mit 10.000-€-Belohnungen. Holen Sie Ihren Klicker.

1 Beginnen Sie einfach

Ermuntern Sie Ihren Hund und erregen Sie seine Aufmerksamkeit durch einfache Schnalzlaute, pfeifen Sie, bewegen Sie sich, klatschen Sie in die Hände oder schlagen Sie sich auf den Oberschenkel.

Beginnen Sie mit einfachen Verhaltensweisen, an denen Sie schon gearbeitet haben, und verstärken Sie kontinuierlich (Belohnungen) jeden erfolgreichen Versuch. Wiederholen Sie jedes Verhalten in mehreren Trainingseinheiten jeweils etwa 10–15 Mal. Wenn nötig, setzen Sie einen Futter-Köder ein.

2 Steigern Sie die Entfernung der Belohnung

Wenn Sie sicher sind, dass Ihr Hund ohne Futter-Köder in 80% der Fälle korrekt reagiert, nehmen Sie die Belohnung in die andere Hand. Geben Sie das Handsignal, klicken Sie nach dem Verhalten und belohnen Sie ihn aus der anderen Hand. Wiederholen Sie dies 10-15 Mal pro Trainingseinheit.

3 Führen Sie ein Kommando ein
Wenn Sie sicher sind, dass Ihr Hund in 80% der Fälle auf das Handzeichen reagiert, beginnen Sie das Wort „Sitz“ unmittelbar vor dem Handzeichen zu benutzen. Wiederholen.

4 Verändern Sie die Belohnung (und den Zeitpunkt der Belohnung)
Führen Sie verschiedene Verstärkungen durch und belohnen Sie den Erfolg nur jedes 2. oder 3. Mal oder nach 2–3 unterschiedlichen Verhaltensweisen (Sitz, Sitz, *Belohnung*, Sitz, Platz, Sitz, *Belohnung*). Ändern Sie die Reihenfolge. Ändern Sie den „Wert“ der Belohnung: Eine 10.000-€-Belohnung (z.B. Pute) gibt es nur noch für den besten Versuch. Verwenden Sie ansonsten andere Belohnungen.

5 Führen Sie nacheinander Ausdauer, Abstand und Ablenkung ein
Trainieren Sie Ausdauer des Verhaltens, Abstand zu Ihnen und Ablenkungen jeweils nacheinander und einzeln. Immer wenn Sie etwas Neues einführen, sollten Sie bei einfachen Formen beginnen und *jeden* erfolgreichen Versuch belohnen. Gehen Sie wieder nach dem Prinzip der unterschiedlichen Belohnung (Schritt 4) vor, dann folgen Belohnungen in wechselnden Abständen.

Wie Sie sehen, sind die Fünf Schritte, um erfolgreiches Verhalten zu trainieren, bei jedem Verhaltensablauf dieselben. Sie beginnen mit einfachen Formen des Verhaltens und steigern die Ansprüche, sobald Ihr Hund die Grundlagen beherrscht. Je öfter ein Hund einen bestimmten Verhaltensablauf wiederholt, desto verlässlicher wird das Verhalten. Gehen Sie einfach, so wie vorgeschlagen, bei jedem neuen Verhaltensablauf Schritt für Schritt vor.

Wenn Ihr Hund etwas anderes macht, als Sie ihm sagen, sind Sie zu weit oder zu schnell vorgegangen. Kehren Sie zu den einfacheren Formen des entsprechenden Verhaltens zurück, verstärken Sie die erfolgreichen Versuche und steigern Sie erst dann die Ansprüche.

Ein Verhalten mit dem Klicker markieren

Ich ziehe einen Klicker aus mehreren Gründen vor (siehe S. 132). Wenn Sie keinen Klicker besitzen, benutzen Sie Stichworte, wie „Perfekt" oder „Gut" oder Handsignale wie ein „Okay-Zeichen" (Daumen und Zeigefinger zum Ring schließen) oder recken Sie den Daumen nach oben – immer dann, wenn in den Anleitungen „klicken" steht.

Trainingseinheiten vorbereiten

Nehmen Sie sich vor jeder Trainingseinheit eine oder zwei Minuten Zeit und bereiten Sie sich wie folgt vor (oder Sie machen die Kommunikationsübung auf S. 94):

1. Spannen Sie alle Muskeln Ihres Körpers an. Halten Sie die Spannung für drei Sekunden, entspannen Sie sich und lassen Sie alle Glieder schlaff hängen. Ballen Sie die Hände zu Fäusten und machen Sie Ihr Gesicht zur Faust; entspannen.
2. Führen Sie einen kompletten Zyklus Zwerchfellatmung (S. 76) durch.
3. Denken Sie an die Übungen, die Sie durchführen wollen, schließen Sie die Augen und stellen Sie sich Ihren Hund 10 Sekunden lang vor, wie er das erwünschte Verhalten zeigt.

Körperkontakt

Diese Übungen sind ein wichtiger Schritt in der Sozialisation Ihres Hundes und seiner Anpassung an die Umwelt. Er soll es genießen, gestreichelt, getätschelt, gebürstet und gehalten zu werden. Obwohl manche Menschen diese Fähigkeiten vielleicht nicht als Verhalten einschätzen, so lernt Ihr Hund doch etwas dabei – somit ist es ein Verhalten. Ein Hund der keinen Körperkontakt mit Menschen gewohnt ist, wird nicht nur Schwierigkeiten beim Tierarzt bekommen, sondern kann auch nicht sicher mit Menschen leben. Das wird vor allem dann wichtig, wenn Kinder im selben Haushalt

leben. Ein Hund, der nicht gelernt hat, von Menschen berührt zu werden, könnte nach einem Kind schnappen, das versehentlich auf seinen Schwanz tritt.
Vom Welpen bis zum erwachsenen Hund ist es die Aufgabe des Halters, zu erkennen, wie viel Berührung ein Hund toleriert. An diesem Punkt setze ich die Grundlinie des Umgangs. Hier beginnt die taktile Sozialisation des Hundes. In den Grundlinien für den Körperkontakt beginnt die Arbeit bei Punkt a), wo der Hund nur eine minimale Berührung toleriert, und endet mit f), wo der Hund sich im Umgang mit Menschen vollständig sicher fühlt. Jeder Fremde muss allerdings wieder an der Grundlinie a) oder etwas später beginnen.
Ein schlecht sozialisierter Hund kann nicht leiden, wenn

- er berührt oder auf dem Kopf getätschelt wird;
- ein Mensch über seinen Körper greift, um den Rücken zu berühren;
- ein Mensch die Hand nach ihm ausstreckt, vor allem nicht wenn er keine Rückendeckung hat;
- er an Pfoten oder Schwanz berührt wird.

Grundlinien für den Körperkontakt

Die Grundlinien bestimmen den Punkt, an dem Ihr Hund motiviert ist, mit Ihnen zu interagieren. Dieses Schema ist für Körperkontakt konzipiert. An Punkt a) toleriert der Hund nur geringe körperliche Berührungen, an Punkt f) fühlt er sich im Umgang mit Ihnen vollständig sicher. Überanstrengen Sie Ihren Hund nicht, verlangen Sie nicht mehr, als er körperlich, mental oder emotional zu leisten imstande ist. Sehen Sie sich das Schema an; an welcher Stelle steht Ihr Hund, wo können Sie beginnen, ihn an den Umgang mit Menschen zu gewöhnen?

a) Der Hund nähert sich nicht. Wenn es sich um einen Welpen handelt, sollten Sie sich auf den Boden legen und ihm 10.000-€-Belohnungen zuwerfen; lassen Sie die Bröckchen immer näher vor sich zu Boden fallen. Beobachten Sie ihn. Benutzen Sie beruhigende Signale und setzen Sie den Klicker sehr vorsichtig ein.

Wenn der Welpe ernsthaft aggressiv reagiert oder älter als 5 Monate ist, sollten Sie einen Fachmann zurate ziehen.
b) Der Hund nähert sich, zögert aber noch, die Belohnung anzunehmen. Legen Sie Welpen die Belohnung hin oder bieten Sie sie auf der flachen Hand an, die sie weit vom Körper wegstrecken. Benutzen Sie beruhigende Signale und setzen Sie den Klicker sehr vorsichtig ein.
Wenn der Welpe älter als 5 Monate ist, sollten Sie einen Fachmann zurate ziehen.
c) Der Hund erlaubt eine Berührung, wenn sie gleichzeitig mit der Belohnung erfolgt. Beginnen Sie, den Hund unter dem Kinn zu streicheln, während sie den Leckerbissen präsentieren. Berühren Sie nach und nach andere Körperteile. Dehnen Sie die Berührung und Belohnung aus, berühren Sie ihn länger und fester.
d) Der Hund erlaubt es für kurze Zeit, dass eine Person seinen ganzen Körper berührt, ohne zu zucken oder den Kopf zu drehen. Er windet sich etwas, beruhigt sich aber rasch und wartet ohne Angst, bis er wieder frei ist.
e) Der Hund erlaubt es für längere Zeit, festgehalten zu werden ohne sich zu winden; allerdings nicht, wenn Ablenkung vorhanden ist.
f) Der Hund entspannt sich rasch und lässt sich ohne zu zögern längere Zeit festhalten, selbst unter Ablenkung.

Sie können von einem schlecht sozialisierten Hund nicht erwarten, dass er sofort die Berührung eines Menschen toleriert oder sich gar für längere Zeit festhalten lässt. Solch einen Hund markiert die Grundlinie **a)**. Hunde dieser Stufe halten sich völlig fern; sie möchten nicht berührt werden. Sie nehmen Futter an, allerdings zu ihren eigenen Bedingungen. Wenn Sie einen solchen Hund an den Umgang mit Menschen gewöhnen möchten, setzen Sie sich am besten hin, die Seite dem Hund zugewandt, und zeigen Sie durch Ihre Körpersprache, dass Sie keine feindlichen Absichten verfolgen: Sehen Sie weg, kratzen Sie sich, blinzeln Sie, lecken Sie sich die Lippen oder gähnen Sie. Jetzt werfen Sie eine 10.000-€-Belohnung, z.B. ein Stück Pute neben ihn. Werfen Sie nach und nach weitere Leckerbissen in seine Richtung, bis der Hund von Ihnen angezogen wird.

Mit einem Klicker können Sie den Trainingsfortschritt in jedem Stadium beschleunigen. Da die meisten Hunde, die sich nur schwer an Menschen gewöhnen, gewöhnlich auch scheu sind, müssen Sie den Klicker vorsichtig einsetzen und dämpfen (siehe die Hinweise zum Klicker auf S. 132).

An Punkt **b)** im Schema haben wir einen Hund, der in Ihrer Nähe einen Leckerbissen annehmen wird – während sich seine Vorderseite Ihnen zuwendet, würde seine hintere Hälfte am liebsten wegrennen. Langsam, Leckerbissen für Leckerbissen, Zentimeter für Zentimeter, werden Sie den Hund dazu bekommen, die Belohnung von Ihrer Hand zu akzeptieren. Greifen Sie niemals nach dem Hund. Überlassen Sie ihm die Entscheidung zu kommen, es sei denn, es handelt sich um einen Notfall.

Wenn ihr Hund trotz allem völlig distanziert bleibt, wie in a) und b) angegeben, sollten Sie einen professionellen Hundetrainer aufsuchen. Gehen Sie stets auf Nummer sicher und vermeiden Sie, dass Sie oder ein Familienmitglied, insbesondere ein Kind, gebissen werden.

Bei Punkt **c)** kommt die Berührung ins Spiel. Es ist sehr wichtig, dass Sie diesen Prozess nicht überstürzen. Fordern Sie den Hund auf, sich Ihnen zuzuwenden und eine Belohnung aus der Hand zu nehmen, während Sie ihn mit der anderen Hand berühren. Beginnen Sie stets unter dem Kinn, denn manche Hunde mögen es nicht, wenn man über ihren Körper greift. Berühren Sie ihn von Lektion zu Lektion etwas mehr und länger, berühren Sie andere Körperteile, zuerst den Kopf, dann den Rücken bis zum Schwanz und den Pfoten. Belohnen Sie den Hund nach jeder Berührung.

Wenn sich der Hund berühren lässt, während Sie ihn füttern, folgt als Nächstes eine Berührung *gefolgt* von der Belohnung. Beginnen Sie mit einer Sekunde Verzögerung und dehnen Sie dann die Zeit zwischen Berührung und Belohnung immer weiter aus. Es folgen festere Berührungen, bis sie schließlich den gesamten Körper des Hundes berühren dürfen. Natürlich wird er nach jeder Berührung belohnt.

Bei Punkt **d)**, dem nächsten Schritt, haben Sie einen Hund, der sich berühren lässt und seinen Körper dabei weder windet noch den Kopf wegdreht. Nun können Sie ihn einige Minuten festhalten und sogar kurz hochheben. Vielleicht wird er sich noch etwas winden, beruhigt sich aber sofort wieder. Vergessen Sie keinesfalls, ihn nach jeder Übung zu belohnen.
Bei **e)** hat der Hund seine Angst verloren; er lässt sich halten und hochheben, weil er sich vor allem auf die Belohnung konzentriert. Wenn er sich gelegentlich noch windet oder empfindlich reagiert, wurde er gewöhnlich durch etwas abgelenkt und beruhigt sich rasch. Inzwischen empfindet er die Berührung und das Festhalten als angenehm.
Im letzten Stadium **f)** genießt es der Hund, berührt und gehalten zu werden, und heißt jede freundliche Berührung willkommen. Inzwischen ist die Berührung zu seiner eigentlichen Belohnung geworden.

Beginnen Sie einfach. Setzen Sie das Training in einer Umgebung ohne Ablenkungen an, damit Ihr Hund mit Erfolgen rechnen kann. Wenn Ihr Hund später immer erfolgreicher wird, dürfen auch Ablenkungen und Ausdauer hinzukommen.

Arbeit mit Targets

Bevor Sie mit der Konzentration auf Targets beginnen, muss Ihr Hund an den Gebrauch von Klickern bzw. andere Laute oder Handzeichen gewöhnt sein (siehe S. 114).
Jedes Objekt, jeder Ton, auch Ihre eigene Hand können zum Target werden, auf das sich der Hund während des Trainings konzentriert. Auf S. 118 habe ich das Prinzip bereits beschrieben, die Targets Sticks wurden ebenfalls vorgestellt (siehe S. 132). Die Arbeit mit Targets ist ein wichtiges Hilfsmittel, denn es erleichtert Ihrem Hund den Lernvorgang. Der Hund weiß genau, wohin er gehen muss, und

lernt mit geringem Aufwand, was er tun soll. Mit Targets können Sie ihm bei Fuß gehen, Sitz, Platz, Steh, durch den Reifen springen, durch Tunnel kriechen und viele andere Verhaltensabläufe beibringen. So gewöhnen Sie Ihren Hund an einen Target Stick:

1. Beginnen Sie in einer ablenkungsfreien Umgebung. Reiben Sie das rote Ende des Target Sticks mit Putenfleisch ein und halten Sie den Stock weit genug entfernt, damit Ihr Hund nicht vor dem neuen Objekt erschrickt. Sobald er beginnt, das neue Objekt zu beschnuppern, klicken, loben und belohnen Sie ihn.
2. Da Sie zu 80% sicher sein dürfen, dass der Hund seine Nase auf den Stock richten wird (Pute), können Sie sagen: „Berühren", und ihm den Stock vor die Nase halten. Sobald er den Stock berührt, folgen Klicken und Leckerbissen; nehmen Sie den Stock wieder weg und wiederholen Sie die Prozedur.
3. Bewegen Sie nach einigen Trainingsstunden den Stock um den Hund herum, sodass er sich drehen muss, um ihn zu berühren.
4. Gehen Sie genauso vor, wenn Sie Ihren Hund auf die Hand oder den Zeigefinger trainieren.

Wenn Ihr Hund empfindlich auf Geräusche oder Bewegungen reagiert, sollten Sie den Target Stick unter Kopfhöhe präsentieren. Setzen Sie sich dazu einfach auf den Boden. Halten Sie die Trainingseinheiten kurz – nicht länger als fünf bis zehn Minuten. Setzen Sie täglich 10–15 Wiederholungen für ein bestimmtes Verhalten an.

Aufmerksamkeit erregen

Ein wichtiger Grund, warum Hunde nicht gehorchen, ist die Tatsache, dass sie einfach nicht zuhören. Um einen Hund zu motivieren, müssen Sie zunächst seine Aufmerksamkeit erregen. Dieses ganze Buch ist darauf abgestimmt, Sie und Ihren Hund zum Team zu machen. Wenn Sie gemeinsam agieren, achten Sie aufeinander. Jeden Tag gelingt es Ihnen ganz unbeabsichtigt, die Aufmerksamkeit Ihres Hundes zu erregen: Sie öffnen eine Futterpackung, öffnen die Tür ins Freie, holen die Leine, ziehen die Jacke an usw. Ohne das besonders zu üben, haben Sie seine Aufmerksamkeit auf sich gelenkt. Sie haben den Schalter im Kopf des Hundes umgelegt, der ihn auf etwas Angenehmes einstimmt, und er weiß, dass Sie der Auslöser dafür sind. Um die Aufmerksamkeit eines Hundes zu erregen, gehen Sie folgendermaßen vor:

1. Nehmen Sie einen Köder in die Hand und halten Sie ihn vor die Nase des Hundes.
2. Führen Sie die Hand mit einer gleichförmigen Bewegung vor Ihre Augen und sagen Sie gleichzeitig den Namen des Hundes, „Achtung", „Pass auf" oder „Schau her". Wenn die Augen des Hundes Ihrer Hand folgen, klicken Sie und belohnen ihn; wiederholen.
3. Wenn Sie sicher sind, dass Ihr Hund zu 80% Ihrer Hand folgt, ist er bereit für den nächsten Schritt – nun nehmen Sie die Belohnung in die andere Hand. Damit stellen Sie sicher, dass der Hund Ihrer Hand folgt und nicht dem Köder. Der Köder sollte nur Belohnung, nicht aber Bestechung sein. Halten Sie die leere Hand vor das Gesicht des Hundes und gehen Sie wie oben vor, benutzen Sie dieselben Worte. Wenn der Hund richtig reagiert, klicken Sie und belohnen ihn aus der anderen Hand.
4. Wenn der Hund zu 80% folgt, lassen Sie nach und nach das Handsignal verschwinden. Verkürzen Sie die Handbewegung von der Hundenase zu Ihren Augen, dann zeigen Sie nur auf Ihre Augen und schließlich lassen Sie die Handbewegung weg; der Hund reagiert jetzt allein auf das Stichwort.
5. Arbeiten Sie nun an Ausdauer, Abstand und Ablenkung (siehe S. 111). Falls erforderlich, sollten Sie wieder mit einem Köder arbeiten, wenn Sie ein neues Element einführen.

Tipp Sie können die Belohnung auch von Ihrem Mund aus zu Boden fallen lassen, damit der Hund das Stichwort ohne Handsignal versteht. Sagen Sie „Achtung", und wenn der Hund Sie anblickt, lassen Sie das Futterstückchen fallen. Damit konzentriert er sich besser auf Ihr Gesicht – denn von dort stammt die 10.000-€-Belohnung.

Für jedes Verhalten sollten Sie die Menge der Belohnungen nach und nach vermindern, je besser der Hund es beherrscht. Wechseln Sie von einer kontinuierlichen zu einer variablen positiven Verstärkung (siehe S. 112, Verstärkungspläne).

Sitz

Sitz – Stufe 1

1. Beginnen Sie in einer ablenkungsfreien Umgebung.
2. Nehmen Sie einen Leckerbissen zwischen Daumen und Handfläche. Halten Sie den Klicker in der anderen Hand, weg vom Gesicht des Hundes. Benutzen Sie den Finger als Target; halten Sie die Hand etwa 5 cm über die Nase des Hundes. Reichen Sie nicht über den Scheitel hinaus. Der Trick ist, dass Sie den Hund dazu bewegen müssen, den Kopf zu heben und zu Ihnen aufzublicken. Wenn er hochblickt, bewegt sich sein Hinterteil etwas nach unten. Wenn Sie die Hand zu hoch halten, könnte er versuchen, die Belohnung im Sprung zu erreichen. Halten Sie die Hand zu tief, wird er nur an Ihrer Hand knabbern. Sie können ihn dabei ermuntern: sagen Sie „Braver Hund“ oder „Du bist der Beste“ oder was immer Sie ihm sagen, wenn Sie ihn mit freundlicher Stimme loben. Sobald er mit dem Hintern den Boden berührt, erfolgen Klicken, Belohnung und Lob. Wiederholen Sie diese Schritte bei jeder Trainingseinheit 10–15 Mal.
Wenn Sie ein Problem damit haben, Ihren Hund zum Sitzen zu bewegen, sollten Sie schon Zwischenstufen belohnen, z.B. wenn er aufblickt, sich zurücklehnt oder wenn er mit dem Hintern beinahe den Boden berührt (diese Schritte gehören bereits zum Sitz-Verhalten). Belohnen Sie jeden seiner erfolgreichen Versuche und fordern Sie beim nächsten Mal etwas mehr von ihm.
3. Wenn Sie sicher sind, dass Ihr Hund zu 80 % sitzt, wenn Sie Ihre Hand bewegen, sagen Sie „Sitz“, unmittelbar bevor Sie die Hand bewegen.

4. Wiederholen Sie die Übungen drei- bis fünfmal täglich mit jeweils 15 Wiederholungen während 2–3 Minuten. Arbeiten Sie die Sitz-Routine ins tägliche Leben Ihres Hundes ein. Lassen Sie ihn sitzen, wenn Sie mit ihm das Haus verlassen, wenn Sie die Treppen rauf- und runtergehen, bevor er aus seiner Box darf usw. In diesen Beispielen ist die nachfolgende Freiheit zusammen mit Ihnen die Belohnung für sein Verhalten; Sie brauchen keine Leckerbissen.
Wenn Ihr Hund springt statt sich hinzusetzen, müssen Sie mit einem Keine-Belohnung-Marker arbeiten. Sagen Sie „Nein, nein" und ziehen Sie ihm die Belohnung weg. Sobald er wieder auf allen vieren steht, fangen Sie neu an, halten die Hand über seinen Kopf und lassen die Übung erneut ablaufen (siehe Keine-Belohnung-Marker, S. 117).

Sitz – Stufe 2

Jetzt müssen Sie den Abstand und eine leichte Ablenkung einführen, damit Ihr Hund lernt, auch dann zu sitzen, wenn Sie nicht neben ihm sind.
1. Blicken Sie Ihren Hund an. Gehen Sie wie in Stufe 1 vor, aber im Abstand von 30 cm. Wiederholen Sie die Prozedur mehrere Male und vergrößern Sie den Abstand auf 60, 90 cm usw. Schließlich sollte er noch auf 15 m Entfernung reagieren.
2. Lassen Sie Ihren Hund vor sich sitzen. Treten Sie mit dem rechten Fuß neben ihn; bewegen Sie sich wieder zurück; klicken und Belohnung. Wenn der Hund verlässlich sitzen bleibt, gehen Sie einen Schritt weiter an seine Seite und gehen wieder zurück; bleiben Sie vor ihm stehen; klicken und Belohnung. Machen Sie so lange weiter, bis Sie um den Hund herumgehen können, ohne dass er sich rührt. Manche Hunde lernen das leichter, wenn Sie sich dazu auf den Boden niederlassen. Beachten Sie die Lerngeschwindigkeit Ihres Hundes. Wenn Sie einmal um ihn herumgehen können, hat er den Jackpot gewonnen! Geben Sie ihm mehrere Leckerbissen und sagen Sie ihm, wie großartig er ist. Halten Sie die Lektionen kurz. Beginnen Sie mit großen Belohnungen und reduzieren Sie nach und nach den Wert und die Menge der Belohnungen.

3. Führen Sie das automatische „Sitz“ ein. Beginnen Sie in einer Umgebung ohne Ablenkungen, etwa in Ihrem Garten. Laufen Sie mit dem Hund an Ihrer Seite herum. Halten Sie ab und zu an und sagen Sie „Sitz“, benutzen Sie auch das Handzeichen oder beides. Klicken und Belohnung bei jedem Erfolg. Wenn der Hund nicht innerhalb von 2 Sekunden sitzt, sagen Sie „Nein, nein“ (der Keine-Belohnung-Marker) und gehen ein paar Schritte weiter. Versuchen Sie es nochmals. Die Ablenkung können Sie auf einem Spaziergang üben, wenn er an der Leine geht. Hier ein anderer Vorschlag: Bitten Sie einen netten Nachbarn um Hilfe. Gehen Sie neben dem Hund aus und lassen Sie den Nachbarn auf sich zukommen. Dann bleiben Sie mit dem sitzenden Hund stehen, während der Nachbar weiter auf Sie zukommt. Wenn Ihr Hund aufsteht, sollte der Nachbar umdrehen und ein paar Schritte lang eine andere Richtung einschlagen. Dann sollte er anhalten, sich Ihnen zuwenden und warten. Wenn Ihr Hund wieder sitzt, darf der Nachbar sich wieder nähern. Sobald er bei Ihnen angekommen ist, sollten Sie klicken, den Hund belohnen und ihn loben. Schließlich können Sie Ihren Hund immer länger sitzen lassen.

Sitz – Stufe 3

Jetzt sind Sie bereit, ihren Hund noch stärker abzulenken, damit er auch an anderen Orten und bei stärkeren Störungen aus der Umgebung sitzt.

1. Lassen Sie Ihren Hund sitzen, während Sie ihm den Rücken zuwenden. Dann sagen Sie nochmals „Sitz“, während Sie sich hinlegen, in einem anderen Raum sind oder unter anderen Bedingungen. Belohnen Sie jeden erfolgreichen Versuch. Natürlich ist es ein langsamer Prozess. Berücksichtigen Sie die Lerngeschwindigkeit Ihres Hundes. Macht es *Ihnen* Spaß? Sind *Sie* glücklich? Gehen Sie positiv an die Sache heran.

2. Versuchen Sie, andere Hunde und Menschen einzubinden. Wenn der Hund abgelenkt wird, machen Sie mit Worten oder einer Handbewegung auf sich aufmerksam – falls erforderlich, nehmen Sie wieder etwas Futter in die Hand. Geben Sie das Stichwort

zunächst, wenn fremde Hunde und Menschen weit entfernt sind, und verkürzen Sie den Abstand nach und nach.

3. Nach einigen solcher Lektionen sollte ein anderer Hund als Ablenkung zugegen sein. Nehmen Sie einen gut erzogenen Hund, der seine Befehle kennt. Zwei Hunde zur gleichen Zeit auszubilden, würde Sie überfordern. Fangen Sie mit dem Magnetspiel an (siehe S. 157) und beginnen Sie neu.

4. Sie können Ihren Hund auch übergrätschen. Gehen Sie um ihn herum, während er sitzt, und steigen Sie dann mit einem Schritt über ihn. Schließlich stellen Sie sich mit gegrätschten Beinen hin und gehen breitbeinig über ihn hinweg.

Sitz – Stufe 4

In Stufe 4 wird Ihr Hund noch stärker auf Ausdauer, Abstand und Ablenkung trainiert, bis er schließlich auf Anforderung überall und immer sitzt.

1. Ausdauer üben Sie, während Ihr Hund sitzt. Versuchen Sie, ihn 10 Minuten lang sitzen zu lassen. Verlassen Sie den Raum oder üben Sie vor dem Supermarkt. Bleiben Sie aber immer in Sichtweite und lassen Sie ihn in der Öffentlichkeit niemals von der Leine (siehe „Bleib“ auf S. 163).

2. Entfernen Sie sich, während Ihr Hund sitzt. Rufen Sie ihm aus 15 m Entfernung zu, sich hinzulegen und wieder zu sitzen.

3. Bitten Sie andere Menschen, den Hund zu stören. Beginnen Sie mit einer Entfernung, die Ihr Hund noch toleriert. Dann sorgen Sie für lautere und plötzliche Geräusche (Topf schlagen, Stühle rücken, Pfiffe, vorbeigehende Menschen mit wehenden Mänteln und Balldribbling). Seien Sie kreativ. Üben Sie im Wartezimmer des Tierarztes, im Haus von Nachbarn und Verwandten, im Zoogeschäft oder beim Karneval. Geben Sie zunächst nur Handsignale und dann nur Kommandos. Gehen Sie um den Hund herum. Schließlich sollte er es aushalten, wenn Sie mit einem anderen Hund um ihn herumgehen. Sie sollten im Grätschschritt über Ihren Hund steigen können, während jemand eine Trommel schlägt oder einen wehenden Mantel trägt oder beides. Außerdem sollte Ihr Hund

nicht auf einen Fremden reagieren, wenn Sie das Kommando „Sitz und bleib" gegeben haben.
Verwenden Sie einen Keine-Belohnung-Marker, wenn Ihr Hund nicht macht, was Sie von ihm erwarten.

Das Magnetspiel

Das auf Belohnungen basierende, gewaltfreie Hundetraining funktioniert, weil es auf Anziehung baut. Es kommt darauf an, eine Umgebung zu schaffen, in der ein Hund lernt, Ihre Aufmerksamkeit zu erregen, indem er erwünschte Verhaltensweisen zeigt. Andererseits lernt er auch, dass ihm diese Aufmerksamkeit entzogen wird, wenn sein Verhalten nicht Ihre Zustimmung findet. Mit anderen Worten, die magnetische Anziehungskraft geht verloren. Der Hund sitzt und Sie loben ihn, er legt sich und bekommt ein Stück Pute, er geht an seinen Platz und findet ein Spielzeug mit Leckerbissen oder darf ins Freie. Das Magnetspiel zeigt Ihrem Hund die Möglichkeiten auf, wie er mit erwünschtem Verhalten Belohnungen bekommt.
1. Binden Sie Ihren Hund mehrmals am Tag an einem Sofa oder einer Tür an, wo Sie ihn überwachen können. Binden Sie niemals einen Hund an und lassen Sie ihn dann allein. Die Leine sollte etwa einen Meter lang sein, aber der Hund darf Sie nicht erreichen.
2. Jetzt beginnt das Magnetspiel. Immer wenn der Hund ein Verhalten zeigt, das Sie verstärken möchten, z.B. sitzen oder liegen, wird er zum Magnet, der Ihre Aufmerksamkeit anzieht. Bei diesen Gelegenheiten können Sie ihm 1) einen Leckerbissen zuwerfen, 2) ihn loben, 3) hingehen und ihn tätscheln oder 4) alles zu einer Dreifachbelohnung kombinieren. Sobald der Hund aufsteht, entziehen Sie ihm sofort die Aufmerksamkeit (dann ist er nicht länger der Magnet). Ein Beispiel: Der Hund sitzt, also gehen Sie zu ihm, um ihn zu streicheln. Auf dem Weg dahin, steht er auf. Da Sitzen das Verhalten ist, das Sie gerne sehen wollten, wurde die magnetische

Anziehung durchbrochen – sie drehen sofort ab und gehen woanders hin. Sobald der Hund aber wieder sitzt oder liegt, funktioniert der Magnet wieder.

Diese Übungen können Sie wunderbar machen, während Sie fernsehen, telefonieren, essen oder am Schreibtisch sitzen. In meinen Seminaren üben wir das ständig. So lange ein Hund sitzt oder liegt, bleibt der Halter bei ihm. Wenn er aufsteht, geht der Halter weg. Hunde sind in dieser Beziehung sehr lernfähig; außerdem hilft es bei der gesamten Ausbildung.
Vielleicht wird Ihnen die Bedeutung des Magnetspiels noch deutlicher, wenn Sie es mit einem Freund spielen. Stellen Sie sich vor, Sie sitzen mit jemandem zusammen, dessen Verhalten Sie positiv verstärken wollen – Sie dürfen aber nicht verraten, an was Sie dabei denken. Sie beide nehmen an dem Spiel teil, sind gleichzeitig Spielleiter und Objekt. Stellen Sie sich vor, Sie wollen verstärken, wenn sich der andere am Kopf kratzt, lächelt, aus dem Fenster sieht, gähnt, mit der Zehe auf den Boden tippt oder an den Nägeln kaut. Jeder von Ihnen muss sich einen „Marker" aussuchen, um das entsprechende Verhalten zu kennzeichnen (zu Markern siehe S. 114). Wählen Sie irgendeine Phrase, wie „Gute Arbeit", „Nicht schlecht" usw. Jedes Mal, wenn der andere zufällig die erwünschte Geste macht, wird sofort die Phrase geäußert. In den meisten Fällen wird das „Objekt" sich zunächst nicht erinnern, was es gerade gemacht hat, doch nach einigen Wiederholungen verbindet es den Marker mit dem entsprechenden Verhalten. Der erste, der es errät, bekommt eine Belohnung. Seien Sie kreativ. In der Tat ist das ein nettes Spiel und es hilft Ihnen dabei zu verstehen, wie Ihr Hund lernt.

Platz

Platz – Stufe 1

1. Beginnen Sie in einer ablenkungsfreien Umgebung. Lassen Sie den Hund zunächst sitzen. Halten Sie ihm die Hand mit einer Belohnung unter die Nase und bewegen Sie sie zu Boden. Stellen Sie sich ein unsichtbares Band zwischen Ihrer Hand und der Hundenase vor. Ermuntern Sie ihn auch durch Worte. Sobald er sich auf den Boden legt, folgen Klicken, Lob und eine Belohnung. Wiederholen Sie den Vorgang 10–15 Mal.
2. Wenn sich Ihr Hund in 80% der Fälle hinlegt, sobald Sie ihm das Handzeichen geben, sagen Sie „Platz" sofort vor dem Handzeichen. Sollte Ihr Hund nicht gleich begreifen, worum es geht, müssen Sie wieder jeden kleinsten Fortschritt belohnen. Stellen Sie sich vor, Sie trainierten einen Welpen; dann klicken Sie bereits bei der kleinsten „Annäherung" an das erwünschte Verhalten. Klicken Sie, wenn er den Kopf nur ein paar Zentimeter senkt, klicken Sie, wenn er den Kopf noch etwas tiefer senkt oder dabei eine Pfote nach vorn bewegt. Bis der Welpe den vollständigen Bewegungsablauf erfasst hat, klicken Sie bei jedem Fortschritt. Sobald der Hund aufsteht, lassen Sie die Belohnung verschwinden und beginnen von vorn. Dann allerdings sollten Sie etwas langsamer fortschreiten, damit Sie wieder auf Erfolgen aufbauen können.

Tipp Wenn es sehr schwierig ist, Ihren Hund zum Liegen zu bringen, hier einige Tipps: Stellen Sie Ihren Hund oben an eine Treppe. Nehmen Sie eine Belohnung und halten Sie sie unter die oberste Stufe. Nun muss der Hund den Kopf stärker senken, um die Belohnung zu erreichen. Oder setzen Sie sich mit ausgebreiteten Beinen auf den Boden und heben Sie ein Knie an, sodass ein Tunnel entsteht. Bieten Sie die Belohnung so an, dass Ihr Hund unter den „Tunnel" kriechen muss, um den Leckerbissen zu erreichen.

Platz – Stufe 2

Jetzt können Sie Abstand und Ausdauer trainieren.
1. Lassen Sie Ihren Hund aus dem Stand in die liegende Position gehen.
2. Geben Sie das Kommando aus einiger Entfernung. Fangen sie bei etwa 50 cm an und steigern Sie langsam.
3. Dehnen Sie die Zeit bis auf 5 Minuten aus, die der Hund in der liegenden Stellung verbringen muss. Bauen Sie wiederum nur auf Erfolge auf. Beginnen Sie mit Sekunden und enden Sie bei Minuten. Lassen Sie sich Zeit. Lächeln!
4. Bringen Sie ihm bei, aus der liegenden in die sitzende Stellung zu gehen. Stellen Sie sich wieder die unsichtbare Schnur von Ihrer Hand zu seiner Nase vor. Beginnen Sie mit einer Belohnung in der Hand und heben Sie sie vorsichtig an. Klicken und Belohnung. Dann können Sie Sit-Ups üben: Sitz, Platz, Sitz, Platz. Klicken, Lob und Belohnung; wiederholen Sie die Schritte.

Platz – Stufe 3

Jetzt sind Sie bereit, mit Ablenkungen zu arbeiten, damit sich Ihr Hund überall hinlegt, auch wenn er durch die Umgebung abgelenkt wird.
1. Lassen Sie Ihren Hund sich hinlegen, während Sie ihm den Rücken zudrehen. Sagen Sie „Platz", während Sie sich hinlegen, in einem anderen Raum sind oder unter anderen Bedingungen. Natürlich geht das nur nach und nach; richten Sie sich nach der Lerngeschwindigkeit Ihres Hundes.
2. Nun kommen andere Hunde und Menschen ins Spiel. Wenn sich Ihr Hund ablenken lässt, machen Sie durch Worte oder durch Handbewegungen auf sich aufmerksam – wenn nötig, nehmen Sie Futter in die Hand. Halten Sie den Abstand zu den anderen Hunden und Menschen zunächst noch so groß, dass er auf das Stichwort „Platz" reagiert. Verkürzen Sie nach und nach den Abstand, bis er sogar mit einem anderen Hund in seiner direkten Nähe reagiert.
3. Verabreden Sie eine Begegnung mit Nachbarn. Laufen Sie auf-

einander zu. Halten Sie an und lassen Sie Ihren Hund Platz machen, während der Nachbar auf Sie zukommt. Wenn Ihr Hund aufsteht, muss sich der Nachbar sofort abwenden und ein paar Schritte weit gehen, dann anhalten, sich Ihnen zudrehen und warten. Wenn Ihr Hund wieder liegt, darf der Nachbar erneut näher kommen. Wenn er bei Ihnen angekommen ist, folgen Klicken, Belohnung und ein Streicheln für den Hund. Dehnen Sie die Übung auf „Platz und bleib“ aus.

4. Nach einigen Trainingseinheiten gehen Sie auf den Nachbarn zu, statt stehen zu bleiben. Klicken und Belohnung, wenn Ihr Hund „Platz“ macht.

Automatisches „Platz“

Diese Technik sollten Sie lehren, wenn Sie ein Baby oder kleines Kind im Haus haben. Beginnen Sie in einer ablenkungsfreien Umgebung. Binden Sie Ihren Hund an oder bitten Sie jemanden, die Leine zu halten. Betreten Sie den Raum mit dem Kind auf dem Arm oder – wenn es schon laufen kann – an der Hand. Jedes Mal, wenn Sie den Raum betreten, geben Sie Ihrem Hund das Kommando „Platz“ oder ein entsprechende Handzeichen. Klicken und Belohnung für jeden Erfolg. Wiederholen Sie die Schritte. Wenn das Kind alt genug ist, schreiten Sie so lange fort, bis es allein den Raum betritt. Dann sollte sich der Hund hinlegen und bleiben, bis er durch ein Kommando erlöst wird, oder in einen anderen Raum bzw. in seine Box gehen. Die Sicherheit für Ihren Hund ist genauso wichtig wie die Sicherheit Ihres Kindes.

Platz – Stufe 4

In Stufe 4 erhöhen wir den Abstand und fügen weitere Ablenkungen hinzu, sodass der Hund überall und jederzeit auf das Kommando „Platz“ reagiert.

1. Lassen Sie Ihren Hund „Platz“ machen. Versuchen Sie, die Dauer bis auf 30 Minuten auszudehnen. Lassen Sie den Hund in einem Raum zurück oder vor einem Supermarkt. Bleiben Sie jedoch

immer in Sichtweite und lassen Sie den Hund in der Öffentlichkeit angeleint.
2. Lassen Sie mehr Ablenkungen auf Ihren Hund einwirken, wenn Sie „Platz“ sagen. Beginnen Sie, das Kommando auch aus der Entfernung zu geben, wenn der Hund erfolgreich war. Steigern Sie die Ablenkungen, machen Sie laute und plötzliche Geräusche, wie Topfschlagen, Stühle umwerfen, Pfeifen, Menschen mit wehenden Mänteln, verschiedene Hunde und dribbelnde Bälle. Üben Sie im Wartezimmer des Tierarztes, in den Wohnungen von Nachbarn und Verwandten, im Zoogeschäft und beim Karneval. Geben Sie zunächst nur Handzeichen und dann nur das Stimmenkommando. Laufen Sie um Ihren Hund herum, während Sie einen anderen Hund an der Leine führen.
3. Rufen Sie Ihrem Hund das Kommando aus der Entfernung zu. Steigern Sie den Abstand bis auf 15 m.

Steh

Wenn Sie Ihrem Hund beibringen, stehen zu bleiben, hilft Ihnen das später beim Tierarzt, wenn eine Pfote untersucht werden muss, außerdem beim Waschen und bei der Fellpflege. Es dauert nicht lange.

Steh – Stufe 1

1. Lassen Sie Ihren Hund sitzen, das Gesicht Ihnen zugewandt.
2. Nehmen Sie einen Köder in die Hand und halten Sie die Hand mit der Handfläche nach vorn Ihrem Hund direkt unter die Nase.
3. Sagen Sie „Steh“ und ziehen Sie die Hand langsam zurück, parallel zum Boden. Warum sagen Sie bereits jetzt „Steh“? Denken Sie daran, dass man gewöhnlich die 80% Regel einhalten sollte. In diesem Fall halten Sie jedoch einen Köder in der Hand, keine Ablenkungen sind vorhanden, daher wird er Ihnen ganz sicher folgen.

4. Wenn der Hund aufsteht, um seine Belohnung zu bekommen, Klicken, Loben, Belohnung.
5. Wiederholung.

Steh – Stufe 2

Nun wird das Verhalten für längere Zeit geübt, der Hund muss stehend ausharren.

Steh – Stufe 3

Geben Sie das Kommando aus größerer Entfernung.

Steh – Stufe 4

Fügen Sie Ablenkungen hinzu und lassen Sie den Hund in unterschiedlicher Umgebung reagieren. Gehen Sie um ihn herum und berühren Sie ihn überall am Körper.

Bleib

Manche Trainer legen keinen Wert auf das Kommando „Bleib“. Sie glauben, dass ein Hund, der gelernt hat zu sitzen oder zu liegen, in dieser Position verharren sollte, bis man ihn daraus befreit. Diese Idee ist nur theoretisch gut, denn viele Menschen vergessen einfach, Ihren Hund zu „befreien“, also befreit er sich selbst und steht auf. Daher lehre ich stets auch das Kommando „Bleib“ – nicht nur für den Hund, sondern auch für die Besitzer.
Denken Sie immer daran, dass jedes Verhalten einen Anfang und ein Ende hat. Sie müssen das Kommando geben und den Hund schließlich auch aus dem erwünschten Verhalten befreien. Natürlich sollte dies entspannt geschehen. Ich benutze dazu das Wort „Okay“, aber manche Trainer glauben, dass dieses Wort zu häufig in der Umgangssprache verwendet wird – wenn der Hund es auf-

schnappt, könnte er das erwünschte Verhalten beenden. Wenn Sie also mögen, können Sie sich für ein anderes Wort entscheiden, wie z.B. „Braver Hund“ oder „Frei“. Ich werde allerdings bei „Okay“ bleiben, okay?

1. Geben Sie Ihrem Hund ein beliebiges Kommando („Sitz“, „Platz“, „steh“ usw.).
2. Sagen Sie „Bleib“. Warum „Bleib“ schon zu diesem Zeitpunkt? Denken Sie daran: Eigentlich sollten Sie ein Kommando erst durch ein Wort markieren, wenn Sie sicher sind, dass Ihr Hund in 80% der Fälle erfolgreich reagiert. Zu diesem Zeitpunkt soll Ihr Hund allerdings nur eine halbe Sekunde lang „bleiben“, daher können Sie sicher sein, dass er erfolgreich sein wird.
3. Halten Sie dem Hund Ihre Handfläche vor die Nase (Klicker in der anderen Hand); Klicken, Loben, Belohnung. Das Klicken in Verbindung mit „Okay“ oder „Braver Hund“ entlässt den Hund aus seinem Verhalten. Lassen Sie ihn nach und nach länger in der Position verharren, erst eine Sekunde, dann zwei usw. Schließlich verzichten Sie auf den Klicker und gebrauchen nur noch das Wort „Okay“ oder „Braver Hund“, um das Ende der Übung anzuzeigen.

Stufen 2, 3 und 4 sorgen dafür, dass Ihr Hund Ausdauer und Abstand lernt und sich auch von größeren Ablenkungen nicht stören lässt.

Versteckspiel

Dieses Spiel gleicht dem Versteckspiel, das wir alle als Kinder gespielt haben.

Versteckspiel – Stufe 1

1. Sagen Sie Ihrem Hund „Sitz“ oder „Platz“ sowie „Bleib“.
2. Nun ducken Sie sich hinter einen Sessel und verstecken sich für eine Sekunde.
3. Strecken Sie den Kopf heraus und sagen Sie: „Hier bin ich.“

4. Wenn Ihr Hund zu Ihnen kommt, loben Sie ihn und zeigen Sie ihm, was für ein kluges Tier er doch ist.

Versteckspiel – Stufe 2

Gestalten Sie das Spiel nach und nach anspruchsvoller, lassen Sie ihn länger „bleiben" und verstecken Sie sich besser. Sie können z.B. in Ihr Schlafzimmer laufen und sich im Schrank verstecken. Um es ihm leichter zu machen, lassen Sie die Tür einen Spalt breit offen stehen. Beziehen Sie andere Menschen mit ein; lassen Sie sie sagen, „Such Jane! Wo ist Jane?"

Versteckspiel – Stufe 3

Nun können Sie – vorsichtig natürlich – auf eine Kommode klettern. Bringen Sie Ihren Hund dazu, Sie „in der Höhe" zu finden, und sorgen Sie für Ablenkungen.

Versteckspiel – Stufe 4

Gehen Sie mit Ihrem Hund spazieren und führen Sie ihn an einer 10 m langen Leine. Wenn er gerade nicht hinsieht, verstecken Sie sich hinter einem Baum oder klettern hinauf. Der Hund wird das Spiel nicht nur lieben; er wird auch darauf achten, Sie ständig im Blick zu haben. Üben Sie in einer ablenkungsreichen Umgebung, z.B. in einem Park mit anderen Hunden und Tieren. Seien Sie vorsichtig! Wenn Sie sich verstecken, sollte ein Freund den Hund festhalten; der Hund darf niemals unbeaufsichtigt sein.

Such

Das ist ein tolles Training, denn es stimuliert die emotionale, mentale und körperliche Seite Ihres Hundes. Achtung: Berücksichtigen Sie bei der Zusammenstellung des täglichen Futters die zusätzlichen Leckerbissen, die Ihr Hund bei den diversen Übungen bereits als Belohnung bekommen hat!

Such – Stufe 1

1. Lassen Sie Ihren Hund sitzen.
2. Legen Sie eine 10.000-€-Belohnung – z.B. ein Stück Pute – vor ihn auf den Boden und sagen Sie „Such".
3. Wiederholen Sie dies mehrere Male, wobei Sie die Belohnung immer weiter weg, aber noch in Sichtweite legen. Sollte Ihr Hund in gespannter Erwartung schon vorher aufstehen, müssen Sie wieder „Bleib" mit ihm üben, bis er durch „Such" befreit wird.

Such – Stufe 2

1. Vergrößern Sie den Abstand, bis die Belohnung etwa 1 m weit weg liegt.
2. Nun wird der Leckerbissen hinter einem Stuhl- oder Tischbein versteckt. Der Hund muss zwar sehen, wo Sie die Belohnung verstecken, darf sie selbst aber nicht sehen. Sagen Sie „Such" und er wird Sie ansehen, als ob Sie einen Spaß machen. Natürlich wird er sofort zur Belohnung laufen. Wenn er sie frisst, loben Sie ihn und machen ihm klar, was für ein toller Hund er ist.

Such – Stufe 3

1. Verstecken Sie in jeder folgenden Übungseinheit die Belohnung etwas besser.
2. Lassen Sie Ihren Hund in einem Raum „bleiben" und verstecken Sie den Leckerbissen in einem anderen. Machen Sie die Verstecke schwieriger und anspruchsvoller – unter einem Teppich oder auf einer Fensterbank, die der Hund gerade noch erreicht.

Such – Stufe 4

1. Spielen Sie das Spiel im Freien. Beginnen Sie mit einfachen Verstecken und machen Sie die Aufgabe nach und nach anspruchsvol-

ler. Versuchen Sie folgende Variation: Ehe Sie mit dem Hund in den Garten gehen, legen Sie eine deutliche Fußspur auf dem Rasen an. Lassen Sie irgendwo auf dem Weg eine Belohnung fallen. Dann bringen Sie Ihren Hund zum Anfang der Spur und sagen Sie „Such". So lernt Ihr Hund, den Duft Ihrer Fußtritte aufzunehmen und ihm bis zur Belohnung zu folgen.
2. Beschäftigen Sie Ihren Hund mit Suchen, während Sie morgens duschen oder lange frühstücken. Sie können bis zu 20 Belohnungen im Haus verstecken, bevor Sie zur Arbeit gehen und sagen ihm „Such", wenn Sie das Haus verlassen. Schon bald wird er begierig darauf warten, dass Sie das Haus verlassen (natürlich geht das nur, wenn Sie Ihrem Hund vertrauen können und er nicht das Haus in ein Chaos verwandelt, während Sie weg sind).

Gehe zu ...

Dieses Kommando bringt Ihren Hund dazu, sich an jeden Platz zurückzuziehen, den Sie bestimmen. Genauso lehren Sie ihn auch, in seine Box, auf sein Bett, den Teppich, eine Matte usw. zu gehen. Ändern Sie einfach das Kommando.
„Gehe zu ..." ist eine sehr praktische und nützliche Verhaltensweise. Sie hilft in den unterschiedlichsten Situationen, z.B. wenn Ihr Hund den Briefträger anbellt, sie nervt, während Sie telefonieren, zur Tür rennt, wenn es klingelt, bei Tisch bettelt oder wenn er sich vor Fremden fürchtet, die im Haus arbeiten. Indem Sie ihm beispielsweise sagen: „Geh in deinen Korb", lenken Sie seine Aufmerksamkeit ab und geben ihm etwas anderes zu tun. Das beruhigt ihn, wenn er nervös ist, oder lenkt ihn ab, wenn er etwas macht, was Ihnen nicht gefällt. Außerdem ist das Kommando sehr praktisch, wenn der Hund Ihnen im Weg ist. So stolpern Sie nicht über ihn, wenn Sie mit einem vollen Wäschekorb unterwegs sind. Schritt für Schritt wird Ihr Hund den Ablauf sehr rasch erfassen.
1. Stellen Sie sich direkt neben den Ort, den Sie ausgewählt haben (Bett, Decke, Box oder einen anderen Ort).

2. Geben Sie das Kommando, das Sie sich ausgedacht haben, wie „Geh auf deinen Platz“, „Auf deine Decke“ usw. (ich bevorzuge „Geh parken“). Lassen Sie Ihren Hund sehen, wie Sie eine 10.000 € Belohnung auf den Platz werfen. Sie können auch einen Leckerbissen als Köder in die Hand nehmen und mit einem Target Stick auf den Ort weisen. Warum wird bereits in diesem Stadium ein Kommando gebraucht? Immerhin sollen Sie erst dann ein Verhalten mit einem Kommando „markieren“, wenn der Hund in 80% der Fälle korrekt reagiert. In diesem Fall dürfen Sie jedoch zu fast 100% sicher sein, dass er richtig reagiert, denn er wird der Belohnung folgen.
3. Sobald Ihr Hund seine Belohnung an dem „Ort“ frisst, kommen Klicker und Lob zum Einsatz. (Benutzen Sie den Klicker bei scheuen oder zögernden Hunden bereits beim kleinsten Fortschritt. Klicken Sie, wenn eine Pfote den Platz berührt; klicken Sie wieder, wenn die zweite Pfote dazukommt usw.)
4. Wiederholen Sie mehrmals und zu verschiedenen Gelegenheiten.
5. Wenn Sie, je nach Fortschritt Ihres Hundes, zu 80% sicher sein können, dass er auf Kommando und Handzeichen den Ort aufsucht, ohne dass Sie eine Belohnung werfen, nehmen Sie die Belohnung in die andere Hand. Sagen Sie das Kommando und klicken Sie, wenn der Hund an seinem Platz ist. Jetzt belohnen Sie ihn aus der anderen Hand – *nachdem* er sich auf die Decke gesetzt hat. Der Unterschied ist, dass Sie den Leckerbissen nun nicht mehr als Köder, sondern als Belohnung einsetzen.
6. Bewegen Sie sich langsam von dem Ort weg, Schritt für Schritt. Vergrößern Sie die Entfernung nur dann, wenn Sie zu 80% sicher sind, dass Ihr Hund gehorchen wird. Sollte er nicht wissen, was Sie wollen, sind sie zu weit oder zu schnell vorgegangen. Gehen Sie zu dem Punkt zurück, an dem er noch richtig reagiert hat, und vergrößern Sie den Abstand von da aus.
7. Wenn der Hund gelernt hat, von überall an den bezeichneten Ort zu gehen, gehen Sie zu wechselnden Belohnungen über. Zunächst bekommt er für jeden erfolgreichen Versuch eine Belohnung, dann jedes dritte oder vierte Mal usw. Verändern Sie den Wert der Beloh-

nungen oder schenken Sie ihm statt Futter einen Spaziergang. Wenn Sie Ablenkung einführen, z.B. mit jemandem an der Tür, beginnen Sie wieder direkt neben dem Platz mit 10.000-€-Belohnungen für jeden erfolgreichen Versuch. Wenn Ihr Hund besser wird, vergrößern Sie nach und nach den Abstand und belohnen Sie ihn nicht jedes Mal. Wenn er wirklich verstanden hat, worum es geht, reicht als Belohnung oft aus, wenn er den Gast an der Tür begrüßen darf oder eine andere positive Bestätigung, wie ein Spaziergang.

Wenn es wirklich schwierig werden soll, dann bringen Sie Ihrem Hund doch bei, zu vier verschiedenen Orten zu gehen. Allerdings muss jeder Ort ein spezielles Kommando bekommen, wie „Bett", „Box", „Teppich", „Sofa" usw. Bringen Sie Ihrem Hund nur jeweils ein Kommando bei und nur dann ein neues, wenn er die alten beherrscht. Stellen Sie zu Anfang die beiden Orte möglichst weit auseinander – z.B. Bett und Box. Schicken Sie ihn 10 Mal zum Bett (zeigen Sie darauf, wenn Sie ihm helfen wollen). Wiederholen Sie die Prozedur während ein paar Lektionen, dann schicken Sie ihn zur Box. Geben Sie das Kommando nur mit Worten, ohne zu zeigen. Wenn Ihr Hund in 80% der Fälle richtig reagiert, können Sie Bett und Box näher zusammenrücken. Bauen Sie auf den Erfolgen auf, bis die beiden Plätze sich nebeneinander befinden. Wenn Ihr Hund zwischen zwei Orten unterscheiden kann, fügen Sie einen dritten, wie eine Matte, hinzu; beginnen Sie wieder mit der Matte am anderen Ende des Raumes.

Bei sensiblen und zögerlich reagierenden Hunden gibt es mehrere Möglichkeiten, das Training zu erleichtern:

- Nehmen Sie bei abgedeckten Boxen den Deckel ab.
- Klicken Sie systematisch: Klicken Sie, wenn der Hund seinen Kopf hineinsteckt; wenn die Pfote drin ist und wenn er die zweite Pfote hineinsteckt usw., bis er ganz in die Box geht.
- Machen Sie nur kurze Trainingseinheiten und sorgen Sie für große Belohnungen. Sie können den Hund auch in der Box füttern. Stellen Sie das Futter zunächst direkt hinter der Tür ab und rücken Sie den Napf nach und nach weiter hinein. Nach einer Woche muss der Hund in die Box gehen, um zu fressen. Achten Sie bei sensi-

blen Hunden darauf, dabei auf keinen Fall die Tür der Box zu verschließen.

- Wenn er gerade nicht hinsieht, sollten Sie eine große Belohnung in der Box verstecken; lassen Sie ihn die Belohnung selbst finden.
- Schließen Sie die Tür erst dann, wenn sich der Hund in seiner Box wohl fühlt. Halten Sie die Tür zunächst nur für eine Sekunde lang geschlossen und verlängern Sie die Zeit. Schließlich sollten Sie den Raum kurz verlassen und nach und nach auch diese Phase verlängern.

Runter vom Sofa

Einem Hund beizubringen, vom Sofa, dem Bett oder einem anderen Platz zu springen, funktioniert genauso wie das Kommando „Geh zu..“ Zunächst darf er auf das Sofa gehen; das dürfte nicht schwierig sein. Sie können es durch ein Kommando wie „Sofa“ oder „Hopp“ unterstützen und dabei auf das Sofa klopfen. Sobald er dort sitzt, stellen Sie sich daneben und lassen ihn dieselben Stufen wie beim Kommando „Geh zu..“ durchlaufen; benutzen Sie ein Kommando wie „Runter“ oder „Ab“.

1. Ermuntern Sie Ihren Hund, auf das Sofa oder Bett zu springen.
2. Stellen Sie sich daneben, zeigen Sie dem Hund einen Leckerbissen und sagen Sie „Runter“, während Sie die Belohnung auf die Erde werfen. Klicken Sie, wenn der Hund mit allen vier Pfoten den Boden berührt (hier dürfen Sie direkt das Kommando benutzen, weil der Hund sicherlich in 80% der Fälle richtig reagiert).
3. Wenn Sie sicher sind, dass Ihr Hund in 80% der Fälle richtig reagiert, klicken Sie, sobald er mit allen vier Pfoten den Boden berührt und geben Sie ihm erst *danach* den Leckerbissen. Der Köder ist wieder zur Belohnung geworden. Wiederholen.
4. Wenn Sie sicher sind, dass der Hund in 80% der Fälle richtig reagiert, geben Sie ihm die Belohnungen in unregelmäßigen Abständen, erst nach zwei oder drei erfolgreichen Versuchen. Dann beginnen Sie mit Abstand, Ausdauer und Ablenkung. Gehen Sie wieder

zu einem abwechselnden Belohnungsmuster über und belohnen Sie nur ab und zu.

Komm

Denken Sie an die Regel: Rufen Sie niemals Ihren Hund, wenn Sie nicht zu 80% sicher sind, dass er auch kommt. Sagen Sie nicht „Komm her", wenn er vielleicht nicht reagieren könnte. Schreien Sie Ihren Hund nicht an (beim gewaltlosen Hundetraining schreien wir ohnehin niemals) und rufen Sie ihn nicht zu sich, wenn Sie kurz darauf das Haus verlassen. Wenn Sie so vorgingen, würde Ihr Hund sehr schnell lernen, dass Kommen mit einer negativen Erfahrung verbunden ist, und nicht mehr gehorchen. Sie dürfen erst ab Stufe 3 nach ihm rufen, wenn er gerade wegläuft. Sonst lernt der Hund, dass „Komm her" entweder nichts zu bedeuten hat oder dass er in die falsche Richtung rennen soll.

Komm – Stufe 1

1. Kauern Sie sich hin und öffnen Sie Ihre Arme.
2. Sagen Sie mit freudiger, erregter Stimme: „Jackson, komm her".
3. Klicken und Belohnung mit einem Leckerbissen, Lob und Tätscheln, wenn Jackson zu Ihnen kommt.
4. Führen Sie die Übung in alltäglichen Situationen durch: beim Füttern, vor dem Spaziergang, wenn er aus der Box darf, beim Kochen usw. Wiederholen Sie die Übung auch bei Spaziergängen.

Komm – Stufe 2

1. Lassen Sie Ihren Hund sitzen und bleiben. Rufen Sie ihn stehend, aus 3 m Entfernung mit freudiger, erregter Stimme zu sich: „Jackson, komm her!" Klicken Sie, wenn er ankommt, geben Sie ihm einen Leckerbissen, Zuneigung, Lob und tätscheln Sie ihn, „Was bist du doch für ein wunderbarer Hund."

2. Wiederholen Sie Schritt 1, doch lassen Sie den Hund diesmal hinsetzen, wenn er ankommt; Klicken und Loben.
3. Bitten Sie jemanden um Hilfe. Dieser Schritt wird Ihrem Hund zeigen, dass die Belohnung auch von einer anderen Stelle kommen kann. Ihr Hund muss aber immer noch Ihnen zuhören, um die Belohnung zu bekommen. Der Partner zeigt Ihrem Hund die Belohnung. Sie stehen etwa einen Meter weit entfernt und versuchen den Hund durch Bewegungen und Geräusche auf sich aufmerksam zu machen. Scharren Sie mit den Füßen, hocken Sie sich hin, klopfen Sie auf den Boden und öffnen Sie die Arme. Sobald sich Ihr Hund einen oder zwei Schritte auf Sie zubewegt, klicken Sie und sagen „Braver Hund"; dann bekommt der Hund die Belohnung von Ihrem Partner. Vergrößern Sie nach und nach den Abstand zu Ihrem Partner, bis der Hund quer durch den Raum zu Ihnen kommt; dann geht er zu Ihrem Partner und bekommt seine Belohnung.
4, Dieser Schritt ist eine Alternative zu Schritt 3 – ohne einen Partner: Legen Sie eine Belohnung etwa 2 m weit entfernt hin. Rufen Sie Ihren Hund. Wenn er zu Ihnen kommt, klicken Sie, sagen „Braver Hund" und lassen ihn zu der Belohnung. Wenn er stattdessen gleich zu dem Leckerbissen will, rufen Sie „Nein" und stellen sich zwischen ihn und die Belohnung. Es ist sehr wichtig, dass Sie die Belohnung immer als Erster erreichen. Wenn er ausbricht, um erst die Belohnung zu stehlen, sollten Sie abbrechen. Machen Sie einen Spaß daraus. Reden Sie mit ihm, grinsen Sie ihn an. Hunde lieben Menschen, die lächeln. Sagen Sie ihm beispielsweise: „Ich beobachte dich wie ein Adler. Was denkst du, wer du bist? Ich kenne dich genau." Lenken Sie ihn ab; nun kann es weitergehen.
5. Sagen Sie „Komm her" aus einem anderen Raum, sagen Sie es, wenn Sie ihm den Rücken zukehren; üben Sie es liegend auf dem Boden, sitzend oder im Kopfstand.
6. Denken Sie daran: Immer wenn Sie die Umgebung verändern, müssen Sie von vorn anfangen (siehe Lernen im Kontext, S. 100). Wenn Sie Ihren Hund ins Freie mitnehmen, müssen Sie daher wieder bei Stufe 1 anfangen. Beginnen Sie im Garten an einem ruhigen Morgen ohne Ablenkungen.

Komm – Stufe 3

Jetzt können Sie weitere Ablenkungen hinzufügen. Arbeiten Sie zunächst im Zimmer. Hier zwei gute Übungen:
1. Sagen Sie Ihrem Hund „Sitz“ und „Bleib“ und rufen Sie ihn dann zu sich. Benutzen Sie eine große Belohnung, die in gewissem Abstand auf dem Boden liegt. Rücken Sie die Belohnung immer näher. Der Sinn dieser Übung ist es, den Hund über die Belohnung gehen zu lassen, ohne dass er sie anrührt. Er muss zuerst zu Ihnen kommen und darf erst auf Ihr „Braver Hund“ die Belohnung fressen. Solange Sie die Belohnung noch nach und nach näher rücken, geht es relativ einfach. Verschieben Sie den Leckerbissen aber immer erst dann, wenn der Hund erfolgreich reagiert hat. Nun wird es schwieriger; lassen Sie einen zweiten Hund in den Raum. Hunde neigen dazu, ihr Futter gegen Artgenossen zu verteidigen. Binden Sie daher den anderen Hund gut an.
2. Geben Sie Ihrem Hund Futter und rufen Sie ihn. Er muss mit dem Fressen aufhören und vor Ihnen sitzen, dann darf er zurück an den Napf. Beginnen Sie, indem Sie ihm nur wenig Trockenfutter in den Napf füllen. Dann rufen Sie ihn und geben ihm als Belohnung ein leckeres Stück Pute oder Leber. Danach vergrößern Sie die Futtermenge und geben schmackhafteres Futter dazu. Wenn Sie langsam vorgehen, brauchen Sie nicht mehr zu belohnen, weil die Rückkehr zum Futternapf Belohnung genug ist.
3. Verlagern Sie das Training nach draußen, jedoch nicht mehr in den Garten und an einem frühen Morgen, sondern an einen Ort mit mehr Verkehr und Menschen. Jedoch sollte die Umgebung nicht zu aufregend sein. Bestimmen Sie den Abstand zu anderen Menschen und Hunden, bei dem Ihr Hund noch reagiert. Verkürzen Sie nach und nach den Abstand zu anderen Hunden. Das Ziel ist, andere Hunde bis auf 1 m herankommen zu lassen. Nun werden die anderen Hunde zur Belohnung. Sagen Sie „Braver Hund“ und erlauben Sie ihm zu spielen.

Komm – Stufe 4

Arbeiten Sie so lange, bis sich Ihr Hund auf den Zuruf „Komm her" auch aus einer Gruppe spielender Hunde löst und zu Ihnen kommt. Wenn Sie in den Lektionen Schritt für Schritt vorgehen, wird dies eintreten. Normalerweise lernen Hunde dieses Kommando am besten im Alter von ein bis zwei Jahren, je nachdem wie erfahren Sie sind, wie ausdauernd und regelmäßig Sie vorgehen.
Um das Verhalten zu verstärken, können Sie „Hol und komm her" spielen: Ziehen Sie den Hund an Ihre Seite. Rollen Sie langsam einen Ball nach vorne. Wenn der Ball rollt, aber noch ehe Ihr Hund eine Chance hat ihm zu folgen, rufen Sie nach ihm. Klicken und Belohnung mit einem Leckerbissen; dann erst darf er den Ball verfolgen. Regelmäßig wiederholen.
Jetzt werfen Sie den Ball und sagen „Braver Hund", wenn er einen Schritt macht; sagen Sie „Komm her" und belohnen ihn. Dann erlauben Sie ihm zwei Schritte usw.

Ruhig sein

Es kann verwirrend werden, einem Hund beizubringen ruhig zu sein. Das liegt daran, dass das gegensätzliche Verhalten – bellen – ein völlig natürliches Verhalten darstellt, das unbeabsichtigt trainiert wird (siehe S. 191). Mit anderen Worten: Es ist leicht, Ihrem Hund unbeabsichtigt das Bellen beizubringen, und das wäre genau das Gegenteil von dem, was Sie erreichen wollen. Daher kommt es sehr darauf an, auch in alltäglichen Situationen genau darauf zu achten, wie Sie mit Ihrem Hund interagieren. Wenn Sie telefonieren und Ihr Hund beginnt zu bellen, um Sie auf sich aufmerksam zu machen, dürfen Sie nicht „Ruhig" sagen. Damit bringen Sie ihm bei, dass Bellen ihm Ihre Aufmerksamkeit sichert. Hunde lernen nach dem Prinzip „Was geschieht, wenn". Es ist, als ob sie sich sagen, was geschieht eigentlich, wenn ich jetzt belle. Wenn die Antwort lautet: „Ich werde durch die Aufmerksamkeit meines

Menschen belohnt“, dann haben Sie Ihrem Hund gerade beigebracht, zu bellen. Achten Sie also darauf, wie Sie auf Ihren Hund reagieren. Benutzen Sie eine der folgenden Methoden, um Ihren Hund ruhig zu stellen.

Ob Sie es glauben oder nicht – eine gute Möglichkeit, Ihren Hund ruhig zu stellen, besteht darin, ihm das *Bellen auf Kommando* beizubringen.

1. Benutzen Sie ein Kommando wie „Gib Laut“ oder „Rede“, wenn Ihr Hund gerade bellt. Klicken, Loben und Belohnung. Wenn Sie das oft genug wiederholen, wird Ihr Hund auf das Kommando hin bellen. (Bitte beachten Sie: In diesem Fall markieren Sie ein vorhandenes Verhalten, das Ihr Hund ohnehin ausführt. Die Regel lautet: Sie können etwas „markieren“, wenn Sie zu 80% sicher sind, dass Ihr Hund folgen wird. Hier läuft das Verhalten bereits ab, also heften Sie ihm einfach das Etikett „Gib Laut“ an.)
2. Wenn Ihr Hund auf Kommando bellt, unterbrechen Sie sein Bellen mit einem Kommando wie „Still“ oder „Ruhig“. Sobald er zu bellen aufhört, folgen Klicken, Loben und die Belohnung. Wiederholen Sie den Ablauf über mehrere Tage.
3. Belohnen Sie sein Schweigen mit 10.000 € Belohnungen, aber beginnen Sie immer noch mit dem Kommando „Gib Laut“. Mit großen Putenstückchen können Sie die Dauer der Ruhig-Zeit weiter ausdehnen. Da Sie sein Bellen nur mit Lob anerkennen, wird der Hund eher daran interessiert sein zu schweigen, weil dafür die größere Belohnung auf ihn wartet. Jetzt können Sie das Verhalten weiter formen: Lassen Sie ihn z.B. dreimal bellen und dann von selbst schweigen.

Es gibt noch einen anderen Trick. Mit der eben geschilderten Methode belohnen Sie das Schweigen sofort und jedes Mal, wenn Sie „Still“ oder „Ruhig“ sagen. Dabei gehen Sie nach der Eine-Sekunde-Regel vor, d.h. die Belohnung folgt binnen einer Sekunde. Was aber geschieht, wenn Ihr Hund von alleine, ohne Ihr Kommando aufhört? Wenn Sie sofort klicken und belohnen, könnte er das als Belohnung für sein Bellen ansehen. Daher kommt es nun darauf an, zwischen dem Einstellen des Bellens und dem Klicken/Belohnung einige Sekunden verstreichen zu lassen. Zählen Sie „eintausendeins, eintausendzwei", dann erst folgen Klicken, Lob und Belohnung. Da Sie länger gewartet haben, als er mit dem Bellen aufhörte, belohnen Sie Ihren Hund für sein augenblickliches Verhalten – ruhig sein.

Die Regel lautet: Wenn Sie „Ruhig" sagen und er gehorcht, klicken und belohnen Sie sofort. Wenn er von allein aufhört zu bellen, bekommt er Klicken und Belohnung erst nach zwei Sekunden.

In meiner Hundeschule bieten wir Menschen mit permanent bellenden Hunden folgende Strategie an:

1. Ignorieren Sie das Bellen 90 Sekunden lang. Vielfach bellen Hunde vor Aufregung, wenn ein anderer Hund den Raum betritt. Nach einer oder zwei Minuten senkt sich sein Adrenalinspiegel und er hört von allein auf (das ist Werkzeug Nr. 1 der 8 Werkzeuge zum Hundetraining; S. 120).

2. Vergrößern Sie den Abstand Ihres Hundes zum Auslöser des Bellens oder verstellen Sie ihm die Sicht. Wenn Ihr Hund einen anderen Hund anbellt, gehen Sie einfach ein paar Schritte weit weg (Werkzeug 4, S. 123).

3. Gehen Sie spazieren. Wenn Sie Ihren Hund um einen Stuhl herum führen, lenken Sie ihn vom Auslöser des Bellens ab und er hört auf zu bellen (Werkzeug 2 und 5, S. 121 und 123).

4. Geben Sie Ihrem Hund das Kommando „Platz". Damit hört das Bellen oft auf, denn liegende Hunde befinden sich in einer untergeordneten Position (Werkzeug 5 und 8, S. 123 und 126).

5. Unterbrechen Sie das Gebell mit Geräuschen und Bewegungen, dann loben Sie sein Schweigen (Werkzeug 5 und 2, S. 123 und 121).

6. Wenn Ihr Hund auch unter Ablenkung Körperkontakte zulässt, sollten Sie ihn an Ihre Brust drücken. Vorsicht: Das dürfen Sie allerdings nur machen, wenn Sie die Stufe e) der Grundlinien für den Umgang erreicht haben (siehe S. 146). Wiederholen Sie die Übung so oft wie nötig. Lassen Sie Ihren Hund erst frei, wenn er sich beruhigt hat und nicht mehr bellt (Werkzeug 2 und 5, S. 121 und 123).

7. Geben Sie ihm etwas zum Kauen, damit er vom Bellen abgelenkt wird (Werkzeug 5, S. 123).

8. Schmieren Sie ihm etwas Erdnussbutter auf den Gaumen (Werkzeug 5, S. 123).
9. Bringen Sie ihm bei, etwas zu halten (siehe S. 186). Die meisten Hunde können nicht gleichzeitig bellen und etwas festhalten (Werkzeug 2, 5 und 8, S. 121, 123 und 126).

Bei Fuß

Viele Menschen verstehen unter Bei Fuß Gehen, dass ihr Hund neben ihnen geht, ohne an der Leine zu zerren. Dabei handelt es sich jedoch um unterschiedliche Verhaltensweisen: *Bei Fuß gehen* bedeutet, dass Ihr Hund neben Ihnen steht und geht, in einer Art unsichtbarem Rahmen auf dem Boden – nicht zu weit weg, nicht zu nah, nicht zu weit seitlich und nicht zu nahe. Die Idee ist, dass er innerhalb dieses unsichtbaren Rahmens bleibt. *Gehen ohne zu zerren* heißt, was es besagt: Wenn der Hund an der Leine geht, kann er gehen, wohin er will, solange er nicht den Zug der Leine spürt; dann sollte er innehalten.
Denken Sie daran, ein Verhalten nicht unbeabsichtigt zu „markieren", bevor es etabliert ist. Mit anderen Worten: Sagen Sie niemals „Bei Fuß", wenn Sie nicht sicher sind, dass der Hund in 80% der Fälle richtig reagiert. Denken Sie auch daran, das Wort nicht wie einen Befehl klingen zu lassen. Benutzen Sie Worte, Geräusche und Körpersprache immer nur als Signale. Sie signalisieren Ihre Wünsche.
Es gibt mehrere Methoden, wie Sie Ihrem Hund das „Bei Fuß" beibringen können. Sie können sich für eine entscheiden oder mehrere kombinieren.

Bei Fuß – Stufe 1

1. Bringen Sie Ihrem Hund zunächst bei, einen Target Stick oder Ihren Finger zu berühren (wenn nötig, wiederholen Sie die Lektion auf S. 118).

2. Wenn Ihr Hund den Stock oder Ihren Finger berührt, gehen Sie los und lassen ihn einfach dem Finger/Stock in gerader Linie so lange folgen, bis er genau an Ihrer Seite ist.
3. Wenn Ihr Hund den Stock oder Finger berührt, Klicken und belohnen. Ganz einfach.
4. Beginnen Sie damit, Kurven zu gehen, und sorgen Sie für Ablenkungen.

Wenn Sie schon mit dem Target Stick gearbeitet haben, können Sie fast sofort auch „Bei Fuß" sagen. Wenn Sie Ihren Finger/Stock zeigen, sagen Sie jedes Mal „Berühren, bei Fuß". Dann lassen Sie nach und nach das Wort „Berühren" weg.
In einem umzäunten Garten oder an einem anderen sicheren Ort brauchen Sie keine Leine. Dabei ist der Hund völlig frei zu gehen.

Bei Fuß – Stufe 2

Auf dieser Stufe beziehen Sie spontanes Gehen bei Fuß in die Übungen ein.
1. Gehen Sie kreuz und quer durch den Garten, der Hund ist nicht angeleint. Wenn Ihnen kein umzäunter Platz zur Verfügung steht, führen Sie den Hund an einer 6 m langen Leine, damit er umherlaufen kann.
2. Immer wenn Ihr Hund zufällig an Ihrer Seite geht, folgen Klicken, Lob und Belohnung. Damit ermuntern Sie ihn, bei Fuß zu gehen; Sie können ihn auch durch Klopfen auf Ihren Schenkel, mit kleinen Schritten und durch ausgiebiges Lob für die kleinsten Ansätze weiter ermuntern. Jedes Mal, wenn er sich abwendet, sollten Sie scharf abbiegen und einen anderen Weg wählen. Allerdings sollten Sie vorsichtig sein und nicht an der Leine zerren. Wenn er begreift, folgen Klicken, Lob und Belohnung.
Sie können diese Übung auch mit dem Kommando „Hol" kombinieren. Zuerst bringen Sie Ihrem Hund bei, nach einem Leckerbissen zu schnappen. Sagen Sie „Hol" und werfen Sie eine Belohnung auf den Boden. Der Hund lernt sehr rasch, auf das Wort „Hol" nach einer Belohnung zu suchen. Jetzt gehen Sie im Garten hin und her.

Jedes Mal, wenn er näher kommt, sagen Sie „Hol“ und werfen eine Belohnung direkt neben sich. Schon bald wird er ständig neben Ihnen sein. Diese Methode eignet sich besonders gut für Hunde, die gerne herumstöbern. Der Hund wird sich zurückhalten, weil er eine Belohnung erwartet.
Wenn Ihr Hund zu den besonders kräftigen Vertretern gehört und an der Leine zerrt oder wenn er früher misshandelt wurde – das gilt für viele Hunde aus Tierheimen –, kann es hilfreich sein, diese Methoden mit einem Brustgeschirr zu kombinieren.

Bei Fuß – Stufe 3

1. Bitten Sie Freunde, Familienmitglieder oder Nachbarn, in den Garten zu kommen, und gehen Sie mit Ihrem Hund bei Fuß zwischen ihnen umher.
2. Sorgen Sie für weitere Ablenkungen wie Stühle, Mülleimer, Markierungskegel und so weiter. Lassen Sie Ihren Hund bei Fuß gehen und bewegen Sie sich dazwischen hindurch; biegen Sie nach rechts und links ab, kehren Sie um. Bleiben Sie stehen und gehen Sie wieder los.

Bei Fuß – Stufe 4

1. Nehmen Sie Ihren Hund mit in die Stadt und gehen Sie mit ihm bei Fuß über den Bürgersteig, nähern Sie sich anderen Hunden und lautem Verkehr. Gehen Sie unter Gerüsten und Leitern hindurch, treffen Sie Lieferanten, die mit Sackkarren Kisten in Läden und Restaurants schaffen. Denken Sie daran, diese Lektionen kurz zu halten, und belohnen Sie mit 10.000-€-Leckerbissen.
2. Dehnen Sie die Spaziergänge aus.

Auf dieser Stufe angekommen, wird Ihr Hund wie festgenagelt neben Ihnen gehen und nur weglaufen, wenn Sie ihm den Befehl geben. Die meisten Hunde erreichen diesen Zustand zwischen 18 und 24 Monaten – allerdings nur, wenn mit Ihnen mindestens sechs Monate lang geübt wurde.

Laufen ohne zu ziehen

Der einzige Unterschied zwischen Laufen ohne zu ziehen und „Bei Fuß“ ist, dass Sie Ihrem Hund eine größere Freiheit gestatten. „Bei Fuß“ bedeutet, Sie klicken, wenn der Hund direkt neben Ihnen geht. Beim Laufen ohne zu ziehen belohnen Sie Ihren Hund schon, wenn er in Ihrer Nähe bleibt.

Laufen ohne zu ziehen – Stufe 1

Wenn Sie Ihrem Hund dieses Verhalten beibringen möchten, versuchen Sie es zunächst mit der Gehen-Stehen-Methode. Haben Sie schon mal gesehen, wie ein Hund an der Leine zerrt? Hier hat ein Hundehalter einem Hund offenbar beigebracht, dass Zerren eine Belohnung in Form von Freiheit nach sich zieht – ganz offensichtlich das genaue Gegenteil von dem, was Sie erreichen wollen.

1. Wenn Ihr Hund das nächste Mal an der Leine zerrt, bleiben Sie stehen. Ihr Hund wird eine Weile lang schnüffeln, vielleicht wird er sich wundern.
2. Wenn er den Kopf dreht, um Sie anzusehen, klicken Sie und gehen sofort weiter. Ihr Hund lernt, dass eine straffe Leine „Stehen“ und eine lockere „Gehen“ bedeutet. Bei jeder Übungsstunde darf er ein Stückchen weiter laufen. Am Anfang reicht die Breite Ihres Hauses aus.
3. Sagen Sie nach einigen Versuchen „Okay“ oder „Braver Hund“ und lassen Sie ihn an einer 6-10 m langen Leine laufen. Steigern Sie alle zwei bis drei Tage die Entfernung etwas, z.B. zwei Häuserbreiten weit, bis Sie mit ihm um einen Häuserblock gehen können. Wenn Sie diese Übung über zu lange Zeit wiederholen, kommen Sie allerdings niemals um den Block. Die 6-10 m lange Freiheit muss als Belohnung ausreichen.

Laufen ohne zu ziehen – Stufe 2

Stellen Sie sich nun vor, was geschieht, wenn Ihr Hund zufällig zu Ihnen zurückkommt.

1. Immer dann, wenn sich Ihr Hund an Ihre Seite verirrt, klicken Sie und belohnen ihn mit einem 10.000 € Leckerbissen, z.B. einem Stück Pute. Freiheit ist toll – für einen Hund vielleicht 5.000 € wert –, aber an Ihrer Seite zu gehen, muss für ihn zu einer stärkeren Motivation werden. Nach einigen Monaten wird er daher mehr und mehr Zeit an Ihrer Seite verbringen.
2. Sobald Sie einen stärkeren Zug an der Leine spüren, beginnen Sie wieder mit der Gehen-Stehen-Methode. Drehen Sie um und schlagen Sie eine andere Richtung ein. Wenn Ihr Hund Herausforderungen sucht, gehen Sie auf das Spielchen ein und fügen eine weitere Wendung hinzu. Da Ihr Hund vorankommen möchte, wird er rasch umkehren und wieder vor Ihnen laufen. Nicht an der Leine reißen!
3. Kurz bevor er das Ende der Leine erreicht hat, geben Sie ihm das Kommando „Komm her“; er weiß, dass er rennen könnte, aber zuerst zu Ihnen kommen soll. Solange die Leine noch entspannt ist, darf er laufen. Eine andere Möglichkeit sind Richtungsänderungen: Jedes Mal, wenn er an Ihnen vorbeiläuft, drehen Sie sofort um und ändern die Richtung; wenn er neben ihnen geht, kommen Klicken, Lob und Belohnung. Der Klick zeigt ihm an, wo Sie ihn gerne hätten.

Laufen ohne zu ziehen – Stufe 3

1. Gehen Sie vor wie in Stufe 2. Sorgen Sie für die Gegenwart anderer Hunde und Menschen. Wenn er sich ablenken lässt, unterbrechen Sie sein Verhalten mit „Nein“ und einer Handbewegung wie einem Winken vor seinem Gesicht – wenn es sein muss, auch mit Futter in der Hand. Lassen Sie die anderen Hunde und Menschen zunächst noch in einiger Entfernung, damit der Hund wirklich Ihrem Kommando folgt.
2. Vermindern Sie langsam den Abstand zwischen sich und den

Ablenkungen, bis Ihr Hund auch dann reagiert, wenn Menschen und andere Hunde direkt in der Nähe sind.

Laufen ohne zu ziehen – Stufe 4

In Stufe 4 kommen weitere Ablenkungen und größerer Abstand hinzu, bis Ihr Hund überall und immer an der Leine geht, ohne zu zerren.

Sorgen Sie für zusätzliche Ablenkungen, während Sie mit Ihrem Hund an der Leine gehen. Beginnen Sie in einem Abstand, in dem Ihr Hund noch positiv reagiert. Vergrößern Sie nach und nach den Abstand und sorgen Sie für laute und plötzliche Geräusche wie Verkehrslärm, Topfschlagen, umfallende Stühle, Pfiffe, Menschen mit wehenden Mänteln und springenden Bällen. Gehen Sie ins Wartezimmer des Tierarztes, zu Nachbarn und Verwandten, ins Zoogeschäft und zum Karneval. Geben Sie zunächst Handsignale und später ausschließlich Kommandos.

Auch wenn wir uns noch so sehr anstrengen, nicht an der Leine zu ziehen, kommt es immer wieder vor, dass der Hund spontan ausbricht. Manchmal wird es dann erforderlich sein, ihn aus Sicherheitsgründen festzuhalten. Wenn das geschieht und Sie wissen, dass bald das Ende der Leine erreicht sein wird, rufen Sie „Halt“ oder „Bleib“. Er wird sofort merken, dass dieses Kommando kam, unmittelbar bevor er das Ende der Leine erreichte, die ihn zum Halten brachte. Versuchen Sie, freundlich und positiv seine Aufmerksamkeit zu erregen, und gehen Sie mit ihm an einen ruhigeren Ort.

Um es nochmals zu sagen: Ich bin völlig gegen das Zerren an der Leine, gleichgültig ob es vom Menschen oder vom Hund ausgeht. Daher sollten Sie alles vermeiden, was diese Situation heraufbeschwören könnte. In extremen Situationen, wenn ein Unfall droht, ist es viel effektiver, laut „Halt!“ zu rufen, als nichts zu unternehmen.

Halt

Im Tiertraining gibt es den Begriff der Signalkontrolle. Er bedeutet, dass ein Hund ein bestimmtes Verhalten zuverlässig auf das von uns gegebene Signal hin ausführen wird – in praktisch jeder Situation und zu jeder Zeit. Das bedeutet, dass er sich z.B. immer und überall auf unser Kommando hin setzen wird. Wie ich mehrfach betont habe, sind 80% ein guter Wert. Um es auf 90% zu bringen, sind sehr viel Zeit und Aufwand erforderlich. Aus diesem Grund sind die meisten Menschen kaum daran interessiert, diesen Grad der Signalkontrolle zu erreichen. Es gibt ohnehin keine 100%ige Erfolgsgarantie bei Hunden.
Auch wenn Sie nicht bereit sind, für andere Verhaltensabläufe Zeit und Mühe aufzubringen, das Kommando „Halt" lohnt die Mühe. In Notfällen könnte es sein Leben retten, wenn Ihr Hund prompt reagiert.
Die Trainer in Meeresaquarien haben ein unglaubliches Gespür für potenzielle Gefahren. Wenn Sie eine gefährliche Situation auch nur erahnen, ertönt ein Summer und die Tiere schwimmen an ihre Plätze zurück. Das ist ein gutes Beispiel für Signalkontrolle. Wenn Sie Ihrem Hund das Signal „Halt" beigebracht haben, können Sie sicher sein, dass er sofort erstarrt, ganz gleich was er augenblicklich tut – auf die Straße rennen, ein Eichhörnchen jagen, den Briefträger anspringen, was auch immer.
Bringen Sie ihm das Kommando wie üblich in Stufen bei.

Halt – Stufe 1

In der ersten Stufe lernt der Hund, an Ihrer Seite stehen zu bleiben.
1. Gehen Sie mit Ihrem Hund bei Fuß.
2. Machen Sie einige Schritte und halten Sie dann dem Hund Ihre Handfläche vor die Nase, während Sie anhalten. Das ist dasselbe Handsignal wie für „Bleib". Sagen Sie unmittelbar vor dem Handsignal „Halt"; Klicken und Belohnung.
3. Gehen Sie wieder einige Schritte und signalisieren Sie mit Ihrer

Hand „Halt"; lassen Sie die Hand stehen, machen Sie aber noch einen Schritt.
4. Wiederholen Sie die Übungen mehrere Male, bis sie zwei Schritte weit weg gehen können.
5. Inzwischen hat er begriffen. Jetzt sagen Sie „Halt" und lassen das Handsignal weg. Machen Sie fünf Schritte. Kehren Sie immer wieder zu Ihrem Hund zurück; Klicken, Lob und Belohnung. Dehnen Sie den Abstand weiter aus – sechs, sieben Schritte usw.

Halt – Stufe 2

In der zweiten Stufe sind Sie bereit, den Hund von vorne anzusprechen und ihn zum Halten zu bringen.
1. Lassen Sie Ihren Hund sitzen und gehen Sie sechs Schritte weit weg.
2. Rufen Sie ihn, und wenn er den halben Weg geschafft hat, bewegen Sie den rechten Fuß nach vorn. In der Bewegung halten Sie ihm die Handfläche vor und sagen „Halt"; Klicken und Belohnung.
3. Tausendmal wiederholen.
4. Vergrößern Sie den Abstand. Verändern Sie die Entfernung zwischen sich und dem Hund, wenn Sie „Halt" sagen.

Halt – Stufe 3

Jetzt ist Ihr Hund bereit, dem Kommando zu folgen, wenn es von hinten kommt. Diese Stufe ist etwas schwierig, aber wenn Ihnen die ersten beiden Stufen gut gelungen sind, werden Sie auch hier erfolgreich sein. Wenn Sie mit dem Hund spazieren gehen, wird er gewöhnlich – wenn Sie es ihm erlauben – vor Ihnen herrennen. Bauen Sie das Kommando „Halt" in Ihre morgendlichen und abendlichen Spaziergänge ein. Denken Sie daran, die Leine locker zu halten. Es wird nicht an der Leine gezerrt.
1. Sagen Sie „Halt". Klicken, Lob, dann gehen Sie zu Ihrem Hund und belohnen ihn mit Leckerbissen. Er hat bereits gelernt, still zu stehen, wenn sie neben und vor ihm sind. Jetzt kommt das Kom-

mando von hinten und er muss positiv reagieren, solange keine Ablenkungen vorhanden sind.
2. Wiederholen Sie die Übung in vielen Übungseinheiten und verschiedenen Abständen. (Wenn das nicht funktioniert, müssen Sie auf die Stufe zurückgehen, auf der Ihr Hund noch erfolgreich war.)

Halt – Stufe 4

Jetzt haben Sie ein fortgeschrittenes Stadium erreicht. In diesem Stadium des Trainings steigern Sie Abstand und Ablenkung. Üben Sie jeden Schritt einzeln ein, wobei sie sich häufig überlappen.
1. Schaffen Sie auf normalen Spaziergängen einen Abstand und versuchen Sie die Entfernung, in der Ihr Hund noch reagiert, auf 15–30 m auszudehnen.
2. Sorgen Sie für Ablenkungen. Bitten Sie einen Nachbarn oder ein Familienmitglied, sich Ihnen und dem Hund auf 15 m zu nähern. Ihr Hund sollte etwa 2 m von Ihnen entfernt sein. Wählen Sie eine Entfernung, bei der Sie erwarten können, dass Ihr Hund positiv auf „Halt“ reagiert.
3. Wenn sich Ihr Nachbar nähert, sagen Sie bei der geschätzten Entfernung „Halt“; Klicken, Lob und Belohnung. Steigern Sie langsam die Entfernung, bis Ihr Hund fast bei dem Nachbarn angekommen ist.
4. Sorgen Sie für weitere Ablenkungen. Kehren Sie zur ursprünglichen Entfernung von 2 m Abstand zum Hund zurück und bitten Sie den Nachbarn, Ihren Hund zu rufen. Auf dem halben Weg zu ihm rufen Sie „Halt“. Wenn Ihr Hund stehen bleibt, kommen Klicken, Lob und Belohnung. Wenn nicht, sagen Sie „Nein“, holen ihn zurück und versuchen es von neuem. Die meisten Hunde verstehen es beim dritten Versuch. Vergrößern Sie nach und nach wieder die Entfernung zwischen sich und dem Hund. Es kommt darauf an, dass Sie stärker sind als der Ruf des Nachbarn. Immer weiter wiederholen.
5. Beginnen Sie von neuem, wobei diesmal der Hund des Nachbarn als Ablenkung hinzukommt. Wenn Ihr Hund nach tausenden von Wiederholungen erfolgreich ist, gehen Sie zur Stufe 5 über.

Halt – Stufe 5

Um bis hierher zu kommen, hat Ihr Hund über einen Zeitraum von mehreren Monaten über 3000 Mal erfolgreich angehalten. Manche Hunde brauchen sogar ein ganzes Jahr, bis sie so weit sind. Natürlich hängt alles von Ihrem Einsatz, dem Alter des Hundes usw. ab.
1. Sie stehen hinter dem Hund, rollen einen Ball an ihm vorbei und sagen „Halt"; Klicken und Belohnung.
2. Rollen Sie den Ball schneller, sagen Sie „Halt", Klicken und Belohnung.
3. Wiederholen Sie jeden Schritt viele Dutzende, wenn nicht hunderte oder tausende Mal, und das über längere Zeit.
4. Besorgen Sie sich nun eine Batteriemaus, wie sie in Zoogeschäften angeboten werden. Eigentlich handelt es sich dabei um Katzenspielzeug, aber das brauchen Sie Ihrem ja Hund nicht zu sagen. Lassen Sie die Maus laufen und sagen Sie dem Hund: „Hol sie"; dann sagen Sie „Halt"; Klicken und Belohnung. Dieser Test ist sehr schwierig. Wenn Ihr Hund ihn erfolgreich besteht, hat er das Ziel erreicht. Wenn nicht, gehen Sie einen oder zwei Schritte zurück und arbeiten Sie weiter.
5. Der letzte Schritt findet in einem Park mit Eichhörnchen und Kaninchen statt; üben Sie dort.

Hol und gib

Wie bereits erwähnt, gehe ich mit meinem Hund Molly in Grundschulen, um dort für die gewaltfreie Hundeerziehung einzutreten. Dabei demonstrieren wir, dass Freundlichkeit, Respekt und Verantwortungsgefühl darüber entscheiden, wie wir mit Tieren und anderen Menschen umgehen. Alle Kinder lieben es, wenn Molly schließlich das Telefon abhebt. Dabei nimmt Sie den Hörer ins Maul und wirft ihn auf das Stichwort – ich sage, es sei nur eine Mahnung für eine unbezahlte Rechnung – in einen Mülleimer. Molly hat diesen Trick im Rahmen des „Holen und Geben"-Trai-

nings gelernt. Viele Behindertenhunde arbeiten mit diesen Fähigkeiten, wenn sie Sachen aufheben, das Telefon abheben, Türen öffnen usw.
Es gibt mehrere Methoden, dieses Verhalten zu lehren. In der Tat könnte man ein ganzes Kapitel darüber schreiben. Die nun folgende Methode ist genauso gut wie viele andere und besser als die meisten.

Hol und gib – Stufe 1

In Stufe 1 bringen Sie Ihrem Hund bei, einen Gegenstand aufzunehmen und festzuhalten.
1. Reiben Sie das Trainingsobjekt mit Putenfleisch ein.
2. Legen Sie es auf den Boden. Dabei sagen Sie „Hol“. Wenn Ihr Hund den Gegenstand mit seiner Nase prüft, folgen Klicken, Lob und eine 10.000-€-Belohnung.
3. Nehmen Sie den Gegenstand wieder auf und wiederholen Sie die Schritte 1 und 2 viele Male.
4. Jetzt warten Sie ab, bis Ihr Hund den Gegenstand ableckt. Ist er erfolgreich: Klicken, Lob und Belohnung. Wiederholen Sie den Schritt mehrfach (wenn er den Gegenstand nur mit der Nase berührt, gibt es keine Belohnung).
5. Jetzt warten Sie ab, bis der Hund den Gegenstand ins Maul nimmt, und sei es nur für eine Sekunde. Loben Sie ihn ausgiebig, Klicken und Belohnung.
6. Jetzt nehmen Sie den Gegenstand in Ihre Hand und fordern den Hund auf, ihn zu ergreifen und festzuhalten; lassen Sie ihn den Gegenstand immer länger im Maul behalten und belohnen Sie jeden Erfolg.
7. Jetzt werfen Sie den Gegenstand weg und lassen ihn holen.

Sie können diesen Prozess beschleunigen, wenn Sie das Kommando „Hol“ mehrfach über den Tag verwenden. Werfen Sie beispielsweise eine 10.000-€-Belohnung und sagen Sie „Hol“. Wiederholen Sie diese Schritte immer wieder. Ihr Hund wird die Worte schon bald mit dem Angenehmem assoziieren.

Manche Hunde lernen dieses Verhalten sehr schnell, insbesondere die Retriever. Daher ist es sehr gut, wenn Sie die Grundlinien des Lernens Ihres Hundes kennen (siehe S. 141). Beginnen Sie immer dort, wo Ihr Hund erfolgreich ist, und bauen Sie von dort her auf.

Hol und gib – Stufe 2

Jetzt sind Sie bereit für die „Gib"-Phase des Kommandos.

1. Wenn Ihr Hund den Gegenstand verlässlich holt und festhält, zeigen Sie ihm eine Belohnung oder einen identischen zweiten Gegenstand.
2. Sagen Sie „Gib" und belohnen Sie Ihren Hund, wenn er den Gegenstand fallen lässt.
3. Die Belohnung kann entweder ein Leckerbissen sein, oder Sie werfen ihm den anderen Gegenstand, z.B. einen Tennisball, als Belohnung und er darf ihn holen. Das ist umso besser, als nun ein Teil des Verhaltens („Hol") als Belohnung für einen anderen („Gib") dient.

Es kann leichter für Ihren Hund sein, wenn er beim Üben einem anderen Hund zuschauen kann. Daher empfehle ich Ihnen, eine Hundeschule zu besuchen oder ein Trainingsvideo zu besorgen.

„Gib" im Notfall

Wenn Sie die Kiefer Ihres Hundes in einer Notfallsituation öffnen müssen, rollen Sie vorsichtig die Haut über seine Zähne. Greifen Sie dazu von oben oder von unten in seine Schnauze. Die meisten Hunde öffnen das Maul, wenn sie ihre Haut auf den Zähnen spüren. Sagen Sie dabei „Gib" und belohnen Sie Ihren Hund, auch wenn er unter Zwang gelernt hat. (Verletzen Sie Ihren Hund nicht!)

Teil III
Der Umgang mit problematischem Verhalten

Die Ursachen für problematisches Verhalten

Denken Sie daran: Aus der Sicht eines Hundes gibt es keine problematischen Verhaltensweisen. Alles, was er macht, hat einen Grund. Vielleicht ist sogar aus der Sicht eines anderen Menschen ein Verhalten problematisch, das Sie für ganz normal halten. Vielleicht mögen Sie es, wenn Ihr Hund Sie anspringt – andere Menschen eher nicht. Sobald das Verhalten eines Hundes für andere Menschen, Tiere, die Umgebung oder Sie – sogar für den Hund selbst – gefährlich ist, müssen Sie etwas unternehmen.

Physiologische und neurologische Probleme können das Verhalten eines Hundes beeinflussen. Bevor Sie daher Ihr Erziehungsprogramm verändern, sollten Sie einen Tierarzt aufsuchen und den Hund gründlich untersuchen lassen. Bei gesundheitlichen Problemen müssen Sie eng mit dem Arzt und einem professionellen Trainer zusammenarbeiten, der sich zu gewaltfreien Methoden bekennt.

Der drei Jahre alte Deutsche Schäferhund Basil stand eines Tages vom Sofa auf und ging auf seine Besitzerin April zu, die ihrem einjährigen Kind gerade das Laufen beibrachte. Basil lief ohne Zögern um sie herum und biss plötzlich das Kind ins Gesicht. Noch am selben Tag wurde ich angerufen. Der Hund war in seiner Box eingeschlossen und April in Tränen aufgelöst; sie wollte wissen, wie sie in Zukunft mit dem Hund umgehen sollte, um das Kind nicht zu gefährden. Würde Basil eine dauerhafte Gefahr für es darstellen? War es nötig, ihn einschläfern zu lassen?

Ich fand heraus, dass es mehrere Gründe für Basils Verhalten gab. Zunächst war er kaum erzogen worden – Basil wusste einfach nicht, was er zu tun hatte, wenn das Kind im Raum war. Außerdem stellte der Tierarzt eine Arthritis bei Basil fest, er hatte offenbar Schmerzen. Schließlich hatte er sein Spielzeug verteidigen wollen, das April später unter dem Sofa fand.

Diese Geschichte belegt die ernsten Probleme, die sich daraus ergeben, wenn eine oder mehrere der 9 Zutaten im Leben Ihres Hundes fehlen oder nicht ausbalanciert sind. In Basils Fall fehlte es an Spielen, Sozialisation, Übung, Beschäftigung und einem Training durch positive Verstärkung. Basil war allein gelassen; ein Hund, der machen konnte, was er wollte. Er sah sich als Leithund des Hauses an und war bereit, seine Autorität zu bestärken, sein Revier und Besitz zu verteidigen.

Zum Glück hatte diese Geschichte ein Happy End; die Familie hält nun ein Auge auf ihn und schenkt ihm Aufmerksamkeit – Basil wird dort wohl alt werden. Auch das Kind hatte Glück: Die leichten Wunden verheilten rasch und hinterließen keine Narben.

In den meisten Fällen wird problematisches Verhalten durch eine fehlende Balance der 9 Zutaten ausgelöst (Ausnahmen sind körperliche oder neurologische Einflüsse). Hier einige Beispiele, wie sich ein solches Verhalten etablieren kann:

Hochwertige Ernährung Kaut Ihr Hund an Gegenständen herum oder hat er einfach Hunger? Fehlt es seinem Futter an notwendigen Nährstoffen? Manchmal kauen Hunde, weil sie auf diese Weise nach Nährstoffen suchen, die in ihrem Futter fehlen. Hunde, die Gras und Kot fressen oder das Katzenklo durchwühlen, versuchen ihren Körper mit Nährstoffen zu versorgen. Natürlich schadet es nichts, wenn sie etwas Gras fressen, aber was ist, wenn Pestizide oder Mineraldünger gespritzt wurden? Leidet Ihr Hund an zu viel Salz und Zucker, die er mit Futter von schlechter Qualität aufnimmt? Erleichtert er sich im Haus? Vielleicht trinkt er mehr Wasser als üblich, weil seine Kauknochen zu salzhaltig sind.

Spiele, Übungen und Sozialisation Viele Hunde langweilen sich oder sind frustriert, da ihnen körperliche, emotionale und mentale Anregungen fehlen. Sie üben nicht genug; sie haben keine Gelegenheit, sich mit anderen Hunden und Menschen zu sozialisieren. Sie langweilen sich, weil sie nichts Neues oder Aufregendes kennen lernen.

Beschäftigung Hat Ihr Hund eine Aufgabe zu erfüllen? Wenn Sie ihm keine Umgebung bieten, in der er sich beweisen kann, wird er kauen, bellen oder herumspringen, damit er beschäftigt ist.

Schlaf Bekommt Ihr Hund genug Ruhe? Viele Verhaltensprobleme, wie Knurren oder Schnappen, treten auf, weil der Hund erschöpft ist.

Training Manche Menschen halten ihren Hund für dumm, dabei sind viele Hunde einfach verwirrt, weil sie nicht gelernt haben, auf unterschiedliche Situationen zu reagieren, oder sie sind verwirrt, weil sie das entsprechende Verhalten nicht oft genug eingeübt haben.

Ruhezeiten Hat Ihr Hund einen Ort, an den er sich zurückziehen kann, um sich auszuruhen? Vielleicht springt er herum oder kaut an Möbeln, weil er seinen Stress abbauen muss.

Gesundheitsvorsorge Hat Ihr Hund ein körperliches Problem, das den Anlass für sein Kauen liefert?

Unbeabsichtigtes Training

Sie können Ihren Hund noch so zielgerichtet trainieren, es kommt dennoch immer wieder vor, dass er sich in bestimmten Situationen ein anderes Verhalten angewöhnt, als Sie erwarten. Vielfach sind Sie sogar direkt für solches Problemverhalten verantwortlich.

Stellen Sie sich vor, Sie wollen einen nervösen Hund beruhigen, der bei Feuerwerk oder Blitz und Donner zu zittern beginnt. Sobald das Feuerwerk losgeht, streicheln Sie Ihren Hund und reden mit ihm: „Alles in Ordnung Benjie, alles prima. Braver Hund." Tatsächlich sorgen Sie hier unbeabsichtigt dafür, dass der Hund Ihr

Lob als Bestätigung seines Verhaltens ansieht. Mit anderen Worten: Sie verstärken sein ängstliches Verhalten, das Sie eigentlich unterbinden wollten.

Oder stellen Sie sich vor, Sie telefonieren und der Hund bellt um Aufmerksamkeit. Normalerweise unterbrechen Sie nun den Anruf und schreien den Hund an: „Sei ruhig!" Wieder belohnen Sie ihn unbeabsichtigt für ein unerwünschtes Verhalten. In diesem Fall geben Sie dem Hund, was er wünschte – Aufmerksamkeit.

Erinnern Sie sich immer an das Prinzip der Verstärkung: Sie können das Verhalten eines Hundes durch Ihre Reaktion im positiven wie im negativen Sinne beeinflussen. In den angeführten Beispielen sorgt Ihre Reaktion dafür, ein unerwünschtes Verhalten zu verstärken. Einem Hund zu sagen: „Alles ist in Ordnung", wenn er bei Feuerwerk vor Angst zittert, könnte seine Nervosität noch steigern! Wenn Sie Ihren Hund, der bellend um Aufmerksamkeit bettelt, beachten – positiv oder negativ –, dann verstärken Sie unbeabsichtigt sein Bellen. Der Trick ist immer, nicht nur zu reagieren, sondern auf den Hund einzugehen (siehe S. 30).

Wenn Sie überlegen, wie Sie ein „problematisches Verhalten" in den Griff bekommen, dann betrachten Sie die Angelegenheit aus der Sicht Ihres Hundes. Machen Sie einen mentalen Schnappschuss von der Situation, während das Verhalten abläuft. Versetzen Sie sich in das hinein, was Menschen und Ereignisse Ihren Hund in dieser Situation lehren. Das wichtigste Mittel ist eine Veränderung der Umgebung. Ich werde im Folgenden einige spezielle Verhaltensprobleme und ihre Lösung behandeln. Ganz allgemein sollten Sie jedoch folgendermaßen vorgehen:

Auf unerwünschtes Verhalten eingehen

1. Gehen Sie einen Schritt vor die Situation zurück und halten Sie inne (es sei denn, Sie, der Hund oder andere sind gefährdet).
2. Führen Sie eine Atemübung durch (siehe S. 76).
3. Fragen Sie sich: „Wie soll sich mein Hund verhalten?", und nicht: „Womit soll er aufhören?" Schreiben Sie Ihre Ziele auf.
4. Rufen Sie sich die 8 Werkzeuge des Hundetrainings (siehe

S. 119) ins Gedächtnis und suchen Sie eins, zwei oder drei heraus, die Ihnen für diese Situation sinnvoll erscheinen.
5. Machen Sie ein Konzept und legen Sie die Stufen fest, nach denen Sie vorgehen möchten; sorgen Sie für eine Umgebung, in der Sie den Plan ausführen können.
6. Führen Sie Ihren Plan durch.
7. Überprüfen Sie die Ergebnisse und passen Sie ihr Vorgehen ggf. an. Wenn Sie nicht sicher sind, wie Sie vorgehen sollen, besuchen Sie eine Hundeschule mit einem Trainer, der sich auf gewaltfreie Ausbildung spezialisiert hat.

Aggressives Verhalten

Wenn Sie einen aggressiven Hund besitzen, müssen Sie einen Verhaltensspezialisten konsultieren und die erforderliche Zeit aufbringen, um das Problem zu lösen, auch wenn dadurch Ihr normaler Tagesablauf gestört wird. Nehmen Sie Aggression sehr ernst – unternehmen Sie etwas, sonst kann es schlimme Konsequenzen geben, von Verletzungen bis hin zu Schadensersatzforderungen. Ausführlich darzulegen, wie man mit Aggressionsverhalten und anderen ernsten Verhaltensproblemen umgeht, würde den Rahmen dieses Buches sprengen.

Wie man mit problematischem Verhalten umgeht

Die Übersicht auf S. 128 (Bausteine des Verhaltens) stellt Ihnen mögliche Gründe für ein Verhaltensproblem vor und zeigt Reaktionsmöglichkeiten auf. Dort habe ich zwar das Bellen als Beispiel vorgestellt, jedes andere Verhalten lässt sich aber ähnlich analysieren. In dem Schema finden Sie einige Gründe, die einen Hund zum Bellen verleiten. Tatsächlich gibt es jedoch nur zwei wesentliche Gründe – außer Ihr Hund hat physiologische oder neurologische Probleme: 1) Er möchte sich ausdrücken, weil er aufgeregt

oder nervös ist, und 2) Sie haben Ihm keinen Anlass gegeben, sich anders zu verhalten, indem Sie ihn z.B. für das Ruhigsein belohnten. Manche Hunde bellen stundenlang; es scheint, als bellten sie nur, um sich selbst bellen zu hören.
Um Ihren Hund zum „ruhigen“ Verhalten zu bewegen, müssen Sie bestimmte Regeln einhalten. Beginnen Sie immer an der Trainings-Grundlinie Ihres Hundes (siehe S. 141) und bauen Sie von dort auf. Folgen Sie den Lernstufen und ermitteln Sie den Grund für das Bellen. Finden Sie heraus, was den Hund zum Bellen veranlasst. Ein Eichhörnchen im Baum, ein anderer Hund im Garten, ein Briefträger, der auf Ihr Haus zukommt? Als Nächstes fragen Sie sich, ob eine der 9 Zutaten fehlt oder nicht ausbalanciert ist und daher mitverantwortlich für das Fehlverhalten sein könnte.
Nehmen wir an, Sie finden heraus, dass Ihr Hund bellt, weil er 1) nicht genug sozialisiert ist, 2) sich langweilt, weil er nicht genug und sinnvoll spielt, und/oder 3) sein Revier verteidigen möchte. Jetzt suchen Sie nach den Vorschlägen, die auf S. 128 bei den „Bausteinen“ angegeben wurden. Fügen Sie diese in Ihre normale Tagesroutine ein (siehe S. 58) und machen Sie sich einen gut sichtbaren Merkzettel. Der Schlüssel ist allerdings, dass Sie sich auf wenige, aber gute Elemente beschränken, die Sie ihn Ihre Tagesroutinen einbauen können; nehmen Sie sich nur so viel vor, wie Sie realistischerweise auch schaffen.
Bevor Sie beginnen, an dem Problem zu arbeiten, rufen Sie sich jede der 9 Zutaten ins Gedächtnis (siehe S. 32), um sicherzustellen, dass neben den neuen Übungen die richtige Menge und Qualität des Futters, Spiel, Sozialisation, Ruhezeit, Übungen, mentale Anregungen (Beschäftigung), Schlaf und Gesundheitsvorsorge gewährleistet sind.

Unerwünschtes Bellen

1. Ignorieren Sie es. Viele Verhaltensweisen verschwinden, wenn sie nicht verstärkt werden.
2. Lenken Sie Ihren Hund mit einem Geräusch oder einer Bewegung ab und geben Sie ihm ein „Ruhig"-Signal (siehe S. 174).
3. Stehen Sie auf und laufen Sie herum. Belohnen Sie Ihren Hund, wenn er aufpasst oder bei Fuß geht.
4. Desensibilisieren Sie Ihren Hund gegenüber dem Anreiz, der ihn zum Bellen veranlasst: Gehen Sie weiter weg oder senken Sie die Intensität des Reizes. Wenn er beispielsweise einen anderen Hund anbellt, vergrößern Sie den Abstand. Danach können Sie daran arbeiten, den Abstand schrittweise zu verkürzen.
5. Stellen Sie sicher, dass Ihr Hund sich erleichtert hat. Vielleicht hat er den Stress-Schwellenwert überschritten. Möglicherweise muss er sich erleichtern, hatte aber nicht die Gelegenheit dazu. Sie können seine Stressbelastung senken, wenn er sich erleichtern darf, sich entspannter bewegt und damit auch andere Stressoren bewältigt.
6. Versperren Sie Ihrem Hund die Sicht.
7. Schmieren Sie Ihrem Hund Erdnussbutter oder Karamell auf den Gaumen.
8. Halten Sie Ihren Hund sanft fest, bis er zu bellen aufhört. Lassen Sie sofort los, wenn sich seine Muskeln entspannen. Sagen Sie „Braver Hund" oder ein anderes Wort, um das Verhalten abzuschließen.

Betteln bei Tisch

1. Ignorieren Sie sein Betteln.
2. Binden Sie ihn an oder sperren Sie ihn in seine Box und spielen Sie das Magnetspiel (S. 157). Immer wenn er sitzt oder sich legt, werfen Sie ihm eine Belohnung zu oder gehen hin, um ihn zu streicheln.

3. Lenken Sie ihn mit Geräuschen oder einer Bewegung ab und schicken Sie ihn an seinen Platz. Sobald er das Prinzip „Geh an deinen Platz“ verstanden hat und das Kommando befolgt, gehen Sie nach und nach dazu über, ihn beim Essen an seinen Platz zu schicken. Das Ziel sollte sein, dass er es dort während der ganzen Mahlzeit aushält.
4. Geben Sie ihm ein Kauspielzeug oder ein intelligentes Spielzeug, um ihn zu beschäftigen.

Scheues oder ängstliches Verhalten

1. Bewegen Sie sich langsam.
2. Ignorieren Sie das Verhalten und ermuntern Sie ihn, die Situation zu untersuchen. Ignorieren Sie unterwürfiges Verhalten und belohnen Sie soziale Verhaltensweisen.
3. Gehen Sie sukzessive vor. Beginnen Sie dort, wo er es gerade noch erträgt, und bauen Sie darauf auf (siehe Grundlinien für den Umgang, S. 146).
4. Erlauben Sie einem scheuen Hund, ein Tauziehen zu gewinnen.
5. Halten Sie genügend Abstand zu anderen Hunden und berücksichtigen Sie die Unterschiede in Geschlecht, Größe und Temperament.
6. Benutzen Sie einen sozialen Vermittler; bringen Sie den scheuen Hund mit einem anderen Hund zusammen und lassen Sie die beiden interagieren.
7. Verändern Sie die häusliche Umgebung. Füttern Sie zweimal täglich, damit Ihr Hund keinen Hunger leidet, und verlegen Sie seinen Schlafplatz in Ihr Schlafzimmer, um die Bindung zu stärken. Wenn der Hund allein im Haus ist, könnte er sich überfordert und gestresst fühlen, weil er glaubt, das ganze Haus beschützen zu müssen. Um das zu vermeiden, verkleinern Sie den Bereich des Hundes, um Trennungsängste zu vermindern. Stellen Sie sicher, dass der Hund einen „sicheren Ort“ hat. Die Liste der möglichen

Veränderungen ist beinahe unendlich. In einer Hundeschule bekommen Sie weitere Anregungen.

8. Meiden Sie zunächst den Augenkontakt mit dem Hund und versuchen Sie, seine Aufmerksamkeit zu erregen.

9. Geben Sie ihm Spielzeug, um sein Selbstvertrauen zu stärken, z.B. einen Buster-Cube, Kong oder Bälle mit Leckerbissen.

10. Spielen Sie mit ihm Bewegungsspiele, um sein Selbstbewusstsein zu stärken.

Kauen

Bevor Sie sich daranmachen, ein problematisches Verhalten zu ändern, sollten Sie die 9 Zutaten aus dem zweiten Kapitel überprüfen und sich fragen, ob Sie hier für Änderungen oder Ausgleich sorgen können. Besonders wichtig ist dies beim Kauen. Hunde kauen an Möbeln, Kabeln, Stöcken, Kleidung, nagen Löcher in die Wand – sie kauen an fast allem, was sie erreichen können. Bringen Sie Ihrem Hund bei, worauf und wo er kauen darf, damit Sie Ihr Haus und die Einrichtung intakt halten; außerdem schützen Sie damit die Sicherheit Ihres Hundes. Hier sind einige Tipps, wie Sie das Kauproblem reduzieren können:

1. Setzen Sie täglich zweimal eine 15–30 Minuten dauernde Spielzeit mit Ihrem Hund an, üben Sie und sozialisieren Sie Ihren Hund besser. Hunde, die genügend Anregungen haben, können ihren Frust und die Langeweile besser entladen und machen weniger Probleme. Rennen Sie mit Ihrem Hund herum, spielen Sie Apportieren, Verstecken und Suchen. Bringen Sie ihm bei, auf Kommando zu sitzen, zu liegen, zu stehen oder zu bleiben. Lehren Sie ihn Tricks wie Pfötchen geben, rollen, sich tot stellen oder das Telefon abheben.

2. Geben Sie Ihrem Hund unterschiedliche erlaubte Kauspielzeuge oder ein Spielzeug wie einen Kong, Buster-Cube oder einen mit Leckerbissen gefüllten Plastikball.

3. Bringen Sie ihm das Kommando „Lass es“ bei. Legen Sie mehrere Objekte in den Raum. Während er noch überlegt, an welchem er kauen könnte, sagen Sie „Lass es“, klicken und belohnen ihn mit einem erlaubten Kauspielzeug.
4. Vor allem jedoch sollten Sie eine Umgebung schaffen, in der Ihr Hund Erfolge verzeichnen kann. Entfernen Sie nicht erlaubte Gegenstände, damit Ihr Hund sie nicht mehr erreichen kann, und versuchen Sie Ihren Hund besser zu kontrollieren: Binden Sie ihn an oder lassen Sie ihn in seine Box gehen, damit er gar nicht erst in Versuchung kommt, an den falschen Gegenständen zu kauen.

Stubenreinheit

Wenn Sie einem Welpen beibringen wollen, sich nur zu bestimmten Zeiten und an bestimmten Orten zu erleichtern, müssen Sie genaue Regeln befolgen.
1. Machen Sie einen Zeitplan. Welpen bis zu drei Monaten müssen sich täglich 8–10 Mal erleichtern. Merken Sie folgende Zeiten vor:
- Direkt nach dem Aufstehen am Morgen
- 15–30 Minuten nach der Fütterung (3 Mahlzeiten pro Tag)
- Nach dem Spiel oder anderen Aufregungen
- Wenn Sie von der Arbeit oder aus der Schule nach Hause kommen
- Am frühen Abend
- Kurz vor dem Schlafen gehen
- Während der Nacht (falls erforderlich)

2. Führen Sie den Welpen immer zur selben Stelle, wo er sich erleichtern darf.
3. Markieren Sie das Erleichtern mit einem Wort. Ermuntern Sie ihn etwa mit freundlicher Stimme, indem Sie sagen: „Mach schnell“, oder „Draußen“ oder „Geh Gassi“. Wenn der Hund fertig ist, folgen Lob und eine Belohnung.
4. Sorgen Sie für die geeignete Umgebung. Lassen Sie den Hund in

der Box oder angebunden, damit er keine Fehler machen kann. Wenn Sie ihn anbinden, sollte er allerdings Gesellschaft haben. Lassen Sie einen angebundenen Hund niemals allein! Sie können ihn auch mit einer langen Leine an Ihre Taille anbinden. Der Trainer Job Michael Evans nannte dies eine „Nabelschnur" – ein anschaulicher Vergleich.

5. Halten Sie das Zeitfenster für die Erleichterung kurz. Geben Sie Ihrem Hund 10 Minuten. Wenn er sich bis dahin nicht erleichtert hat, bringen Sie ihn zurück ins Haus, sperren ihn in seine Box oder binden Sie ihn an. Versuchen Sie es 15 Minuten später nochmals.

6. Erinnern Sie sich an die Eine-Sekunde-Regel. Wenn Sie einen Raum betreten, drei Sekunden nachdem sich der Hund auf dem Teppich erleichtert hat, kann er Ihr Schimpfen nicht mehr mit seinem Verhalten assoziieren. Besser, Sie bestrafen ihn gar nicht. Sobald Sie ihn dabei erwischen, sollten Sie ihn vorsichtig aufschrecken, ohne ihm Angst einzujagen. Rufen Sie: „Was machst du da?" und laufen Sie zu ihm. Es muss Ihnen gelingen, den Vorgang zu unterbrechen, ohne dass der Hund eingeschüchtert wird. Nehmen Sie den Hund auf oder führen Sie ihn ins Freie, während Sie „Nein, nein, nein" sagen. Gehen Sie sofort freundlicher mit ihm um, wenn Sie im Freien sind. Entspannen Sie Stimme und Körper und ermuntern Sie den Hund mit den Worten „Mach schnell" oder „Draußen" oder „Geh Gassi", sich zu erleichtern.

7. Geben Sie Ihrem Hund nach 20.00 Uhr weder Futter noch Wasser.

8. Obwohl manche Welpen „es" schon im Alter von acht Wochen die ganze Nacht zurückhalten können, müssen sich viele während der Nacht erleichtern; stellen Sie den Wecker und gehen Sie mit ihm ins Freie. Obwohl jeder Welpe ganz individuelle Bedürfnisse hat, können Sie sich an folgende Faustregeln halten, die für über acht Wochen alte Hunde gelten: Bis zum Alter von drei Monaten sollte der Hund alle 4–5 Stunden rausdürfen. Wenn Sie um 22.00 Uhr schlafen gehen, müssen Sie gegen 2.00 bis 3.00 Uhr nochmals aufstehen. Verlängern Sie die Zeit alle 2–3 Tage um 15 Minuten, bis der Hund verlässlich 7–8 Stunden aushält. Die meisten Hunde können mit vier Monaten die ganze Nacht im Haus bleiben.

Falls sich der Hund allerdings in seiner Box erleichtert, sind Sie zu schnell vorgegangen.

Tipp Wenn Sie regelmäßig unmittelbar nach dem Gassigehen das Haus verlassen (zur Arbeit gehen), wird Ihr Hund rasch lernen, dass Gassi mit Ihrem Abschied in Verbindung steht. Daher wird er versuchen, sein Geschäft solange wie möglich zurückzuhalten. Es ist besser, wenn Sie nach der Rückkehr in die Wohnung zunächst noch einige Minuten mit ihm spielen oder ihm ein Kauspielzeug geben – erst dann sollten Sie gehen.

Wenn sich Ihr Hund in der Wohnung erleichtert, wischen Sie den Urin mit einem ammoniakfreien Reinigungsmittel auf. Lassen Sie den Hund nicht dabei zusehen. Obwohl es umstritten ist, glauben manche Verhaltensforscher, dass Hunde dann glauben könnten, sie akzeptierten ihr kleines „Geschenk". Tipp: Legen Sie einmal am Tag einige Stücke Trockenfutter auf einer Zeitung an den Ort, wo sich der Hund vorher erleichtert hat. Hunde hassen es, sich zu erleichtern, wo sie gefressen haben.

Nach der Leine schnappen

1. Bringen Sie Ihrem Hund das Kommando „Hol die Leine" bei. Er wird lernen, dass er die Leine nur dann ins Maul nehmen soll, wenn kurz darauf ein Spaziergang folgt.
2. Bringen Sie Ihrem Hund mithilfe eines Target Sticks zuerst bei, ohne Leine bei Fuß zu gehen, bevor sie ihn dabei anleinen (siehe Targets auf S. 118 und „Bei Fuß" auf S. 177).
3. Solange der Hund Sie ansieht, kann er nicht an der Leine kauen, also machen Sie mehr Übungen, die seine Aufmerksamkeit verlangen (siehe S. 151).

4. Bringen Sie ihm bei, die Leine auf Kommando loszulassen (siehe Hol und gib, S. 186).
5. Ahnen Sie voraus, wann Ihr Hund nach der Leine schnappen könnte, und lenken Sie ihn ab; fordern Sie ihn zu einem anderen Verhalten wie „Bei Fuß“ oder „Sitz“ auf.
6. Benutzen Sie ein Geschirr.
7. Tränken Sie die Leine mit Bittermandelöl oder einem Mundwasser; wenn das nicht hilft, fragen Sie Ihren Tierarzt nach einem stärkeren Bitterstoff.

Anspringen

1. Drehen Sie sich zur Seite und beachten Sie ihn nicht.
2. Unterbrechen Sie Ihren Hund sofort, wenn er auch nur an das Springen denkt; machen Sie sich mit Bewegungen oder Geräuschen bemerkbar und sagen Sie „Sitz“ oder „Platz“, bevor er springen kann.
3. Dämpfen Sie die Begrüßungsfreude, wenn Sie die Wohnung betreten. Sagen Sie einfach freundlich „Guten Tag“, wenn Sie kommen und „Auf Wiedersehen“, wenn Sie gehen. Verhalten Sie sich nicht überschwänglich. Loben und streicheln Sie Ihren Hund nur dann, wenn er sitzt, sich hinlegt oder sich ruhig verhält.
4. Geben Sie ihm etwas zu tun, wenn Sie den Raum betreten, schicken Sie ihn an seinen Platz. (Es ist möglich, das Betreten des Raumes als Stichwort für dieses Verhalten zu lehren.)
5. Werfen Sie – kurz bevor der Hund Sie erreicht – einen Leckerbissen zur Seite, sagen Sie „Hol“. Dann lassen Sie den Hund zurückkommen und sitzen.
6. Bringen Sie ihm bei, auf Kommando zu springen. Er soll zuerst sitzen und *dann,* als Belohnung dafür, darf er Sie anspringen.
7. Halten Sie ihn sanft an den Pfoten fest und geben Sie ihn nach einem Moment wieder frei.

Aggressives Verhalten gegenüber Hunden

Von allen problematischen Verhaltensweisen spiegelt diese am besten Ihre Gefühle für Ihren Hund und die Kommunikation mit Ihrem Hund wider. Die meisten aggressiven Hunde werden von Menschen an der Leine geführt, die ängstlich sind und das auf den Hund übertragen. Kurz gesagt bedeutet das: „Der Mensch oder Hund, der sich dort nähert, macht mir Angst. Beschütze mich!" Ändern Sie zuerst Ihre Einstellung und dann das Verhalten des Hundes.

Ich biete Ihnen hier einige Möglichkeiten an, Sie sollten wirklich aggressives Verhalten allerdings von einem professionellen Hundetrainer kurieren lassen. Entscheiden Sie sich für einen Fachmann, der gewaltfreie Erziehungsmethoden anwendet.

1. Das Kernproblem ist der alltägliche Umgang mit dem Hund; benutzen Sie ein Geschirr.
2. Halten Sie den Hund immer so fest, dass er Sie nicht aus dem Gleichgewicht bringt. Lassen Sie die Ellenbogen gebeugt und die Arme eng am Körper. Halten Sie auch die Knie leicht gebeugt und balancieren Sie sich gut aus.
3. Lassen Sie einen anderen Hund in gewisser Entfernung vorbeigehen, der Ihren aggressiven Hund nicht stört, und belohnen Sie sein ruhiges Verhalten. Wiederholen. Lassen Sie den anderen Hund näher kommen und sorgen Sie dafür, dass Ihr Hund sich auf Sie konzentriert (siehe Aufmerksamkeit erregen, S. 151); erfolgreiche Versuche belohnen. Wiederholen Sie die Übung, wobei der Abstand zu dem anderen Hund immer geringer wird.
4. Unterbrechen Sie die Ausfälle schon, ehe sie eintreten; lenken Sie Ihren Hund mit Geräuschen oder einer Bewegung ab, während er noch nachdenkt.
5. Immer dann, wenn sich ein anderer Hund nähert, sollten Sie die „Fröhliche Routine" von William Campbell durchführen (Trainingswerkzeug Nr. 6, S. 124), um die Assoziation des Hundes zu verändern.

6. Suchen Sie nach einem nicht aggressiven Hund und bringen Sie ihn mit Ihrem Hund zusammen. Belohnen Sie zuerst den ruhigen, dann Ihren Hund. Mehrfach wiederholen. Berühren Sie den ruhigen Hund und werfen Sie Ihrem Hund einen Leckerbissen zu. Möglicherweise wird Ihr aggressiver Hund den anderen positiver einschätzen.
7. Üben Sie Verhaltensweisen wie „Sitz“ oder „Bleib“ bis zu fortgeschrittenen Stufen. Wenn sich Ihr Hund auf Sie konzentriert, verschwindet das aggressive Verhalten.

Lassen Sie Ihren Hund kastrieren, da kastrierte Hunde seltener aggressiv auf Artgenossen reagieren. Kastrierte Rüden greifen dreimal seltener andere Hunde an als ein fortpflanzungsfähiges Tier. Kastrierten weiblichen Hunden fehlt der mütterliche Beschützerinstinkt; außerdem neigen sie weniger dazu, zu knabbern und zu schnappen. Da sie keine Welpen beschützen müssen, brauchen sie auch kein Revier zu überwachen.

Knabbern und beißen

Probieren Sie einige dieser Methoden aus; wiederholen Sie jede zwei- oder dreimal und wechseln Sie dann zu einer anderen.
1. Machen Sie ein „Aua“-Training. Sobald Sie seine Zähne spüren, machen Sie ein Geräusch wie ein quietschender Welpe. Das ist passend, wenn Sie von einem verspielten Junghund oder einem älteren Hund gepackt werden, der an Ihrem Arm knabbert. Sobald sie diesen Ton hören, lassen die meisten Hunde und Welpen sofort los. Wenn Ihr Hund genauso reagiert, loben Sie ihn. Achtung: Sollte sich Ihr Hund daraufhin noch mehr aufregen, handelt es sich um die falsche Technik. Lassen Sie es sein!
2. Benutzen Sie die „Aaaah!“-Methode. Senken Sie Ihre Stimme und unterbrechen Sie sein Knabbern mit einem raschen „Aaaah!“. Für manche Hunde klingt das wie ein unterdrücktes Knurren. Wir

verwenden es als Unterbrecher – um ein Verhalten abzubrechen. Achtung: Sollte sich Ihr Hund daraufhin noch mehr aufregen, handelt es sich um die falsche Technik. Lassen Sie es sein!

3. Quietschen Sie, machen Sie „Aaaah“ und verlassen Sie den Raum; oder Sie sperren den Welpen oder Hund für 2–5 Minuten aus. Sie können ihn z.B. in ein Baby-Laufställchen sperren. Wenn die Zeit um ist, bekommt er seine Freiheit zurück. Machen Sie ihm klar, dass alles in Ordnung ist, und es keinen Zorn gibt. Die Kombination aus einem Laut und der Aus-Zeit ist sehr wirkungsvoll.

4. Bevor Ihr Hund die Chance erhält, an Ihnen zu knabbern, geben Sie ihm besser etwas „Legales“, z.B. einen Kauknochen. Oder lassen Sie ihn mit einem Kong spielen, der mit Leckerbissen gefüllt ist.

5. Ein zahnender Welpe darf keine Chance bekommen, an Ihnen zu nagen. Legen Sie eines der erwähnten Kauspielzeuge oder einen robusten Lappen für zehn Minuten in den Gefrierschrank und geben es ihm anschließend. Die Kälte betäubt die Schmerzen eine Zeit lang und erleichtert das Zahnen.

6. Stellen Sie den Welpen auf den Boden, wenn er an Ihnen zu knabbern beginnt, und gehen Sie weg.

7. Bringen Sie dem Hund bei, auf Kommando zu lecken statt zu knabbern. Reiben Sie Pute, Erdnussbutter oder Weichkäse auf Ihre Hand. Wenn Ihr Welpe die Hand ableckt, sagen Sie „Lecken“. Dann folgen Klicken, Lob und Belohnung mit Pute. Als Alternative können Sie auch Ihre eigene Handfläche ablecken und sie danach dem Hund überlassen.

8. Ignorieren Sie es, wenn der Hund knabbert, und loben Sie alle anderen Verhaltensweisen.

9. Stellen Sie die Box des Hundes in einen belebten Raum oder binden Sie ihn an, um das Knabbern zu verhindern. Belohnen Sie ihn für ruhiges Benehmen.

10. Drücken Sie den Hund sofort fest, aber vorsichtig an sich, bis sich sein Körper entspannt. Dann sagen Sie „Braver Hund“ und entlassen ihn.

11. Wenden Sie die Methoden vom Kapitel „Sicherheit“ an (siehe S. 134) und legen Sie Ihrem Hund ein Geschirr an.

12. Wenn der Hund an Ihren Füßen oder Fersen knabbert, lassen Sie ihn sitzen oder Platz machen, sobald Sie sich nähern.
13. Bitten Sie Ihren Tierarzt, Ihrem zahnenden Welpen ein geeignetes Mittel zu geben, damit er nicht so sehr unter der Entzündung des Zahnfleisches leidet.

Weglaufen

Solange Ihr Hund noch nicht gelernt hat, auf alle Ihre Kommandos zu reagieren, müssen Sie besonders darauf aufpassen, dass er nicht wegläuft. Sicherheit ist das oberste Gebot. Sie müssen stets die Kontrolle über Ihren Hund und seine Umgebung behalten. Lassen Sie ihn niemals von der Leine, es sei denn, er befindet sich in einem abgeschlossen Raum.
Es kommt darauf an, ein potenzielles Problem schon im Vorfeld zu erahnen. Wenn Sie ein Eichhörnchen, einen anderen Hund oder eine Katze sehen, dürfen Sie sicher sein, dass Ihr Hund sich auf den Weg machen will. Sobald Ihr Hund auch nur daran denkt, auszureißen, sollten Sie ihn schon mit etwas anderem beschäftigen – sitzen, Platz, Bei Fuß usw.

Tipp Halten Sie Ihren Hund davon ab, wegzurennen, sobald die Tür aufgeht. Gehen Sie nach folgender Technik vor, damit Fido nicht wegrennt, wenn Sie das Haus verlassen:
1. Sagen Sie nichts. Öffnen Sie die Tür einen Spaltbreit und lassen Sie ihn in dem Glauben, es ginge nach draußen. Da sich die Tür nicht weiter öffnet, wird er davon ablassen und etwas umhergehen. Öffnen Sie sofort die Tür etwas weiter. Sobald er bemerkt, dass die Tür sich öffnet, und näher kommt, schließen Sie sie wieder auf Spaltbreite. Wiederholen Sie solange, bis Ihr Hund sitzt. Dann sagen Sie „Braver Hund" und öffnen die Tür weit (halten Sie Ihren Hund an einer langen

Leine, wenn der Vorgarten nicht eingezäunt ist). Achten Sie darauf, den Hund nicht in der Tür einzuklemmen!
2. Machen Sie weiter mit dem Öffnen der Tür, aber sagen Sie „Bleib". Gehen Sie durch die Tür und sagen Sie dann „Braver Hund".
3. Nun lassen Sie ihn noch ein oder zwei Sekunden bleiben und dann erst darf er kommen.

Trennungsangst

Hunde sind soziale Tiere. Erinnern Sie sich an die Geschichte aus dem ersten Kapitel über Raju, den Welpen meiner indischen Nachbarn? Dieses kleine soziale Tier war von seinem Rudel getrennt worden. Es war in einer neuen, erschreckenden Umgebung und fürchtete sich vor den Geräuschen und dem, was es sah. Außerdem war es angebunden. Hunde haben eine unwillkürliche Abneigung gegen Beschränkungen. Rajus Schwellenwert war weit überschritten und er litt unter anderem unter Trennungsängsten.
Anzeichen für Trennungsangst sind winseln, jaulen und bellen; urinieren, koten, laufende Nase, schwitzende Pfoten; rennen, zittern, springen, kratzen, graben und durch Fenster springen und/oder an Möbeln oder anderen Gegenständen kauen, Teppiche abreißen, an sich selbst kauen.
Sollte Ihr Hund solche Anzeichen von Trennungsangst zeigen, sollten Sie ihn zuerst in eine sichere Umgebung versetzen. Er darf von nichts umgeben sein, das er anknabbern oder zerstören könnte. Falls erforderlich, sperren Sie ihn in der Küche ein, benutzen Sie einen Laufstall oder Baby-Türen als Barrieren. Bei manchen Hunden funktioniert das nicht, vor allem bei Hunden aus dem Tierheim mit negativen Erfahrungen. Dann brauchen sie eine sichere Box. Ich weiß von Hunden, die versucht haben, durch das Sicher-

heitsglas eines Fensters zu springen. Einer davon, ein riesiger Mastiff, sprang aus dem zweiten Stock. Unter solchen extremen Umständen müssen Sie sich eine Woche Urlaub nehmen und mit dem Hund arbeiten, damit er die Box als etwas Angenehmes empfindet (siehe S. 51). Sie können die Trennungsangst auch durch die ausgewogene Mischung der 9 Zutaten entscheidend mindern. Hier noch einige Tipps, um die Trennungsangst zu besiegen:

1. Gestalten Sie den Abschied und die Begrüßung beiläufiger. Ein knappes „Wiedersehen", wenn Sie die Wohnung verlassen, und eine Begrüßung erst dann, wenn sich der Hund hingesetzt hat, können Wunder wirken. Er wird von Ihrer Ruhe und Sicherheit profitieren. Wenn er ruhig bleibt, wird er außerdem belohnt.

2. Machen Sie einen Plan. Hunde mögen feste Regeln. Wenn Sie wissen, wie alles abläuft, wenn Sie kommen und gehen, sind Sie viel entspannter, denn Sie wissen, was kommt.

3. Geben Sie ihm eine besondere Belohnung. Kurz bevor Sie die Wohnung verlassen, bekommt der Hund ein besonderes Spielzeug, wie einen Kong mit Leckerbissen, einen Buster-Cube oder etwas Ähnliches. Geben Sie ihm dieses besondere Spielzeug ausschließlich dann, wenn Sie gehen. Schließlich wird Ihr Hund regelrecht darauf warten, dass Sie die Wohnung verlassen. Als Alternative können Sie mehrere Leckerbissen in der Küche verstecken. Wenn Sie gehen, sagen Sie „Bleib", und dann, wenn Sie durch die Tür treten, „Such".

4. Schalten Sie Radio oder Fernsehen ein. Wählen Sie ein Programm, das Sie sich gemeinsam anschauen; ruhige Entspannungsmusik ist das Beste. Ich würde vorschlagen, die Musik anzuschalten, wenn Sie aufstehen, und sie anzulassen, bis Sie das Haus verlassen. Dann verbindet Ihr Hund die Musik mit Ihrer Gegenwart.

5. Üben Sie „Abschied" und „Ankunft":

- Sagen Sie „Wiedersehen", öffnen Sie die Tür, schließen Sie die Tür, Klicken und Belohnung.
- Sagen Sie „Wiedersehen", öffnen Sie die Tür, gehen Sie hindurch, ohne sie zu schließen, kommen Sie zurück; Klicken und Belohnung.

- Sagen Sie „Wiedersehen“, öffnen Sie die Tür, gehen Sie hindurch, schließen Sie die Tür, zählen Sie bis drei, öffnen Sie die Tür wieder; Klicken und Belohnung.
- Lassen Sie die Tür jedes Mal etwas länger zu, bis zu 10 Sekunden; wiederholen Sie die Übungen 3–5 Mal pro Tag.
- Wenn Ihr Hund Fortschritte macht, verlängern Sie die Abstände. Gehen Sie zwei Schritte von der Tür weg, während Sie draußen sind, dann kommen Sie zurück. Klicken, Belohnung.
- Vergrößern Sie die Entfernung, gehen Sie drei, vier Schritte usw. weg.
- Nach einigen Tagen gehen Sie durch die Tür, steigen in Ihren Wagen und schließen die Tür. Steigen Sie nach einer Sekunde wieder aus, gehen Sie zurück ins Haus; Klicken und Belohnung. Wiederholen Sie dies mindestens eine Trainingseinheit lang.
- Dann wiederholen Sie den gesamten Vorgang nochmals, doch starten Sie diesmal den Wagen, schalten ihn wieder aus und kehren zum Haus zurück. Wiederholen Sie alles.
- Beim nächsten Mal fahren Sie mit dem Wagen aus der Einfahrt, setzen wieder zurück und gehen ins Haus. Klicken und Belohnung.

Passen Sie die Fortschritte der Lerngeschwindigkeit Ihres Hundes an. In Fällen starker Trennungsangst müssen alle Schritte langsam und gründlich geübt werden. Bei weniger ängstlichen Hunden reicht es aus, nur einige der Schritte durchzuführen – bloß das Einsteigen in den Wagen dürfen Sie nicht auslassen.

6. Ganzheitlich praktizierende Tierärzte schlagen alternative Heilmethoden wie Kräuter, Blütenessenzen (Bach-Blüten), Aromatherapie und homöopathische Medikamente vor, um Trennungsängste und andere emotional bedingte Leiden zu lindern. Sollte Ihr Hund unter Trennungsangst leiden, kann Sie ein ganzheitlicher Tierarzt beraten. Vieles finden Sie auch in der Fachliteratur (siehe S. 210).

7. Es gibt einige Medikamente, die in Verbindung mit Verhaltensübungen zur Minderung von Trennungsangst und anderen Störungen eingesetzt werden. Nehmen Sie Kontakt zu einem Verhaltenstrainer auf, der mit gewaltfreien Methoden arbeitet, und fragen Sie Ihren Tierarzt nach geeigneten Präparaten.

8. Vertrauensbildende Maßnahmen: Ein Hund mit Selbstvertrauen fühlt sich sicher. Natürlich müssen Sie eine Zeit lang zu Hause bleiben, wenn Sie einen Welpen in die Familie aufnehmen, damit er sich an die neue Umgebung und die Menschen gewöhnt. Aber Sie müssen ihm auch beibringen „loszulassen". Sie müssen ihm klar machen, dass es völlig in Ordnung ist, alleine zu bleiben. Mithilfe von intelligenten Spielzeugen, dem Versteckspiel auf S. 164 und der Abschied-/Ankunft-Routine (Vorschlag 5) bauen Sie Selbstvertrauen und Sicherheit Ihres Hundes auf. Für die emotionale Gesundheit sorgen auch fortgeschrittenes Training, wie „Sitz" und „Platz"; vergrößern Sie den Abstand zwischen sich und dem Hund, während Sie die Kommandos geben. Üben Sie zunächst in der Wohnung und gehen Sie dann ins Freie. Außerdem möchte ich Ihnen ernsthaft ans Herz legen, eine Hundeschule zu besuchen, wo Ihr Hund zusammen mit anderen Bewegungsübungen macht, Spuren sucht und anderes mehr lernen kann – je nach Fähigkeiten. In solchen Klassen werden auch andere Menschen mit Ihrem Hund arbeiten, während Sie mit deren Hunden arbeiten. Dort lernt er auch, auf Distanz und sogar ohne Sichtkontakt zu gehorchen. Solche Übungen und Erfahrungen stärken das Bewusstsein des Hundes dafür, dass auch die Dinge des täglichen Lebens in Ordnung sind und dass er sich sicher fühlen kann.

9. Üben Sie mit Ihrem Hund, bevor Sie das Haus verlassen. Wenn Ihr Hund müde ist, fehlt ihm die Energie, Mist zu bauen, während Sie außer Haus sind.

Service

Zum Weiterlesen

Ratgeber aus dem Kosmos-Verlag zu Hundeverhalten, Erziehung, Gesundheit und alternativen Heilmethoden.

Hundesprache und -verhalten

Abrantes, Roger: Hundeverhalten von A–Z. Mimik und Körpersprache, Verhalten und Verständigung, Lautäußerungen und Kommunikation.
Coren, Stanley: Die Geheimnisse der Hundesprache. So lernen Sie Ihren Hund verstehen und mit ihm zu kommunizieren.
Donaldson, Jean: Hunde sind anders ... Menschen auch – so gelingt die Verständigung zwischen Mensch und Hund.
Feddersen-Petersen, Dr. Dorit: Hundepsychologie. Sozialverhalten und Wesen, Emotionen und Individualität.
Harries, Brigitte: Hundesprache verstehen.
Kusch, Carola: Die Hündin. Wesen, Verhalten, Pflege, Gesundheit.
Schöning, Barbara: Hundeverhalten.
Schöning, Barbara, Nadja Steffen und Kerstin Röhrs: Hundesprache.
Theby, Viviane: Das Kosmos-Welpenbuch. Entwicklung und Auswahl, Eingewöhnung und Welpenschule.

Hundeerziehung

Führmann, Petra und Iris Franzke: Erziehungsprobleme beim Hund. Verhaltensprobleme verstehen und lösen.
Hoefs, Nicole und Petra Führmann: Das Kosmos-Erziehungsprogramm für Hunde.

Hoefs, Nicole, Petra Führmann und Perdita Lübbe-Scheuermann: Das Kosmos-Erziehungsprogramm für Hunde. Video.

Jones, Renate: Aggressionsverhalten bei Hunden.

Jones, Renate: Welpenschule leichtgemacht.

Pietralla, Martin: Clickertraining für Hunde.

Pryor, Karen: Positiv bestärken, sanft erziehen. Die verblüffende Methode, nicht nur für Hunde.

Schöning, Barbara: Hundeprobleme erkennen und lösen.

Tellington-Jones, Linda: Tellington-Training für Hunde. Das Praxisbuch zu TTouch und TTeam.

Tellington-Jones, Linda: Tellington-Training für Hunde. Video.

Toll, Claudia: Tierheimhund und Streuner. Hunde aus zweiter Hand auswählen und eingewöhnen, erziehen und beschäftigen.

Winkler, Sabine: Hundeerziehung.

Winkler, Sabine: So lernt mein Hund.

Wright, John C. und Judi Wright Lashnits: Wenn Hunde machen, was sie wollen ... und wie man sie davon abbringt. Die besten Ratschläge aus der Praxis eines erfahrenen Hundepsychologen.

Gesundheit

Alberts, Andreas und Peter Mullen: Giftpflanzen in Natur und Garten.

Becvar, Dr. Wolfgang: Naturheilkunde für Hunde. Grundlagen, Methoden, Krankheitsbilder.

Brehmer, Marion: Bach-Blüten für die Hundeseele. Verhaltensstörungen und Erziehungsprobleme mit Bach-Blüten behandeln.

Lausberg, Frank: Erste Hilfe für den Hund.

Narath, Elke: Massage für Hunde.

Rakow, Dr. Barbara: Der homöopathische Hundedoktor.

Rustige, Dr. Barbara: Hundekrankheiten.

Stein, Petra: Bach-Blüten für Hunde.

Wolf, Dr.: Tiersprechstunde für Hunde.

Nützliche Adressen

Erziehung
Berufsverband der Hundeerzieher und Verhaltensberater e.V. (BHV)
Eppsteiner Str. 755
D-65719 Hofheim
Tel.: 0 61 92-9 58 11 36
www.hundeschule.de

Clicker
www.clickershop.de

Naturheilkunde
Gesellschaft für ganzheitliche Tiermedizin GGTM
www.ggtm.de (mit Adressenverzeichnis)

Bach-Blüten
Institut für Bach-Blütentherapie
Mechthild Scheffer
Postfach 20 25 51
D-20218 Hamburg
Tel.: 0 40-42 25 77 10
Fax: 0 40-43 52 53
info@bach-bluetentherapie.de
www.bach-bluetentherapie.com

Register

80%-Regel 107, 110
9 Zutaten 32

Ablehnung 15
Ablenkung 109, 11, 145
Abschreckung 18
Abstand 109, 111, 145
Aggression 65, 193
Allergien 34, 36
Alter 34
Angst 9, 67
Ängstliches Verhalten 196
Anspannung 67
Anspringen 201
Apportieren 186
Assoziieren 85
Atemtechnik 70
Atemübungen 69
Atmen, befreiendes 74
Atmung, bewusste 68
Aufmerksamkeit 71
Aufmerksamkeit erregen 151
Augenkontakt 87
Ausbildungsprozess 30
Ausdauer 109, 111, 145
Ausrüstung 129
Autofahren 139

Balancieren 53
Begrüßen 86
Behandeln, negativ 122
Bei Fuß 177
Beißen 47, 203
Bellen 21, 25
Bellen, unerwünschtes 195
Belohnung 15, 17, 106, 145
Belohnung, keine 117
Beschwichtigungssignale 65
Bestechung 106
Bett 55, 167
Betteln 195
Bindung 48
Biorhythmen 104
Bleib 163
Blockaden 25
Box 133, 167

Desensibilisierung 126
Dosenfutter 37

Emotionen 67
Energie 71
Entspannungsübung 75
Entwicklung, 9 Zutaten 32
Entwicklungsstadien 46
Enzyme 35
Ernährung 33
Erziehen, hundgerecht 30

Fertigfutter 37
Fleisch 39
Futter 34
Futter umstellen 42
Futter, selbstgemachtes 38
Futterzusammensetzung 40
Fütterung 37

Gegenkonditionierung 124
Gehe zu 167
Gehirn 45
Gemüse 39, 40
Geschirr 131

Gesundheitsvorsorge 57, 137
Getreide 39, 40
Gewaltlosigkeit 17
Gewöhnung 126, 127
Grund entfernen 123
Grundlinien des Lernens 141
Gruppe 88

Halsbänder 130
Halt 183
Halti 131
Hemmschwelle 30
Herkommen 171
Hitzschlag 137
Hundebetten 134
Hundesprache 82

Ignorieren 120
Impfungen 137

Kastration 47, 203
Kauen 197
Kauspielzeuge 43
Kinder 87
Klicker 114, 132, 146
Knabbern 203
Köder 106
Komm 171
Kommando 109
Kommunikation 82, 91
Kommunikationsübung 94
Konditionierung, klassische 96
Konditionierung, operante 96
Konsequenz 98
Konzentration 71
Körperkontakt 50, 146
Körpersprache 85
Laufen ohne ziehen 180
Lebensenergie 35
Leine 23, 132
Leine schnappen 200
Leinenkorrektur 18
Leinenruck 13
Lektionen, Vorgehensweise 142
Lernen 96
Lernen im Kontext 100
Lernkurven 104
Lernumgebung 32
Lerntempo 26

Magnetspiel 157
Marker 114, 116
Massage 52
Mineralstoffe 40, 42,
Misshandeln 30
Motivation 98, 109
Muskelaufbau 51

Nährstoffe 36
Negative Verstärkung 102

Obst 41

Pfeifen 114
Pferd Hans 84
Platz 159
Platz, automatisches 161
Positive Verstärkung 15, 102, 121
Problemverhalten analysieren 128
Problemverhalten lösen 128
Proteine 40
Pryor, Karen 24, 119

Reagieren 24
Roberts, Monty 24

Rucken 18
Rückzugsort 51
Rugaas, Turid 65
Ruhezeiten 51
Runter vom Sofa 170

Schlaf 55
Sicherheit 49, 90, 134
Signal 98
Signale, beschwichtigende 65
Signalkontrolle 126
Situationen, aggressive 65
Sitz 153
Sozialisation 44
Spielen 42
Spielzeuge, intelligente 44
Steh 162
Still 174
Strafe 103
Stress 60
Stress bewältigen 79
Stressanzeichen 64
Stressfaktoren 61, 63
Stubenreinheit 198
Such 165
Synergie 32

Tagesplan 58
Targets 118, 132, 150
Target Sticks 132
Tiere, soziale 87
Training 56
Training, unbeabsichtigtes 191
Trainingsmethoden 9
Transportbox 133
Trennungsangst 206
Trockenfutter 36, 37

Überflutung 127
Übersprungsverhalten 65
Übungen 51
Umgang 137
Umgebung, anregende 50

Verhalten 60, 67, 83
Verhalten aggressives 193
Verhalten ersetzen 123
Verhalten formen 101, 103
Verhalten, aggressives 49, 202
Verhalten, ängstliches 196
Verhalten, problematisches 189
Verstärkung, kontinuierliche 112
Verstärkung, negative 102
Verstärkung, positive 15, 102, 121
Verstärkung, variable 112
Verstärkung, zufällige 113
Verstärkungspläne 112
Versteckspiel 44, 164
Vitamine 40, 42
Vorstellungskraft 95

Wahrnehmung 93
Weglaufen 205
Welpen 45
Welpenspielstunden 51
Werkzeuge 119
Wiederholungsfaktor 104
Wirbelsäulenschäden 19

Yoga 21, 68

Ziel 31
Zusammenleben 33
Zusatzstoffe 36
Zwerchfellatmung 73, 76

KOSMOS

Erfolgreiche Hundeerziehung

Sabine Winkler
So lernt mein Hund
216 Seiten
€/D 16,95
€/A 17,50; sFr 29,–
Preisänderung vorbehalten
ISBN 3-440-10127-4

- Lernmechanismen verstehen und nutzen
- Erziehung und Ausbildung effektiver gestalten
- Sabine Winkler erklärt, wie der Hund motiviert wird, wie Übungen vermittelt und dann gefestigt werden

www.kosmos.de